O LABI RINTO DOS DESGAR RADOS

CB015899

Amin Maalouf

O LABI RINTO DOS DESGAR RADOS

O **OCIDENTE** e seus **ADVERSÁRIOS**

TRADUÇÃO Julia da Rosa Simões   **VESTÍGIO**

Copyright © Éditions Grasset & Fasquelle, 2023
Copyright desta edição © Editora Vestígio, 2024

Título original: *Le labyrinthe des égarés: L'Occident et ses adversaires*

Todos os direitos reservados pela Editora Vestígio. Nenhuma parte desta publicação poderá ser reproduzida, seja por meios mecânicos, eletrônicos, seja via cópia xerográfica, sem a autorização prévia da Editora.

DIREÇÃO EDITORIAL
Arnaud Vin

EDITOR RESPONSÁVEL
Eduardo Soares

PREPARAÇÃO
Eduardo Soares

REVISÃO
Marina Guedes

CAPA
Diogo Droschi (sobre imagem de Shutterstock)

DIAGRAMAÇÃO
Waldênia Alvarenga

Dados Internacionais de Catalogação na Publicação (CIP)
Câmara Brasileira do Livro, SP, Brasil

Maalouf, Amin

O labirinto dos desgarrados : o ocidente e seus adversários / Amin Maalouf ; tradução Julia da Rosa Simões. -- 1. ed. -- São Paulo : Vestígio, 2024. -- (Espírito do tempo)

Título original: Le labyrinthe des égarés : L'Occident et ses adversaires
Bibliografia.
ISBN 978-65-6002-022-1

1. Ensaios políticos 2. Geopolítica 3. Guerra 4. Política internacional 5. Relações internacionais I. Título. II. Série.

23-183822   CDD-327.101

Índices para catálogo sistemático:

1. Relações internacionais : Geopolítica : Política internacional 327.101

Tábata Alves da Silva - Bibliotecária - CRB-8/9253

A **VESTÍGIO** É UMA EDITORA DO **GRUPO AUTÊNTICA**

São Paulo
Av. Paulista, 2.073 . Conjunto Nacional
Horsa I . Sala 309 . Bela Vista
01311-940 São Paulo . SP
Tel.: (55 11) 3034 4468

Belo Horizonte
Rua Carlos Turner, 420
Silveira . 31140-520
Belo Horizonte . MG
Tel.: (55 31) 3465 4500

www.editoravestigio.com.br
SAC: atendimentoleitor@grupoautentica.com.br

À memória de minha mãe,
nascida no Egito em 1921,
morta na França em 2021.

■ SUMÁRIO

Prólogo   9

Parte I. As faíscas japonesas   15

Parte II. O "paraíso" dos trabalhadores   73

Parte III. Uma longuíssima marcha   139

Parte IV. O baluarte do Ocidente   241

Epílogo. Um mundo a reconstruir   299

Bibliografia   325

■ PRÓLOGO

"O passado nunca está morto.
Ele nem sequer passou."

*"The past is never dead.
It's not even past."*

William Faulkner (1897-1962),
Réquiem por uma freira

A HUMANIDADE VIVE HOJE um dos períodos mais perigosos de sua história. Em alguns aspectos, o que vem acontecendo não tem precedentes; em outros, está em linha direta com os conflitos anteriores que opuseram o Ocidente a seus adversários. É por esses confrontos do passado distante e do recente que este livro se interessa.

Não vou me estender com minúcia sobre as inúmeras reações provocadas, em todas as latitudes, pela expansão colonial europeia. Meu foco será muito mais específico, pois se limitará aos países que, nos últimos dois séculos, resolutamente tentaram colocar em causa a supremacia global do Ocidente.

Identifico apenas três: o Japão imperial, a Rússia soviética e a China.

Antes de analisar suas trajetórias tão singulares e sem querer antecipar o desfecho dos conflitos atuais, uma pergunta se impõe: será de fato o declínio do Ocidente que estamos testemunhando hoje?

Essa pergunta não é nova, obviamente, e tem aparecido de maneira recorrente desde a Primeira Guerra Mundial; na maioria das vezes, aliás, feita pelos próprios europeus. Isso nada tem de surpreendente, uma vez que as potências do continente europeu de fato conheceram um "rebaixamento" em relação à posição que ocupavam no mundo na época dos grandes impérios coloniais.

No entanto, boa parte da preeminência perdida foi "recuperada" por outra potência ocidental, os Estados Unidos da América. A grande nação do outro lado do Atlântico assumiu a liderança há mais de cem anos. Ela se encarregou de bloquear o caminho de todos os inimigos de seu campo e, no momento em que escrevo estas linhas, mantém essa primazia – em termos de poder militar, capacidades científicas e industriais, bem como por sua influência política, cultural e midiática sobre todo o planeta.

Estará ela também prestes a cair de seu pedestal? Estaremos presenciando o declínio de todo o Ocidente e o surgimento de outras civilizações, outras potências dominantes?

A essas perguntas, que inevitavelmente continuarão assombrando nossos contemporâneos ao longo deste século, darei uma resposta matizada: sim, o declínio é real e, às vezes, adquire a forma de uma verdadeira falência política e moral; no entanto, todos os que combatem o Ocidente e contestam sua supremacia, por boas ou más razões, estão vivendo uma falência ainda mais grave.

Estou convicto de que nem os ocidentais nem seus numerosos adversários são capazes, hoje, de conduzir a humanidade para fora do labirinto em que ela se perdeu.

Alguns de meus contemporâneos se sentiriam tranquilizados com esse diagnóstico, suponho. Conscientes das dificuldades enfrentadas por suas próprias nações, eles não ficariam descontentes de pensar que as outras estão igualmente mal. Mas, se nos colocarmos sob uma perspectiva mais ampla, não podemos deixar de nos angustiar com o *extravio* generalizado, com o *esgotamento* do mundo, com a incapacidade de nossas diferentes civilizações de resolver os espinhosos problemas que nosso planeta vem enfrentando.

Gosto de acreditar, no entanto, que a apreensão que sinto, e que muitos outros sentem em todo o mundo, eventualmente levará a uma salutar tomada de consciência. Se nenhuma nação, nenhuma comunidade humana, nenhuma área da civilização possui todas as virtudes ou detém todas as respostas; se nenhuma tem o poder ou o direito de dominar as outras; e se nenhuma deseja ser submissa, rebaixada ou marginalizada, não deveríamos repensar profundamente a maneira como nosso mundo é governado, a fim de preparar um futuro mais sereno para as gerações futuras, um futuro que não seja marcado por guerras frias ou quentes nem por lutas intermináveis pela supremacia?

Pois estaremos equivocados se acreditarmos que a humanidade deve necessariamente ser liderada por uma potência hegemônica, e que devemos apenas torcer para que esta seja a menos pior de todas, a que nos maltratará menos, aquela cujo domínio será menos opressivo. Nenhuma delas merece ocupar uma posição tão esmagadora – nem a China, nem os Estados Unidos, nem a Rússia, nem a Índia, nem a Inglaterra, nem a Alemanha, nem a França, nem mesmo a União Europeia. Todas, sem exceção, se tornariam arrogantes, predatórias, tirânicas e detestáveis se fossem onipotentes, mesmo que portadoras dos princípios mais nobres.

Este é o grande ensinamento que a História nos oferece, e talvez ele comporte, para além das tragédias de ontem e de hoje, um esboço de solução.

I

As faíscas japonesas

"Os maus hábitos do passado
serão abandonados, e tudo a partir
de agora se baseará nas justas leis
da natureza. O conhecimento
será buscado no mundo todo..."

Juramento do imperador Meiji,
6 de abril de 1868

1

NOS ÚLTIMOS DIAS DE MAIO DE 1905, uma notícia inaudita se espalhou, vinda do Extremo Oriente: a frota imperial russa, que havia saído com grande pompa do Báltico sete meses antes com o objetivo de dar uma lição nos japoneses, teria sido aniquilada; mais de cinco mil homens teriam perecido no mar, e outros seis mil teriam sido feitos prisioneiros, inclusive o vice-almirante Rozhestvenski; gravemente ferido na cabeça, ele estaria sendo tratado em um hospital da ilha de Kyushu, onde seu adversário, o almirante Tōgō Heihachirō, artífice da vitória, teria ido fazer uma visita de cortesia e perguntar sobre sua saúde.

Houve reações de incredulidade e espanto em todo o mundo. Fazia tanto tempo que as potências europeias praticavam, com rigor e eficácia, a política da canhoneira! Quando um governante ultra-marino, fosse ele o dei de Argel, o nababo de Bengala, o sultão de Zanzibar ou mesmo o imperador da China, se mostrava renitente, indisciplinado ou insolente, enviavam-se alguns navios para trazê-lo a disposições mais favoráveis.

E então, de repente, no Estreito de Tsushima, as "canhoneiras" do czar foram desrespeitosamente naufragadas. De todos os navios da frota, que contava com três dezenas, apenas três conseguiram chegar a Vladivostok.

Os que seguiam de perto os acontecimentos do ano anterior não deveriam ter ficado surpresos. Desde o início do conflito, em fevereiro de 1904, os russos demonstravam sinais de fraqueza, tanto em terra quanto no mar. Nos bastidores diplomáticos, sussurrava-se que o império dos czares, por mais imenso que fosse, estava tão doente quanto o império dos sultões otomanos. Mas poucas pessoas esperavam uma derrota tão retumbante.

Em Londres, Berlim, Paris ou Viena, os jornais enfatizavam que, pela primeira vez, "um povo de cor" havia superado uma grande potência europeia, e alertavam seus leitores sobre "o perigo amarelo". Nos Estados Unidos, uma das poucas pessoas a se alegrar com o acontecido foi, sem surpresa, o acadêmico negro W. E. B. Du Bois, que se mostrou grato aos japoneses por quebrarem "a estúpida magia moderna da palavra 'Branco'".

*

Fazia quase meio milênio que o "homem branco" havia estabelecido sua supremacia no mundo. Se tivéssemos que atribuir um século à sua "ascensão", seria o século XV.

O *Quattrocento*, como os italianos o chamam, havia começado, no entanto, sob condições bastante diferentes. A partir de 1405, várias expedições marítimas haviam sido realizadas por uma gigantesca frota chinesa, que podia estar composta por vinte e oito mil tripulantes e mais de duzentas embarcações, dentre as quais sessenta juncos imensos, que transportavam, tanto na ida quanto na volta, tesouros fabulosos. Ela era comandada por uma figura extraordinária, o almirante Zheng He. Proveniente de uma família de altos funcionários chineses de religião muçulmana, sua missão era explorar todas as áreas costeiras, desde as Ilhas da Sonda até o Chifre da África, passando pelas Índias, pela Pérsia e pela Península

Arábica, para descrevê-las e cartografá-las, estabelecer relações de troca, demonstrar a grandiosidade do soberano que o equipou com uma frota magnífica e, também, sempre que possível, obter tributos dos vassalos do Império do Meio, como sinal de sua lealdade.

Zheng He poderia ter entrado para a História como o primeiro de uma linhagem de exploradores chineses, mas sua sétima viagem seria a última. A ascensão de um novo imperador, em 1424, mudou o cenário e quebrou o ímpeto. Decretou-se que as expedições eram caras e dispensáveis. A frota foi negligenciada e começou a se deteriorar. Posteriormente, ordenou-se sua destruição, ameaçando-se punir severamente quem tentasse reconstruí-la.

A China se fechou então sobre si mesma, impondo-se uma longa e debilitante estagnação da qual levaria séculos para se extirpar.

Na mesma época, mas do outro lado do mundo, iniciava-se o movimento inverso. Um príncipe europeu, o infante Dom Henrique de Portugal, apelidado de "o Navegador", embora tenha navegado muito pouco, decidiu financiar e patrocinar uma série de expedições costeiras para a África negra. Elas começaram com a descoberta dos Açores, em 1427; continuaram até o Golfo da Guiné, onde os europeus ainda não haviam se aventurado; depois, em direção ao Cabo da Boa Esperança.

Nas décadas seguintes, todos os oceanos seriam percorridos por capitães, aventureiros, comerciantes, botânicos e missionários vindos de Gênova, Veneza, Porto, Bristol, Amsterdã ou Saint-Malo. Uma grande empresa de exploração, colonização, exploração e conquista, que tornaria a Europa Ocidental, por séculos, o centro político, econômico e intelectual do planeta.

A iniciativa do infante Dom Henrique não era apenas o resultado de sua paixão pessoal pela descoberta da Terra, de seus povos e de suas riquezas. Ela se inscrevia em um amplo movimento de despertar cultural e florescimento que faz total jus ao nome que a História lhe deu: Renascimento. Com ele, o Ocidente cristão começou a sair do longo túnel que foi a Idade Média, um milênio iniciado pelas invasões bárbaras e concluído pela peste bubônica e pela Guerra dos Cem Anos.

Concebido como um retorno aos gloriosos tempos da Grécia e da Roma antigas, o Renascimento seria infinitamente mais do que isso. Uma civilização eminentemente nova surgiria, em cem campos diferentes ao mesmo tempo, das práticas comerciais às técnicas artísticas, sem esquecer a impressão, invenção chinesa retomada e desenvolvida por Gutenberg a partir de 1440.

Original e audaciosa, a civilização europeia nascida do Renascimento realizaria o que nenhuma outra havia conseguido fazer antes dela: conquistar o planeta inteiro, tanto no sentido literal quanto figurado do termo, por meio dos métodos mais refinados e mais brutais.

2

NOS QUATRO SÉCULOS SEGUINTES, do século XVI ao XIX, a supremacia do Ocidente não fez outra coisa senão se expandir e se consolidar. Em todo o planeta e em todos os campos.

Inicialmente, os otomanos ainda tinham a esperança, logo depois da conquista de Constantinopla, em 1453, de estender suas fronteiras até Budapeste e até as portas de Viena. Mas seu impulso foi detido, tanto em terra quanto no mar. Embora seu império não tenha se transformado imediatamente no "homem doente" que se tornaria, eles nunca mais foram capazes de se impor.

Por muito tempo, em nenhum lugar do mundo veríamos emergir potências capazes de contestar a preeminência da Europa. Certamente houve dinastias gloriosas aqui e ali, como os mogóis nas Índias, que construíram o Taj Mahal, ou os safávidas na Pérsia, que fizeram o esplendor de Isfahan. Mas apenas os europeus ainda nutriam ambições globais, apenas eles conquistavam territórios para além dos oceanos e mares.

Os primeiros impérios a se estabelecerem em vários continentes foram os da Espanha e de Portugal, que dividiram a maior parte do Novo Mundo; logo depois, foram seguidos por Inglaterra, França,

Países Baixos e, mais tarde, no século XIX, por três Estados recém-formados que queriam sua fatia do "bolo" colonial: Bélgica, Alemanha e Itália. Os russos, por sua vez, começaram a conquista, em sucessivos avanços territoriais, de um gigantesco império asiático, estendendo-se dos montes Urais até as margens do mar do Japão, onde fundaram Vladivostok em uma península cedida pela China.

Onde quer que os europeus encontrassem uma vantagem, especialmente nas Américas e na Austrália, eles estabeleciam colônias de povoamento; às vezes se misturando com as populações locais, mas na maioria das vezes desapossando-as de suas terras, expulsando-as ou massacrando-as. Em outros lugares, eles se contentaram em enviar soldados e administradores. Gerações de alunos estudaram em manuais escolares em que se viam, nos mapas do mundo, grandes áreas coloridas em rosa, azul, roxo, amarelo ou verde, correspondentes aos diferentes impérios coloniais europeus. E esse era apenas um aspecto da realidade. Muitos países, mesmo sem estarem coloridos dessa forma, estavam sujeitos a "capitulações", "tratados desiguais" ou protetorados forçados.

Se essa expansão geográfica pôde continuar e perdurar, foi porque esteve acompanhada de um tremendo crescimento material e moral que transformaria profundamente as nações envolvidas.

No século XVIII, a Europa Ocidental entrou na era da Revolução Industrial, que começou na Inglaterra antes de se espalhar pelo continente e que foi, inegavelmente, uma das viradas mais decisivas de toda a aventura humana. Com ela, houve um crescimento vertiginoso das ciências, das técnicas e das ideias, que nunca mais pararia e que daria origem à civilização mais avançada, dinâmica e ambiciosa da História. Uma civilização prometeica da qual todos nós, ainda hoje, independentemente de nossos pertencimentos e crenças, somos herdeiros e criaturas ao mesmo tempo.

Tratando-se de um movimento tão amplo e complexo, seria tedioso embarcar em um estudo detalhado de suas origens, etapas ou consequências. Portanto, vou me limitar a lembrar o óbvio:

a Revolução Industrial, embora tenha garantido aos ocidentais sua predominância econômica e sua superioridade militar, abalou profundamente suas sociedades; uma transformação que foi muitas vezes traumática, mas que acabou por estabelecer sua primazia intelectual e moral no mundo inteiro.

Novas ideias tomaram corpo: sobre os cidadãos e seus direitos, os governantes e seus deveres, o lugar da religião e seus limites. Grandes revoltas ocorreram, especialmente a Revolução Gloriosa inglesa, em 1688, a Guerra de Independência Americana, em 1776, e a Revolução Francesa, em 1789, que dariam aos povos envolvidos uma nova confiança e identificariam o Ocidente, aos olhos de todo o mundo, com os conceitos de modernidade, liberdade e progresso.

A partir de então, ele reinaria soberano, pela força do conhecimento e do pensamento, tanto quanto pela força das armas. Os outros ramos da humanidade, mesmo as nações mais populosas, mesmo aquelas que haviam construído grandes civilizações e poderosos impérios no passado, seriam forçadas a reconhecer sua supremacia. O planeta viveria no ritmo dos ocidentais, de suas inovações, de suas rivalidades, de suas utopias, de suas revoluções, de suas guerras e de seus tratados de paz. Apenas eles ainda desempenhariam papéis de verdade na cena mundial; os outros seriam apenas coadjuvantes, suplentes, figurantes, ao mesmo tempo maravilhados, encantados, machucados, frustrados e impotentes; curvando-se de má vontade ao desejo dos vencedores, sonhando com revanches e mudanças.

Assim estava o mundo às vésperas do século XX, e poderíamos pensar que ele assim permaneceria por muito tempo, talvez para sempre. Mas essa configuração foi repentinamente questionada pela Batalha de Tsushima.

*

Nos países do Oriente, a alegria era generalizada. "A vitória do Japão diminuiu o sentimento de inferioridade do qual a maioria de nós sofria", escreveria mais tarde Jawaharlal Nehru, futuro primeiro-ministro da Índia. "Uma grande potência europeia havia sido derrotada, o que significava que a Ásia ainda podia derrotar a Europa, assim como havia feito no passado."

O dr. Sun Yat-sen, que se tornaria o primeiro presidente da República da China, disse praticamente a mesma coisa. "Vimos a derrota da Rússia pelo Japão como a derrota do Ocidente pelo Oriente. A vitória dos japoneses era a nossa vitória." E um dos grandes nomes da literatura árabe contemporânea, o iraquiano Maarouf Al-Rusafi, dedicou um longo poema à Batalha de Tsushima, descrevendo as paisagens, narrando as peripécias do confronto e se maravilhando com a habilidade tática do almirante japonês: "Tōgō posicionou sua frota bem perto da frota inimiga, como uma roupa pode aderir à pele de quem a veste". Antes de concluir com uma lição moral e política: "O ser valoroso que faz da Razão sua arma merece prevalecer. O soberano que confia cada missão a quem sabe cumpri-la merece governar".

Para esses homens, assim como para todos os seus compatriotas, o evento tinha um significado específico. Por tanto tempo, os povos maltratados pela História se perguntavam com angústia como recuperar o atraso, como acabar com a humilhação e a degradação. E agora eles tinham a resposta: empreender, a todo custo, uma modernização abrangente e maciça. Sim, eles podiam sair do impasse histórico em que se encontravam, mas apenas se se mostrassem audaciosos, determinados e voluntaristas.

Não foi nesse espírito que os japoneses se lançaram no caminho que havia tornado possível a esmagadora vitória sobre os russos?

3

TUDO COMEÇOU EM JULHO DE 1853, quando um oficial da Marinha dos Estados Unidos, o comodoro Matthew Perry, apareceu nas costas do arquipélago japonês pedindo para ser recebido pelas mais altas autoridades, a quem desejava entregar uma carta oficial do presidente dos Estados Unidos a seu "grande e bom amigo", o imperador do Japão.

Desde sua chegada, o visitante mostrou-se pouco respeitoso das regras estabelecidas por seus anfitriões. A princípio, qualquer navio que quisesse atracar deveria pedir permissão e aguardar em alto-mar até receber autorização, e obrigatoriamente deveria dirigir-se a Nagasaki, o único porto designado para receber estrangeiros. No entanto, Perry decidiu seguir em direção a Edo, sede do poder efetivo.

A carta assinada pelo presidente Millard Fillmore era cortês e atenciosa, ao mesmo tempo que fazia demandas específicas. "Sabemos que as antigas leis do governo de Vossa Majestade Imperial só permitem o comércio exterior com os chineses e os holandeses; mas à medida que o mundo muda e novos países surgem, parece sensato, de tempos em tempos, criar novas leis." Os Estados Unidos eram um desses novos participantes da cena global, dizia a carta, e mereciam ser levados em consideração. "Nosso território se estende de um oceano ao outro, nosso grande estado da Califórnia está localizado bem em frente a seus domínios, nossos navios a vapor podem fazer a travessia em dezoito dias." As duas nações se beneficiariam muito em estabelecer relações amistosas, baseadas no respeito mútuo, e em comercializar suas mercadorias.

A carta estava guardada solenemente em uma caixa de madeira de jacarandá, ornada a ouro. E veio com um "presente". Um retângulo de tecido branco, que o visitante desdobrou diante dos olhos de seus perplexos anfitriões, explicando que seu presidente esperava que o imperador respondesse positivamente às suas demandas, mas que, infelizmente, se a resposta fosse negativa, haveria guerra. "E, nesse caso", acrescentou o comodoro Perry, "vocês precisarão disso para capitular."

Apesar do que essa arrogância poderia sugerir, Matthew Perry não tinha o perfil de um imprudente. Oficial superior próximo dos 60 anos, conhecido na Marinha por suas habilidades de organização, ele não agia por espírito de provocação, mas com base em uma avaliação precisa dos desafios e riscos. Antes de empreender a viagem, ele examinou com minúcia tudo o que pôde encontrar sobre o Japão – sua história, suas leis, suas riquezas e seus dirigentes. E chegou à conclusão de que não adiantaria nada se mostrar dócil e reverencioso; para ser respeitado, ele deveria aparentar total confiança, como se não temesse nada e seus anfitriões tivessem tudo a temer se o contrariassem.

Foi uma abordagem no mínimo arriscada, e poderia ter terminado de forma lamentável. Mas ela se revelou surpreendentemente eficaz. As autoridades japonesas, impressionadas com o personagem, com os navios negros e com a bandeira branca de Perry, hesitaram em puni-lo por sua audácia. Talvez ainda tivessem em mente a humilhação infligida à China pelos britânicos na Guerra do Ópio, alguns anos antes. Seja como for, em vez de fornecerem aos norte-americanos um pretexto para atacar, preferiram contemporizar. Portanto, contentaram-se em pedir a Perry que partisse, e ele concordou, não sem antes prometer voltar no ano seguinte para ouvir a resposta de seus anfitriões. O que ele fez. E um acordo foi então assinado, autorizando o comércio entre as duas nações e encerrando assim o isolamento secular do Arquipélago.

Essa abertura a fórceps, realizada pela temerária ação de um oficial da Marinha e aceita sem entusiasmo pelas autoridades, inaugurou um longo período de transformações que teria consequências significativas para o Japão, para os Estados Unidos e também para o resto do mundo.

*

O presidente norte-americano precisava endereçar sua carta oficial ao imperador, mas havia poucas chances de que este a lesse, ou mesmo que alguém pensasse em mostrá-la a ele. Fazia vários séculos que os soberanos japoneses tinham parado de governar. Havia inclusive duas capitais: em Kyoto residia o imperador, cercado de poetas, calígrafos, músicos e também de espiões, que se asseguravam de que ele não se envolvia com os assuntos do Estado, fossem eles estrangeiros ou internos, militares ou civis; todos esses assuntos estavam sob a responsabilidade do xogum, o "comandante-chefe", que era o verdadeiro governante do país e que residia em Edo.

O poder dos xoguns prevalecia desde o século XII; e fazia duzentos e cinquenta anos que ele era transmitido dentro do mesmo clã, o dos Tokugawa. Eles haviam trazido grande estabilidade ao país e também, por um tempo, relativa prosperidade. Mas na época em que o esquadrão do comodoro Perry chegou, o sistema estava em crise. Ainda que a população tivesse poucos contatos com o exterior, parte da elite conseguia acompanhar o que acontecia no resto do mundo. A China e a Coreia eram próximas, geográfica e culturalmente, e as notícias circulavam entre elas e o arquipélago nipônico.

Havia também os mercadores holandeses estabelecidos em Nagasaki; embora eles geralmente se mostrassem discretos para não comprometer os privilégios de que usufruíam, às vezes eles conversavam com os habitantes locais, ávidos pelas informações que seus líderes lhes escondiam; foi através deles, por exemplo, que a população soube da Revolução Francesa, apesar de com alguns anos de atraso e em uma versão razoavelmente editada.

Por quanto tempo os xoguns ainda poderiam impedir que as notícias do mundo chegassem aos ouvidos de seus súditos? Por quanto tempo eles conseguiriam manter uma hierarquia social em que os samurais se encontravam no topo e os comerciantes na base?

À chegada do "visitante" norte-americano, essas questões já estavam sendo feitas, e é provável que tenha sido por isso que as autoridades reagiram com tanta cautela. No entanto, em vez de acalmar o debate, essa prudência o inflamou ainda mais. Os mais audaciosos argumentavam que não bastava entreabrir timidamente a porta e que era necessário ir muito mais longe; os mais hesitantes acreditavam, pelo contrário, que já se estava correndo riscos demais e que, se o país começasse a se abrir para os ventos do mundo, uma tempestade, que ninguém poderia apaziguar, se desencadearia e carregaria tudo pelo caminho.

Grande desassossego se propagou por todas as classes da sociedade, acompanhado de recriminações e violência. Grupos armados de saqueadores fanáticos e xenófobos começaram a infestar as cidades e os campos. Após alguns anos de crescente instabilidade, o país acabou mergulhando em uma mortífera guerra civil, que resultou na queda do xogunato e na instauração, em 1868, de um regime completamente novo, apresentado como uma "restauração" do poder imperial, cuja figura emblemática era um jovem soberano de 15 anos, Mutsuhito.

Ele adotou, para caracterizar seu reinado, o nome Meiji, "Governo Esclarecido". E deixou Kyoto para se estabelecer em Edo, rebatizada de Tóquio, "a capital do Leste", onde tomou posse do castelo dos xoguns, que se tornou o Palácio Imperial.

4

EM DUAS OCASIÓES, o Japão moderno, decorrente da "Restauração Meiji", serviria de inspiração para uma boa parte da humanidade, especialmente para as grandes nações do Oriente: a primeira vez, por suas realizações militares; a segunda, por suas realizações econômicas. Esse destino é ainda mais notável porque o Arquipélago passaria, entre esses dois períodos notáveis, por um colapso político e moral de magnitude cataclísmica, o único na História mundial a ser sancionado por um bombardeio nuclear.

A nova era foi inaugurada por um "Juramento em Cinco Artigos", no qual o jovem imperador se comprometeu a estabelecer uma Constituição e criar "assembleias deliberativas" para que "todas as decisões fossem tomadas após discussão aberta". A partir de agora, ele prometeu, "as pessoas comuns terão permissão para seguir seus caminhos profissionais, sejam eles quais forem, como já acontece com funcionários civis e militares"; "os maus hábitos do passado serão abandonados"; e "o conhecimento será buscado no mundo inteiro, a fim de consolidar as bases da autoridade imperial".

Este último ponto era entendido pela maioria dos japoneses em seu sentido mais tangível, de poderio militar. Não era evidente que o país precisava sair o mais rápido possível do estado de enfraquecimento que havia permitido que estrangeiros, simbolizados pelos "navios negros" do comodoro Perry, o humilhassem e ditassem sua lei? Essa era, obviamente, uma prioridade absoluta. Mas os determinados reformadores que lideravam a mudança também sabiam que, para poder dotar o país de forças armadas modernas e mantê-las, ele precisava prosperar e se industrializar; ele deveria ser capaz de fabricar suas próprias armas, em vez de comprá-las de outros países; portanto, ele precisava de meios econômicos para produzi-las, bem como de capacidades técnicas.

E a lógica da modernização deveria ir além, muito além. Era necessário construir uma sociedade japonesa capaz de produzir engenheiros, técnicos, cientistas, industriais, banqueiros, gestores. Bem como professores, pesquisadores, jornalistas, fotógrafos, juristas, sociólogos, filósofos etc.

Ansioso para recuperar o tempo perdido, o novo governo enviou numerosos emissários mundo afora, com frequência jovens que já haviam dado prova de sua inteligência e de sua sede de conhecimento, recomendando que estudassem, com diligência, profundamente e em várias áreas, tudo o que os ocidentais sabiam e que constituía sua superioridade. Ao mesmo tempo e sem esperar pelo retorno desses "batedores", as instituições civis e militares do novo Japão começaram a ser construídas, baseadas nos modelos que pareciam mais eficazes.

Para estabelecer um serviço postal, por exemplo, usou-se o General Post Office britânico como modelo e, para a Marinha Imperial, a Royal Navy. O homem que entraria para a História como destruidor da frota russa, aliás, o almirante Tōgō, havia partido anteriormente para viver e estudar na Inglaterra por sete anos; ele inclusive dera a volta ao mundo como marinheiro comum a bordo do navio-escola *Hampshire*. Mas os defensores da europeização não queriam depender de um único país estrangeiro. Mesmo para a Marinha, eles mandaram construir navios tanto na

França quanto na Inglaterra, enquanto aceleravam a criação de estaleiros navais no Arquipélago.

Para organizar uma polícia moderna, eles também se basearam no modelo francês. E planejavam fazer o mesmo para o exército. Afinal, a França não havia dominado a Europa cerca de sessenta anos antes, na época de Napoleão Bonaparte? Seu sobrinho estava no poder no início da Era Meiji, e esperava-se estabelecer um laço construtivo com ele. Mas, quando os emissários japoneses desembarcaram na França no outono de 1870, eles foram informados de que o país havia sido duramente derrotado pela Prússia e que Napoleão III havia sido feito prisioneiro; eles decidiram então modificar seus planos e seguir para Berlim.

*

Para acelerar a modernização e evitar longas experimentações em áreas em que a população do Arquipélago tinha pouca experiência, decidiu-se encorajar a vinda de vários profissionais europeus, especialmente cientistas, aos quais foram oferecidas condições de vida e trabalho confortáveis e estimulantes.

Um dos testemunhos mais instrutivos desse período é o de Ludovic Savatier, um médico francês nativo de Oléron, que dirigiu por vários anos o serviço de saúde de Yokosuka, o principal arsenal da nova Marinha Imperial nos arredores de Tóquio. Botânico nas horas vagas, ele se correspondia regularmente com um de seus amigos parisienses para lhe descrever suas descobertas e contar sobre a vida no Japão. Ao lê-lo, é difícil lembrar que ele está falando de um país que, até recentemente, estava fechado aos estrangeiros e onde os próprios cidadãos japoneses às vezes eram punidos de morte apenas por terem viajado para o exterior.

Mais de uma vez, Savatier menciona seus próprios encontros com o imperador Meiji, que claramente acompanhava de perto tudo o que acontecia no estaleiro. "Sua Majestade passou a noite visitando parte de nossas oficinas: forjas, caldeiraria, fundição e ajustagem. No dia seguinte, às 9 horas, visitas às oficinas de cordames, de velas, de polias, à carpintaria..." Ele fica todo orgulhoso de contar que estava "ao lado do *mikado*, no fundo da base naval", quando sua filhinha, Léontine, correu na direção deles chamando por seu pai. E se mostra maravilhado com tudo o que acontece a seu redor. "Você pode imaginar a transformação pela qual o Japão vem passando nos últimos dois anos", escreve ele a seu correspondente em dezembro de 1871. "Essas pessoas estão avançando mais rápido do que nós nos últimos duzentos anos!" Ele se diz convencido de que, em vinte anos, "haverá mais motivos para se orgulhar de ser japonês do que europeu".

O fascínio de um médico da região francesa de Charente que se encontra no meio da comitiva imperial japonesa é complementado pelo constante fascínio de seus anfitriões por tudo o que vem do Ocidente. Savatier observa que "apenas a imperatriz e suas damas de honra usavam o traje nacional, aliás, admirável"; o *mikado* usava "o uniforme de general de divisão, exceto pelas dragonas", e todos os homens de sua comitiva se vestiam à moda europeia.

Essa tendência de imitar a Europa foi por vezes um pouco longe demais, para o gosto dos próprios japoneses. Como quando o primeiro-ministro Ito Hirobumi, um dos principais artífices da modernização, organizou em sua residência um baile de máscaras no qual se fantasiou de nobre veneziano, dançando com sua filha vestida de camponesa italiana, enquanto sua esposa estava envolta em um manto vindo da Espanha. A imprensa, que estava em plena expansão e usufruía com deleite de uma liberdade até então inimaginável, começou a zombar do "gabinete dançante" – um apelido que os leitores adoraram.

No geral, no entanto, a linha de conduta predominante era a que separava as coisas: "técnica ocidental e alma japonesa", dizia-se. Mas, se era relativamente fácil identificar a técnica, era mais complicado definir a alma. O que constituía sua essência? O que precisava ser preservado e o que precisava ser abandonado na cultura japonesa? Aos olhos de um estrangeiro, tudo o que é incomum, exótico ou simplesmente "diferente" parece característico de uma civilização. Mas aqueles que cresceram dentro dela não têm essas referências. E às vezes eles próprios se deixam guiar pelo olhar dos outros.

Assim, quando os ocidentais, que estavam começando a descobrir o Arquipélago, ficavam maravilhados com algum aspecto de sua cultura, como o teatro nô, o kabuki, o haicai, o budismo zen ou a moral dos samurais, os japoneses ficavam lisonjeados e colocavam esse elemento em destaque. Sem se perguntar se agiam assim porque viam nisso a verdadeira alma de seu país ou porque os ocidentais, a quem admiravam, tinham ficado impressionados.

Esses questionamentos sobre a identidade nunca deixariam de assombrar a nação japonesa, como poderosamente evidenciado por seu cinema e sua literatura. No início da Era Meiji, porém, a questão mais premente, tanto para os dirigentes quanto para os estrangeiros que os observavam, era se o país conseguiria realizar sua transformação e, mais precisamente, se conseguiria alcançar, por meio dessa modernização forçada, o status de grande potência, ao lado de Inglaterra, França, Estados Unidos, Alemanha e Rússia.

Até então, o país tinha pouca experiência em conflitos externos. Com exceção de uma infeliz aventura na Coreia nos últimos anos do século XVI, ele nunca havia enviado suas tropas para fora de suas fronteiras. E ele próprio nunca havia sido atacado; a última tentativa de invasão remontava ao século XIII, quando o neto de Gengis Khan, Kublai, que havia conquistado a China à frente dos exércitos mongóis, tentara adicionar o Arquipélago a seu vasto império; ele reunira, nas costas da Coreia, uma frota de milhares de embarcações. Felizmente para os insulares, uma tempestade violenta se levantara e dispersara os invasores. A mitologia nacional atribuiu esse salvamento inesperado a um "vento divino", em japonês "*kami kaze*", que deu origem a uma alegoria duradoura.

Desde então, ninguém havia tentado um assalto semelhante, e o Japão permanecera à margem dos inúmeros conflitos mundiais. Mas isso logo mudaria, de maneira trágica. Sua "saída para o mundo", depois de uma longa vida de isolamento, se revelaria explosiva e devastadora, tanto para os outros quanto para si mesmo.

5

PORTANTO, FOI A PARTIR das costas coreanas que a última tentativa de invasão havia sido lançada. E, mesmo que o temor causado pela frota inimiga remontasse a meio milênio, ele não havia desaparecido da memória. É verdade que, ao olhar para o mapa, a Coreia é a única terra da Ásia próxima do Arquipélago – apenas vinte e sete milhas náuticas no ponto mais estreito, ou seja, cinquenta quilômetros. Alguns líderes não hesitavam em comparar a península vizinha a "um punhal apontado para o coração do Japão".

Essa metáfora era acompanhada de uma análise estratégica elaborada: um punhal não é perigoso por si só, ele se torna perigoso quando segurado por uma mão hostil; nesse caso específico, a mão da China ou da Rússia. Aos olhos dos reformadores da Era Meiji, a melhor proteção contra esse risco seria ver o surgimento de uma Coreia modernizada, nos moldes do Japão, e que considerasse este último como seu mentor e aliado natural.

Isso, aliás, estava começando a acontecer. Ainda mais fascinados do que o resto do mundo pelo milagre que estava ocorrendo a poucas braças de suas costas, os coreanos rapidamente começaram sua própria abertura. Seu soberano, Gojong, que tinha praticamente a mesma idade que Mutsuhito, enviou emissários ao arquipélago vizinho para estudar o que estava acontecendo e aconselhá-lo sobre como proceder. Ele se mostrava disposto a tirar o próprio reino do isolamento, estabelecer relações com países estrangeiros e adotar algumas reformas – enfatizando, também, que era necessário conciliar as técnicas do Ocidente com o espírito do Oriente.

A longo prazo, a Coreia alcançaria um sucesso admirável. A curto prazo, porém, seu jovem monarca, cujos conselheiros eram pouco favoráveis à mudança e temiam desagradar seu "protetor" tradicional, o imperador da China, pouco a pouco perdeu o controle da situação.

Em dezembro de 1884, houve uma tentativa de golpe de Estado, liderada por ativistas radicais fascinados pelo modelo japonês. O Palácio Real foi invadido, Gojong foi mantido em cativeiro por três dias antes de ser libertado pelas tropas chinesas. A insurgência foi então esmagada, e vários de seus líderes foram executados. No entanto, o mais influente deles, Kim Ok-gyun, que liderava o Gaehwadang, o "Partido das Luzes", conseguiu deixar o país e buscar refúgio no Japão.

Esse personagem, que exercia grande influência sobre seus jovens compatriotas, acabaria se vendo, a contragosto, no centro de um episódio tão trágico quanto rocambolesco, com consequências para muito além de sua terra natal.

Em março de 1894, enquanto estava no Arquipélago havia nove anos organizando a oposição ao regime coreano, ele foi convencido a viajar para a China a convite de um alto dignitário que desejava se encontrar com ele. A maioria de seus amigos o desaconselhou a ir, mas o exilado avaliou que não deveria ignorar uma iniciativa que poderia se revelar determinante para o futuro de seu país.

Algumas horas depois de sua chegada a Xangai, ele foi baleado em seu hotel com três tiros de pistola por um de seus companheiros de viagem, chamado Hong Jong-u. Este havia se infiltrado em seu círculo alguns meses antes, com o firme propósito de assassiná-lo.

Como o opositor estava sempre protegido no Japão por seus anfitriões, seu futuro assassino havia planejado levá-lo para fora do Arquipélago e provavelmente o persuadiu a ir a Xangai.

Hong deixou poucos vestígios na História para além desse assassinato. No entanto, ele poderia ser lembrado por razões muito melhores. Pelo menos foi o que pensaram aqueles que o conheceram na França, onde ele vivera por dois anos e meio antes de cometer o crime.

Ele havia chegado a Paris em dezembro de 1890, munido de várias cartas de recomendação, e fizera amigos. O pintor Félix Régamey, um amante da Ásia e de suas artes, o acolheu e abrigou por algum tempo; ele o levou ao Collège de France para apresentá-lo a Ernest Renan; depois, conseguiu um emprego para ele no recém-inaugurado Museu Guimet, que precisava de ajuda para catalogar suas coleções de manuscritos coreanos e japoneses.

Em colaboração com J.-H. Rosny, dois irmãos escritores muito renomados à época, que assinavam com esse mesmo pseudônimo, Hong traduziu um texto literário coreano que foi publicado com o título *Printemps parfumé* [Primavera perfumada]. Outro foi publicado depois de sua partida, intitulado *Le Bois sec refleuri* [O bosque seco reflorescido]. Outras publicações se seguiram, dentre as quais um manual de adivinhação chamado *Guide pour rendre propice l'étoile qui garde chaque homme et pour connaître les destinées de l'année* [Guia para tornar propícia a estrela que guarda cada homem e para conhecer os destinos do ano]. O futuro assassino sempre começava lendo atentamente o manuscrito original e depois explicava o conteúdo, frase por frase, a um dos irmãos Rosny, que o traduzia para o francês. Esse trabalho conjunto tinha por objetivo fazer um público europeu que não conhecia a cultura coreana descobri-la e apreciá-la.

Em um artigo publicado pouco depois do crime de Xangai, os dois irmãos expressaram sua surpresa e sua incredulidade. "Ele foi muito nosso amigo, ficamos tão profundamente interessados pelo sucesso de sua obra que não fizemos uma investigação profunda sobre os motivos que o levaram a cometer esse assassinato... Esperamos que seja inocente! Esperamos que ele ao menos encontre alguma desculpa em um caso de legítima defesa ou exaltação patriótica!"

Eles contaram que o amigo lhes falara algumas vezes sobre a futura vítima. Ele compartilhava, dizia, as aspirações modernistas de Kim Ok-gyun, pois eles tinham militado juntos no mesmo partido; mas ele o descrevia como um homem obstinado e violento. O opositor teria lhe dito um dia: "Se você alguma vez mudar de opinião, vou matá-lo!". Hong também o acusava de ter se "vendido" aos japoneses, que, aos olhos do futuro assassino, eram tão perigosos para sua pátria quanto os chineses ou os russos.

Portanto, quando um emissário do governo coreano viera encontrá-lo em Paris para lhe pedir, em nome do rei Gojong, que fosse ao Japão para eliminar o dissidente, ele teria aceitado com entusiasmo, prometendo dedicar toda a sua energia à tarefa. Ele havia mantido sua palavra.

Hong foi preso no dia seguinte ao assassinato pela polícia da Concessão Internacional de Xangai e entregue às autoridades chinesas. Estas ordenaram, sob o pretexto de que o assassino e sua vítima eram ambos cidadãos coreanos, que fossem deportados *juntos* para o país de origem. O que queria dizer que o corpo da vítima seria acompanhado pelo assassino até o mandante do crime!

O horror da situação só ficou aparente quando o navio chegou a seu destino, o assassino foi recebido como herói, o cadáver do opositor foi imediatamente desmembrado e suas partes enviadas aos quatro cantos do país a fim de que todas as províncias soubessem do castigo imposto ao "traidor". Manifestações ruidosas foram organizadas na ocasião contra os japoneses.

Dois meses depois, uma força expedicionária vinda do Arquipélago desembarcou na Coreia, onde já havia tropas chinesas.

A Primeira Guerra Sino-Japonesa acabava de começar. Ela foi oficialmente declarada em 1º de agosto de 1894.

*

No início do conflito, a maioria dos especialistas estrangeiros previa uma vitória garantida da China. Raros eram os que haviam avaliado a extensão dos progressos do Japão desde o início da modernização.

Além da qualidade de seus equipamentos, em parte importados e em parte fabricados no país, os exércitos japoneses demonstraram uma habilidade tática e um fervor combativo incomparavelmente superiores aos do inimigo. A cada confronto, em terra ou no mar, eles inevitavelmente conseguiram obter a vantagem. Na Coreia, que foi o primeiro campo de batalha, sua vitória foi fulgurante; no norte do país, por exemplo, a cidade de Pyongyang, que os chineses tinham decidido fortificar para conter o avanço inimigo, se rendeu depois de um único dia de combate.

Um tratado de paz foi assinado em abril de 1895, concedendo aos vencedores "reparações" financeiras substanciais, uma "concessão" em Xangai, ao lado das potências ocidentais, o status de "nação mais favorecida" nas trocas comerciais e, acima de tudo, a ilha de Taiwan, que permaneceria, por meio século, a joia do império colonial japonês.

Para os líderes da Restauração Meiji, este foi um avanço significativo. Tendo provado seu valor no campo de batalha, o país agora mudava de status. Ele deixava de ser uma presa, por assim dizer, para se tornar um predador.

Assim, quando, em reação às sucessivas humilhações sofridas pela China, especialmente depois de sua derrota acachapante diante do arquipélago vizinho, eclodiu a revolta dita "dos Boxers" e as delegações estrangeiras em Pequim foram sitiadas por cinquenta e cinco dias no verão de 1900, a "Aliança das Oito Nações", formada para resistir ao assalto, incluiu os Estados Unidos, o Reino Unido, a França, a Alemanha, a Rússia, a Itália, a Áustria-Hungria *e também* o Japão – que assim se juntava, de maneira altamente simbólica, ao concerto das grandes nações.

Essa impressionante transformação tinha, além de seu evidente significado estratégico global, um significado "íntimo", cuja importância poucos observadores ao redor do mundo perceberam.

Para os japoneses, de fato, a China nunca foi vista como apenas mais uma nação entre as outras, mas como "a genitora" de sua própria civilização. Da China vieram o alfabeto, o budismo, o confucionismo; a cultura do arroz, assim como a do bicho-da-seda; e também a pintura, a caligrafia e a arte poética. Portanto, os habitantes do Arquipélago sentiam, tradicionalmente, grande estima por seu grande e venerável vizinho; somente no final do século XIX, quando descobriram o quão distante a China havia ficado em relação ao Ocidente, eles começaram a olhar para ela com superioridade. Paralelamente, os chineses da época não detestavam o Japão. Eles ainda não o viam como um inimigo a ser derrubado, mas como um irmão mais novo que teria ido estudar na cidade e voltara mais esperto e mais forte. Também mais arrogante, mas nem por isso eles queriam destruí-lo, preferiam imitá-lo. Um pouco como ele mesmo havia imitado os europeus.

Muitos futuros líderes chineses viveram e estudaram algum tempo no Japão. Alguns, como Sun Yat-sen, sempre o veriam com afeto; outros, como Zhou Enlai, o inamovível primeiro-ministro de Mao Zedong, sobretudo com ressentimento. Mas todos, por um tempo, o viram como um exemplo. Se não a ser seguido cegamente, pelo menos a ser contemplado com interesse e observado de perto.

6

DEPOIS DE INFLIGIR uma severa derrota à maior nação da Ásia, o Japão da Era Meiji repetiria seu feito dez anos depois, às custas da grande potência europeia que era então a Rússia czarista.

A Rússia havia avaliado, um pouco precipitadamente, que o enfraquecimento da China lhe oferecia a oportunidade de avançar na Manchúria e na Coreia. Com o benefício da retrospectiva, não há dúvida de que o surgimento de um adversário tão enérgico e combativo deveria tê-la induzido à cautela. No entanto, devido ao estado de espírito predominante na época, a vitória de um exército asiático sobre outro exército asiático não parecia significativa para medir suas chances de sucesso diante de europeus. Nicolau II estava confiante, e seu "primo" Guilherme II, imperador da Alemanha, que fazia seus próprios cálculos estratégicos, o encorajou a seguir em frente "para defender nossa civilização contra o perigo amarelo". Ambos previam uma campanha fácil e breve.

Não foi o que aconteceu. Desde o início do conflito, as notícias do front foram alarmantes e causaram um crescente descontentamento no império dos czares. Os japoneses avançavam inexoravelmente por terra e por mar. Com muita audácia e, às vezes, sorte. Como quando

41

o encouraçado *Petropavlovsk* atingiu uma mina naval, em 13 de abril de 1904, levando à morte mais de 650 homens, dentre os quais o almirante Makarov, comandante da frota do Pacífico. Ele era um respeitado oceanógrafo, e muitos o consideravam o melhor estrategista russo da guerra naval; sua morte, logo nas primeiras escaramuças, foi, sem dúvida, um golpe duro para o seu lado.

Como haviam feito no conflito com a China, os japoneses rapidamente tomaram a península coreana e se voltaram para seus adversários perto do Rio Yalu, que marca a fronteira com a Manchúria. Um combate feroz ocorreu, terminando em 1º de maio com uma derrota esmagadora das tropas do czar. Em um comentário escrito no mesmo dia em que a notícia se espalhou, a militante marxista Rosa Luxemburgo anunciou, como um fato consumado, "o colapso do absolutismo russo".

O anúncio provavelmente era um pouco prematuro, mas havia se tornado plausível. Amplos setores da população agora culpavam o regime czarista por conduzir uma guerra dispendiosa e mal preparada; ao mesmo tempo, eles pediam o fim da censura e a realização de eleições livres. Em janeiro de 1905, dezenas de milhares de manifestantes se reuniram em São Petersburgo, nos arredores do Palácio de Inverno, com uma série de reivindicações. O exército imperial abriu fogo, fazendo várias centenas de vítimas. Um "domingo sangrento", que causou uma irreparável perda de prestígio para Nicolau II.

Havia sido para prevenir tais distúrbios, aliás, tanto quanto para deter o avanço japonês, que o czar enviara seus melhores navios do Báltico para o Extremo Oriente; ele acreditava que uma grande vitória resolveria todos os seus problemas de uma só vez. Portanto, quando os súditos souberam que a majestosa esquadra havia sido destruída antes de chegar ao destino, sua raiva chegou ao auge.

No porto de Odessa, os marinheiros do encouraçado *Potemkin* se rebelaram imediatamente – outro momento emblemático na história da Rússia. A contagem regressiva havia definitivamente começado para o trono dos Romanov.

*

É um eufemismo dizer que as desgraças do czar não suscitavam tristeza em toda parte. Sun Yat-sen conta que em 1905, ao retornar de uma viagem à Europa, ele parou em Suez, onde "os árabes, me confundindo com um japonês, me ovacionaram. 'Seus compatriotas', eles gritaram, 'afundaram uma frota russa que vimos passar por este canal... Nós também somos orientais oprimidos pelos ocidentais! A vitória dos japoneses é nossa!' O entusiasmo dessas pessoas que vivem no outro extremo do continente asiático era indescritível. A opressão comum havia transformado esses árabes em irmãos dos japoneses...".

Esses sentimentos, expressos espontaneamente nas ruas, também eram compartilhados pelas elites. O escritor egípcio Mustafa Kamel, um dos pensadores políticos mais brilhantes e influentes de sua geração, publicou um livro entusiasmado já em 1904, intitulado *Le Soleil levant* [O sol nascente], dedicado à transformação do Japão. O prefácio, escrito logo depois da batalha do Rio Yalu, define imediatamente a intenção do autor: "A melhor maneira de educar as nações e mostrar-lhes o caminho para o progresso e a civilização é explicar como procederam aqueles que tiveram sucesso. Nós, orientais, somos ensinados desde a infância que nossa civilização pertence a um passado distante, que não temos mais nenhum papel no mundo de hoje e que devemos aceitar a supremacia da Europa. A nação japonesa acabou de desmentir essas alegações".

Embora o livro adote um tom militante, ele não é um panfleto apressado. Cuidadosamente documentado e argumentado, apresenta aos leitores o arquipélago nipônico, seu passado, sua geografia e sua civilização. Ele se concentra na personalidade do imperador Meiji e dedica capítulos separados a cada um de seus cinco principais colaboradores, apresentados como os verdadeiros artífices das reformas e designados, como faziam todos os textos da época, por seus títulos de nobreza ocidentalizados: o marquês Ito, o conde Inoue etc. Ele se maravilha com a rápida modernização das forças armadas, mas também com o número de jornais e revistas fundados nos anos recentes – nada menos que quatrocentos, sendo cerca de vinte jornais diários apenas na cidade de Tóquio! Ele lamenta que, ao lado das publicações sérias, surja uma imprensa sensacionalista interessada apenas por escândalos.

O autor se esforça para ser rigoroso e confiável em tudo o que relata, sem no entanto almejar a imparcialidade. "É normal que os egípcios apoiem os japoneses. Eles são orientais, como nós, e adquiriram poder e progresso suficientes para impedir as interferências dos ocidentais. Além disso, trata-se de um país civilizado, livre e dotado de um regime constitucional. Como não apoiar um país onde o orador pode dizer o que quiser, onde o escritor pode escrever o que quiser, onde os humildes e os poderosos se sentem iguais perante a lei?"

Ao longo das páginas, Mustafa Kamel às vezes diz "nós, egípcios", "nós, orientais", "nós, povos oprimidos"; e às vezes ele dá a impressão de falar, mais especificamente, em nome dos muçulmanos. Pelo menos foi assim que alguns de seus correligionários no Sudeste Asiático entenderam. *Le Soleil levant* foi traduzido e publicado em malaio por um editor de Singapura, provocando um debate altamente revelador entre os leitores. Para eles, não havia dúvida de que o único dirigente capaz de ajudá-los a erguer a cabeça, recuperar a dignidade violada e se vingar dos colonizadores britânicos ou holandeses era o imperador Meiji. Mas eles podiam realmente esperar que a salvação do Islã viesse de um líder que não era muçulmano?

Foi então que o editor de Singapura teve a ideia de lançar uma subscrição para financiar uma missão ao Japão com o objetivo de converter a população e até mesmo, por que não, o *mikado* em pessoa. Fazia algum tempo, de fato, que rumores persistentes, alimentados por alguns jornais, afirmavam que uma conferência mundial seria realizada em Tóquio, em 1906, durante a qual representantes das grandes religiões apresentariam as vantagens de sua própria fé em comparação com as outras para que o imperador pudesse escolher aquela que lhe parecesse a melhor.

Essa, como todos sabem, é uma antiga parábola, frequentemente contada a respeito de vários soberanos ao longo da História. Mas o fato de ela ter ressurgido no início do século XX reflete o fervor quase místico que os sucessos da Era Meiji haviam despertado em alguns círculos.

Independentemente dessa visão ilusória, nascida da dificuldade de conciliar as concepções ancestrais do mundo com as realidades do presente, a expectativa dos povos muçulmanos era real, e o Japão não a desencorajava. Alguns de seus dirigentes imaginavam o país liderando um amplo movimento pan-asiático e não eram indiferentes ao fato de que havia, tanto nas Índias quanto nos mares do Sul, grandes populações muçulmanas que sofriam sob o domínio dos europeus.

Em um jornal japonês que se dizia próximo ao estado-maior, podia-se ler, em 1911: "A forma como os muçulmanos de Java e Sumatra são tratados pelas autoridades holandesas está entre as mais atrozes registradas na história da humanidade. Eles são vigiados como criminosos, maltratados como animais e proibidos de se comunicar com o mundo exterior. Aconselhamos aos muçulmanos, nossos irmãos, a dedicar seus esforços à busca do conhecimento, tanto do Corão quanto das ciências modernas, e a não perder a esperança na ajuda divina".

Tais declarações circulavam nas colônias e reforçavam nas populações locais a sensação de que a jovem potência asiática que havia derrotado a China e a Rússia um dia as libertaria daqueles que as oprimiam. E, mesmo que alguns preferissem que o esperado salvador fosse da mesma religião que a deles, a esmagadora maioria dos orientais, muçulmanos ou não, estava perfeitamente disposta a aceitar o "herói" como ele era, xintoísta e budista, contanto que continuasse a desafiar os colonizadores.

Restava saber se essa era realmente sua intenção... A terra do sol nascente de fato pretendia guiar os povos do Oriente pelo caminho ascendente que ele próprio havia trilhado ou isso era apenas o sonho dos demais? Nesse ponto essencial, havia um grave mal-entendido que acabaria comprometendo de maneira duradoura as relações do Japão com todos aqueles que o haviam admirado e desejado seguir seu exemplo. Alguns ainda guardam rancor até hoje.

7

MAS AINDA NÃO estava na hora de fazer balanços; era a hora das esperanças. Ou das ilusões, dependendo do ponto de vista. A vitória do Japão havia soltado faíscas e levantado chamas. Às vezes efêmeras, às vezes duradouras.

O mundo havia acabado de descobrir que uma nação podia, em um período relativamente curto, o de uma vida humana, recuperar o atraso acumulado ao longo de séculos e marchar em direção à glória; tirar sua cultura tradicional da marginalização e da insignificância para lhe dar prestígio; libertar seus filhos da ignorância e da pobreza para lhes devolver a dignidade; e se impor no cenário internacional como um ator respeitado e temido.

Desde que os europeus tinham estabelecido sua supremacia sobre o mundo no século XV, nenhuma nação oriental havia conseguido tal transformação. Agora, todas sonhavam reproduzir o mesmo feito.

Assim, a partir da Guerra Russo-Japonesa, assistiríamos a uma sucessão de revoluções inspiradas no exemplo do vencedor e às vezes provocadas pela humilhação que este infligira a seus oponentes.

Naturalmente, uma transformação profunda das sociedades nunca ocorre como uma simples reação a um acontecimento externo, seja qual for. Sempre há um longo percurso para as mentalidades, um acúmulo de tensões sociais ou identitárias e problemas mal resolvidos. Mas às vezes, na ausência de um catalisador, a transformação permanece hipotética. E o triunfo do Japão desempenhou, para muitos países do Oriente, justamente esse papel.

O primeiro a ser abalado foi o Irã, na época ainda chamado de "Pérsia". É verdade que esse país também tinha contas a ajustar com a Rússia. Ele suspeitava que a Rússia, depois de suas conquistas na Ásia Central, tivesse planos de expansão em seu próprio território para obter acesso ao vasto "mar quente" que é o Oceano Índico e anexar cidades como Isfahan, Xiraz e Tabriz, assim como fizera com Bucara, Khiva e Samarcanda. Portanto, cada derrota dos russos diante dos japoneses entusiasmava os iranianos e estimulava sua combatividade.

Uma circunstância específica inflamara os ânimos alguns anos antes. O xá da época, querendo viajar para a Europa com sua comitiva e incapaz de arcar com os enormes custos envolvidos em tal deslocamento, decidira pedir dinheiro emprestado a São Petersburgo. Ele tinha plena consciência de que seu endividamento daria ao czar um poderoso meio de pressão, mas para ele estava fora de questão desistir da viagem.

Quando chegou o momento de pagar o empréstimo e, como era de se esperar, descobriu-se que os cofres do Estado estavam vazios, a população foi sobrecarregada com novos impostos, o que causou grande indignação no país, especialmente entre os comerciantes do bazar. As autoridades tentaram reprimir os protestos, mas o movimento cresceu ainda mais e alguns elementos de vanguarda começaram a sussurrar a palavra "revolução".

Em maio de 1904, cerca de sessenta intelectuais decididamente modernistas se reuniram clandestinamente em um subúrbio de Teerã, formaram um "Comitê Revolucionário" e elaboraram um projeto para "derrubar o despotismo" e estabelecer o "reino da lei e da justiça". Alguns meses depois, outro grupo, autointitulado "Sociedade Secreta", menos radical mas com uma base mais ampla, publicou uma série de propostas afirmando que, se adotadas, elas permitiriam ao país "superar, em uma geração, o que foi alcançado em outros lugares, *até mesmo no Japão*".

Em julho de 1905, os protestos se intensificaram, as reivindicações se tornaram mais claras e o monarca desistiu de contê-las. Uma verdadeira revolução estava em curso. Ela resultou na proclamação de uma Constituição e na criação de um parlamento, no qual "todos os estratos da sociedade" estariam representados, príncipes, proprietários de terras e comerciantes. Um dos observadores desses eventos, um britânico anônimo, provavelmente um diplomata, registrou em suas anotações pessoais, claramente surpreso: "A vitória do Japão teve, aparentemente, um impacto notável em todo o Oriente. Mesmo aqui, na Pérsia...". Como na vizinha Rússia, ele explicou, um novo estado de espírito se propagava na população. "As pessoas começaram a acreditar que era possível ter um sistema de governo diferente e melhor."

Outro observador, também britânico, Edward G. Browne, eminente e íntegro orientalista, dedicou uma notável obra à *Revolução Persa de 1905-1909*. Ele escreveu, já nas primeiras páginas: "O despertar do mundo muçulmano, cujas diversas manifestações políticas e religiosas haviam sido observadas ao longo dos últimos trinta ou quarenta anos na Turquia, na Pérsia, no Egito, no Marrocos, no Cáucaso, na Crimeia e na Índia, foi grandemente acelerado e intensificado pela vitória japonesa sobre a Rússia, que demonstrou que os asiáticos, quando com armamento e equipamento adequados, são perfeitamente capazes de enfrentar os mais formidáveis exércitos da Europa".

*

Esse "despertar" dos povos muçulmanos, que se traduziu em uma revolução no país dos xás, também levaria a uma revolução no país dos sultões, naturalmente inspirada no Japão, em suas reformas modernizadoras e em suas proezas de guerra.

Os otomanos também tinham contas a ajustar com a Rússia czarista, que se aproveitara da conhecida fraqueza do "homem doente" para forçá-lo a abrir mão de suas possessões nos Bálcãs e nas proximidades do Mar Negro. O sultão Abdulamide II, último homem-forte da dinastia otomana, via nos acontecimentos do Extremo Oriente a sonhada oportunidade de fazer a balança do poder pender a seu favor. Os elementos mais progressistas da sociedade compartilhavam dessa análise, mas lhe davam um significado completamente diferente: para eles, o que permitira ao Japão se elevar não fora apenas o fato de ter aprimorado suas capacidades militares, mas também de ter garantido a seus cidadãos liberdade de expressão e de associação, de tê-los encorajado a exercer todas as atividades industriais e comerciais que desejassem. Essa fórmula de sucesso não deveria ser aplicada ao Império Otomano?

Em 1908, quando eclodiu a revolução dos "Jovens Turcos", que levou à deposição formal do sultão Abdulamide, os líderes do movimento se inspiraram explicitamente no modelo japonês, prometendo reproduzi-lo. Muitos livros foram publicados nos anos seguintes elogiando a sagacidade do *mikado*, o patriotismo de seus súditos, sua diligência nos estudos, seu devotamento às tarefas que realizavam, sua habilidade militar e sua ética rigorosa. Um desses livros, publicado em 1911, tinha um título que por si só representava todo um programa: *Leçons matérielles et morales tirées de la guerre russo-japonaise et des raisons de la victoire du Japon: quand la bonne fortune d'une nation est dans ses propres mains!* [Lições materiais e morais da Guerra Russo-Japonesa e das razões da vitória do Japão: quando a boa fortuna de uma nação está em suas próprias mãos!]. O autor, Pertev Bey, era um oficial superior otomano que o próprio sultão enviara ao Extremo Oriente para acompanhar de perto os acontecimentos do conflito e aprender com ele; Bey voltou profundamente impressionado com a Restauração

Meiji e ansioso para ver uma transformação semelhante em seu próprio país.

Os defensores da modernização no mundo muçulmano não tinham, até então, nenhum outro modelo a seguir senão o do Ocidente. E isso sempre representou, tanto ontem quanto hoje, problemas difíceis de resolver. Tomar como exemplo aqueles contra os quais se busca proteção e contra os quais provavelmente se terá que lutar um dia exige acrobacias mentais exaustivas e uma certa duplicidade. Por outro lado, tomar como exemplo um país distante, com o qual não se tem histórico de conflitos e que enfrenta os mesmos adversários proporciona ao imitador uma serenidade estimulante. Isso explica, pelo menos em parte, a facilidade com que os povos dominados pelas potências europeias espontaneamente abraçaram a causa do Japão.

Por anos, todo movimento reformista ou revolucionário que surgisse entre os povos do Oriente fazia referência ao exemplo da Era Meiji. E várias revoluções importantes ocorreram sob essa influência. Os exemplos são inúmeros, vindos de Afeganistão, Sião, Tonquim, Java e Birmânia – onde o monge budista U Ottama, figura emblemática da luta anticolonial, simplesmente decidiu se estabelecer no Japão, a fim de se impregnar completamente de sua experiência antes de voltar para casa e lutar contra os ingleses.

Seria tedioso multiplicar os exemplos, mas há um que precisa ser mencionado aqui: em 1º de janeiro de 1912, o dr. Sun Yat-sen, já citado nessas páginas e grande admirador do Japão, onde ele havia vivido por muito tempo e cujo idioma falava fluentemente, proclamou em Nanquim o advento da República Chinesa, colocando fim a um regime imperial com mais de dois mil anos de história. O último "Filho do Céu", Pu Yi, deposto aos 5 anos, logo se colocaria a serviço dos japoneses, antes de terminar sua vida como funcionário subalterno na administração comunista.

Não há dúvida de que o sistema arcaico dos imperadores da China havia sido enfraquecido por numerosos reveses. Mas o abalo provocado pela derrota para seu jovem vizinho japonês, e pela metamorfose deste último, foi um fator decisivo para seu colapso.

Na época, o Japão estava no auge de seu esplendor. Mas ele também estava, sem saber, à beira do mais vertiginoso precipício.

8

O IMPERADOR MUTSUHITO morreu em julho de 1912, aos 59 anos, e logo seu país deixou de ser, para os povos do Oriente, o depositário de todas as esperanças.

No entanto, se nos ativermos aos resultados efetivos, o Japão indiscutivelmente tivera êxito em sua transformação: ele havia recuperado sua dignidade, seus cidadãos eram mais livres e mais prósperos, e ele era reconhecido como uma das grandes potências do planeta. Ninguém mais contestava seu pertencimento a esse "clube" fechado onde antes só se viam europeus de estirpe. Assim, muitos orientais ainda sonhavam em ver sua nação alcançar feitos semelhantes. Mas um número cada vez menor via o país do sol nascente como um aliado confiável em suas próprias lutas.

Por mais que os líderes japoneses repetissem com persistência: "A Ásia para os Asiáticos!", seu lema soava cada vez mais vazio. Especialmente para os vizinhos mais próximos. Os coreanos não tinham sido os primeiros a se maravilhar com os progressos alcançados no Arquipélago e a querer reproduzi-los em casa? Mas eles esperavam ser tratados como amigos, aliados, irmãos, e não ser colocados sob tutela e anexados, como aconteceu em 1910. Isso gerou uma desconfiança profunda em relação ao Japão que nunca mais se dissipou.

Os chineses teriam uma decepção semelhante. No início, eles também tinham pensado que a modernização radical praticada na Era Meiji era o caminho a ser seguido se eles quisessem reparar as sucessivas humilhações sofridas diante dos ocidentais desde a Guerra do Ópio. Nem mesmo a derrota para os impetuosos vizinhos no conflito de 1894-1895 abalou essa convicção; muitos preferiram vê-la como um aviso salutar, que poderia acordar sua grande nação da letargia e ajudá-la a se reerguer. No entanto, essa atitude benevolente aos poucos se tornaria insustentável. Principalmente quando os japoneses decidiram conquistar o Império do Meio e se apropriar de seus enormes recursos – uma empreitada audaciosa em que acabaram atolando seus exércitos e suas almas.

Em retrospecto, fica claro que havia contradições difíceis de superar em relação ao papel do Arquipélago, tanto na Ásia quanto no cenário global. Ele podia lutar contra o colonialismo enquanto buscava construir seu próprio império colonial? Ele podia denunciar a arrogância das grandes potências enquanto aspirava a se juntar a elas?

Essas ambiguidades seriam ilustradas, logo depois da Primeira Guerra Mundial, por um episódio revelador.

Quando o conflito havia eclodido, em agosto de 1914, o Japão decidira se alinhar aos britânicos, aos franceses e aos russos, contra os Impérios Centrais. Sua principal contribuição foi atacar as possessões alemãs na China e no Pacífico, das quais conseguiu se apossar logo nas primeiras semanas; uma operação excelente que lhe permitiu, sem custos significativos, tomar lugar ao lado dos vencedores quando a Conferência de Paz se reuniu em Paris em 1919. Em homenagem a esse novo aliado, uma importante artéria da cidade, ao longo do Rio Sena, foi chamada "Avenue de Tokyo" – ou, para ser preciso, "Tokio", como era a grafia da época; que seria renomeada "Avenue de New York" em 1945, embora o museu construído nas proximidades tenha mantido seu nome original, "Palais de Tokyo".

Contando com o prestígio desse reconhecimento, os representantes japoneses apresentaram duas demandas muito diferentes e até mesmo opostas. A primeira era que uma "cláusula de igualdade entre as raças" fosse introduzida nos estatutos da futura Liga das Nações, estipulando que os cidadãos dos Estados-membros não deveriam mais sofrer discriminação com base em sua cor ou nacionalidade. O chefe da delegação explicou a seus interlocutores que tal posição estaria conforme os ideais da nova organização internacional, o que era difícil de contestar. No entanto, a proposta enfrentou uma oposição feroz. A igualdade era aceitável em princípio, sem dúvida, mas as chancelarias do continente europeu desconfiavam muito de suas implicações: se fosse admitido que os povos da Ásia e da África eram iguais aos europeus, em nome de que os britânicos, franceses, belgas ou holandeses poderiam continuar a colonizá-los?

Os japoneses se voltaram então para o presidente dos Estados Unidos, Woodrow Wilson, que havia proclamado com força, quando de sua entrada na guerra, o direito dos povos à autodeterminação. Mas ele também não queria incluir a igualdade de raças em um pacto. Na Virgínia, sua terra natal, não se acreditava na igualdade entre brancos e negros, e parece que as opiniões pessoais do presidente eram, nesse aspecto, ainda mais retrógradas do que as de seus contemporâneos.

Além disso, os estados da costa do Pacífico, especialmente a Califórnia, viviam à época uma hostilidade crescente à chegada de imigrantes asiáticos, frequentemente descritos pela imprensa e pelos políticos como um "perigo amarelo", e qualquer coisa que significasse reconhecer a eles direitos semelhantes aos dos europeus era vista com desconfiança. Essa atitude estava alinhada com a de alguns membros do Commonwealth britânica, como a Austrália, aterrorizada com a ideia de ver multidões de migrantes asiáticos desembarcando em suas costas.

Quando os principais participantes da Conferência de Paz rejeitaram de forma vergonhosa, mas irrevogável, a "cláusula de igualdade", os representantes de Tóquio fizeram sua segunda demanda:

que sua soberania sobre as antigas possessões alemãs na China, em torno da cidade de Tsingtao, na província de Shandong, fosse reconhecida. O Japão, que as ocupava desde o início do conflito, agora desejava mantê-las. Ele ouviria outro "não"? A delegação deixou claro que, se lhe fizessem essa afronta, ela se retiraria da conferência e se recusaria a assinar a carta da Liga das Nações.

A chantagem teve o efeito desejado. Uma parte significativa de Shandong, província natal de Confúcio, foi entregue ao Japão, apesar dos protestos furiosos dos delegados chineses.

Aquela teria sido, desde o início, uma manobra? Os japoneses tinham apresentado a emenda sobre a igualdade das raças sabendo de antemão que ela seria rejeitada e que as potências seriam obrigadas a lhes conceder algo em compensação? Os historiadores ficam divididos. O certo é que a Conferência de Paris, que levaria ao desastroso Tratado de Versalhes e que havia causado desordens em várias regiões do mundo, cometeria mais um erro, e não dos menores, na Ásia Oriental. Ao conceder aos japoneses uma terra indiscutivelmente chinesa, os principais líderes do mundo se comportaram como aprendizes de feiticeiro, e até como incendiários.

Assim que a notícia dessa "traição" chegou a Pequim, milhares de estudantes se reuniram na Praça Tiananmen para protestar contra o Japão, contra as grandes potências, "cúmplices" dos japoneses, e contra seus próprios governantes, culpados de corrupção e incompetência.

Isso aconteceu em 4 de maio de 1919, uma data que marcaria o início de um poderoso movimento nacionalista, modernista, comunista e antiocidental, que ainda hoje é uma das principais fontes de inspiração da sociedade chinesa e de seus líderes.

*

Em pouco tempo, tornou-se claro aos olhos de um grande número de japoneses que a habilidade de sua delegação na Conferência de Paz não havia trazido ao país uma vitória, nem mesmo um meio sucesso, mas a promessa de um desastre terrível. Embora tenham conseguido Tsingtao e seus arredores como "espólio de guerra", isso lhes rendeu a tenaz hostilidade da maior nação da Ásia.

Sun Yat-sen foi o último grande patriota chinês a manter a amizade com o arquipélago vizinho, continuando a visitá-lo e a conversar com seus líderes, apesar do ressentimento que seus próprios compatriotas agora sentiam. Em 28 de novembro de 1924, ele fez sua última visita ao Japão para participar de uma reunião dedicada ao "pan-asiatismo", realizada em Kobe. No discurso que pronunciou, ele reafirmou sua fé na necessária união dos povos asiáticos e dirigiu uma advertência firme, mas amigável, a seus anfitriões: "O Japão de hoje se familiarizou com a civilização ocidental baseada na força, enquanto mantém as características da civilização oriental baseada na justiça. Resta saber se ele será um falcão, à maneira do Ocidente, ou se será o baluarte do Oriente. Essa é a escolha que se apresenta hoje ao povo do Japão".

Igualmente desastroso para o Arquipélago foi o efeito produzido por seu comportamento em Paris sobre as potências ocidentais. Essas potências provavelmente não tinham nenhuma lição a lhe dar em termos de ganância, cinismo, arrogância ou duplicidade. No entanto, não é muito prudente demonstrar um apetite insaciável e pressionar seus interlocutores para alcançar seus objetivos.

Até mesmo aqueles que haviam sentido admiração pelas realizações da Era Meiji se mostraram desconfiados. Nos corredores, alguns delegados haviam criado para os japoneses um apelido, que às vezes era murmurado quando eles não estavam por perto: "os prussianos da Ásia".

Receber tal apelido em uma conferência internacional cujo objetivo era justamente combater o militarismo prussiano da Europa certamente não era um sucesso diplomático do qual se orgulhar.

E, nesse aspecto, as coisas não melhorariam nada nos anos seguintes.

9

NA NOITE DE 18 DE SETEMBRO DE 1931, uma explosão danificou um setor da ferrovia próxima à cidade de Mukden, na Manchúria. Como a explosão ocorreu a algumas centenas de metros de um acampamento de soldados chineses, o exército japonês acusou esses soldados de serem responsáveis pela sabotagem e lançou uma ofensiva imediata que resultou na ocupação de toda a província. Ela foi então separada da China e transformada em um Estado-fantoche, satélite do Japão, chamado Manchukuo.

Logo se descobriria que o explosivo havia sido colocado no local por um tenente do exército japonês para provocar a invasão. Esse incidente não deixa de lembrar o que ocorreria na madrugada de 1º de setembro de 1939, quando um ataque, falsamente atribuído aos poloneses, serviu de pretexto para a Alemanha invadir seu vizinho e desencadear a Segunda Guerra Mundial. Um paralelo que faz todo sentido quando se sabe que o Japão seria o principal aliado da Alemanha nazista e da Itália fascista nesse conflito.

Mas há uma diferença entre as duas manipulações: enquanto a encenação na fronteira polonesa havia sido ordenada pelos mais altos líderes alemães, que já haviam fixado o dia e a hora do início das hostilidades, a sabotagem na Manchúria foi decidida por dois coronéis que não tinham obtido a aprovação de seus superiores e buscavam pressioná-los. Eles tiveram sucesso em sua empreitada, pois as autoridades políticas, temendo tomar medidas contra os militares belicistas, optaram por reagir exatamente como eles desejavam.

Esse não foi um caso isolado. Durante os anos cruciais que levariam o Japão a se enredar na China e a atacar os Estados Unidos, os líderes japoneses se deixaram arrastar de desastre em desastre, de loucura em loucura, por facções de oficiais fanáticos e incontroláveis que derrubavam qualquer avaliação racional da situação com slogans extremistas e aterrorizavam as figuras mais ponderadas do regime, ameaçando-as e às vezes eliminando-as. Quando o primeiro-ministro Inukai Tsuyoshi tentou impedir o envio de mais tropas à China, por exemplo, onze jovens oficiais da Marinha Imperial foram até sua casa, em 15 de maio de 1932, e o assassinaram.

A reação ao crime foi ainda pior do que o próprio ato. Os assassinos foram considerados heróis por grande parte da opinião pública, especialmente dentro das forças armadas, a ponto de o tribunal encarregado de julgá-los não se atrever a condená-los à morte. Eles receberam penas leves de prisão, enfraquecendo consideravelmente o prestígio das autoridades ao mostrar que podiam desafiá-las impunemente, mesmo armadas. Yukio Mishima se inspiraria amplamente nesse episódio em sua grande tetralogia romanesca, *Mar da fertilidade*.

Não resta a menor dúvida de que o país passou por um período de confusão política e moral surpreendente e devastador nos anos 1930. Até hoje, é difícil entender como, depois de demonstrar uma notável capacidade de estabelecer metas ambiciosas de maneira sensata e alcançá-las rapidamente, o Japão pôde, a esse ponto, perder tanto o rumo.

Alguns historiadores explicam essa deriva pelo desaparecimento da geração fundadora e sua substituição por outra que não tinha uma visão clara do caminho a seguir. No início da Era Meiji, em 1868, havia uma espécie de química que operava maravilhosamente bem: um jovem imperador dinâmico, amado e respeitado por seu povo e por todos que o conheciam, cercado por um punhado de homens inteligentes, habilidosos, determinados, abertos para o mundo e com mais ambições para o país do que para si próprios. Em poucos anos, eles haviam conseguido uma transformação que ninguém achava possível e que havia tirado sua nação, de uma vez por todas, da ignorância e da pobreza.

Após quarenta anos, a maioria desses homens havia morrido ou deixado a vida ativa, e, quando o grande imperador também faleceu, formou-se um imenso vazio. Seu filho Yoshihito o sucedeu, mas desde a infância ele sofria de várias doenças que afetavam seriamente sua saúde física e mental. Ele não podia exercer adequadamente suas funções como chefe de Estado e muito menos desempenhar o papel de inspirador como seu pai havia feito.

O filho de Yoshihito, o príncipe herdeiro Hirohito, logo foi convocado para ser regente aos 20 anos, a fim de compensar as deficiências do pai, e ascendeu ao trono cinco anos depois. Ele era inegavelmente equilibrado, calmo e atento aos eventos globais. Mas também era tímido, reservado e indeciso. A seu redor, circulavam diversos personagens que cultivavam opiniões e ambições diversas, todos buscando seu aval para seus próprios projetos. Cada um deles tinha sua própria visão sobre a direção que o país deveria seguir, mas não havia uma visão comum.

A química que havia operado tão maravilhosamente na época de Mutsuhito e de seus colaboradores nunca mais foi encontrada. Pior ainda, a lembrança dessa era de ouro, na qual excelentes decisões eram tomadas sem que se soubesse exatamente de quem elas emanavam, deu aos japoneses e aos estrangeiros a ilusão de que havia uma instância invisível capaz de comandar o navio com mão firme em todas as circunstâncias. Embora não houvesse nenhuma.

Ninguém mais segurava o leme, nem o imperador, nem seus ministros, conselheiros ou generais. Isso era, no mínimo, paradoxal em um país que tinha acabado de demonstrar ao mundo as virtudes surpreendentes do voluntarismo.

Ivan Maisky, embaixador soviético em Londres às vésperas da Segunda Guerra Mundial, relata em suas memórias que seu colega japonês Shigeru Yoshida o procurou de surpresa em janeiro de 1937 para reclamar do comportamento dos militares de seu próprio país, prevendo que o povo japonês acabaria pagando um preço muito alto "pela estupidez deles". Isso diz muito sobre o estado de espírito que prevalecia dentro da administração imperial em relação às ações dos belicistas.

*

Se fosse preciso encontrar circunstâncias atenuantes para os líderes da época, elas teriam que ser encontradas na lógica política que prevalecia naquele tempo.

Inicialmente, o objetivo do Japão era escapar ao domínio das potências europeias e tornar-se igual a elas em vez de seu vassalo. Nesse sentido, a Restauração Meiji foi um sucesso notável, levando o país, em uma geração, do atraso para a modernidade e da dependência para a soberania. No entanto, depois de se elevar ao status de grande potência, o Arquipélago se sentiu obrigado a fazer o que todas as potências de sua época faziam: adquirir um império colonial. E isso não era apenas uma questão de prestígio, ele precisava dispor, tanto para sua indústria quanto para suas forças armadas, de recursos abundantes que seu próprio território não possuía.

Mais tarde, após sua amarga e traumática derrota, o Japão demonstraria de maneira admirável que era possível se desenvolver economicamente sem conquistar o território dos outros e que era possível deixar de ser uma presa sem se tornar um predador. Mas nada permite afirmar que tal caminho fosse viável em 1900 ou na década de 1930. Na época, a lógica dos militaristas parecia inquestionável, e aqueles que tentavam ir contra ela pareciam inconsequentes.

Isso significa que a deriva era inevitável? Provavelmente não. Mas a tentação da fuga para a frente era forte, e resistir a ela exigiria uma liderança sábia, estável, visionária e de autoridade moral incontestável. Infelizmente, o Japão não tinha mais essa liderança e avançou em direção ao abismo como um bêbado, sem nada nem ninguém para detê-lo. Primeiro, se lançando na conquista da imensa China, o que era uma loucura; depois, atacando os Estados Unidos, o que era realmente suicida.

Hoje, quando os historiadores examinam as atas das reuniões realizadas no Palácio Imperial às vésperas da Segunda Guerra Mundial, eles ficam impressionados com uma constatação simples, mas chocante: os líderes japoneses decidiram desafiar os Estados Unidos *sem nunca acreditar que poderiam sair vitoriosos* desse confronto.

O tema que sempre retornava em suas deliberações era a posição norte-americana a respeito dos territórios conquistados pelas tropas japonesas na China, na Coreia e no Pacífico. Mais de uma vez, o imperador expressou sua preocupação a seus colaboradores, e a resposta deles sempre foi, essencialmente, que Washington nunca reconheceria essas conquistas. Essa avaliação era perfeitamente realista e deveria, logicamente, gerar outra pergunta: ao entrar em guerra com os norte-americanos, seria possível fazê-los mudar de ideia? Novamente, a resposta só poderia ser negativa. O Japão nunca poderia vencer os Estados Unidos nem obrigá-los, pela força das armas, a reconhecer suas conquistas. Mas, nesse caso, não seria absurdo travar guerra contra eles?

Na verdade, havia, nas décadas de 1940, apenas um cenário em que o Japão poderia ter mantido os territórios ocupados: *se* os Estados Unidos tivessem escolhido não participar da Segunda Guerra Mundial, a Alemanha talvez tivesse completado sua conquista da Europa, e o conflito teria terminado com um acordo entre Berlim e Washington, no qual os nazistas e seus aliados japoneses teriam mantido suas conquistas. Mas para que esse cenário fosse plausível, os Estados Unidos precisariam permanecer fora do conflito. Portanto, o ataque à frota norte-americana em Pearl Harbor, em 7 de dezembro de 1941, não foi apenas uma provocação imprudente e custosa; retrospectivamente falando, ele parece ter sido o único ato capaz de tornar inevitável a derrota do Japão e de seus aliados.

O resto todo mundo conhece: as cidades de Hiroshima e Nagasaki sofreram, em agosto de 1945, os primeiros bombardeios atômicos da História – e, até hoje, felizmente os únicos. Depois o Japão capitulou e as tropas norte-americanas, sob o comando do general Douglas MacArthur, desembarcaram em seu território, que até então nunca havia conhecido uma ocupação estrangeira.

O imperador, considerado um símbolo da continuidade nacional, não foi forçado a renunciar, mas não desempenhou mais nenhum papel político ativo. Uma nova Constituição foi implementada, estipulando explicitamente, em seu notável "artigo 9", que "o povo japonês renuncia para sempre o uso da guerra como direito soberano da nação ou a ameaça e o uso da força como meio de se resolver disputas internacionais"; que não manteria exércitos terrestres, navais ou aéreos, nem qualquer outro potencial de guerra; e que "o direito à beligerância do Estado não será reconhecido". O novo primeiro-ministro, o barão Kijuro Shidehara, disse a seus compatriotas que essa era uma exigência dos ocupantes norte-americanos; mais tarde, revelou-se que ele foi o principal defensor dessa cláusula e que a atribuiu a MacArthur para evitar contestações.

Ao tomar essa medida tão rara e radical, Shidehara quis eliminar de uma vez por todas as tentações militaristas de seu país, para que este pudesse prosperar novamente com base em princípios diferentes. O risco era considerável, mas obteve um sucesso muito além de todas as expectativas. Em poucos anos, o Arquipélago voltou a ser um modelo para outras nações. De uma maneira menos ostensiva do que antes, mas incomparavelmente mais construtiva, profunda e duradoura.

10

DUAS VEZES, PORTANTO, em um período de um século, o Japão surpreendeu o mundo: a primeira vez, com seus sucessos militares; a segunda, com seus sucessos econômicos. Em ambos os casos, falou-se com razão de um verdadeiro "milagre", e a grande diferença entre esses episódios torna o feito ainda mais notável.

Tudo começou, nos dois casos, com a irrupção intempestiva de um oficial americano temerário e arrogante, o comodoro Perry em 1853, e o general MacArthur em 1945. Diante dessas duas "incursões", os japoneses, depois de terem sido vigorosamente abalados e desorientados, reagiram com grande perspicácia. Em vez de se fecharem na negação, na amargura e no ressentimento, eles tiraram proveito das experiências humilhantes para se reerguerem e se livrarem de suas próprias fraquezas. No primeiro caso, o isolacionismo; no segundo, o militarismo. E, em ambos, eles seguiram sua lógica até o fim, com brilhantismo e determinação.

A abolição radical da tentação imperialista depois da Segunda Guerra Mundial foi, sem dúvida, um elemento indispensável para o sucesso econômico. Não apenas porque o país passou a se concentrar na produção "civil", se "libertando" das preocupações políticas e militares que haviam prejudicado seu julgamento nos anos anteriores, mas também porque ele tranquilizou plenamente os vencedores da guerra, assegurando-lhes que seu antigo inimigo jurado, contra quem lutaram ferozmente e de quem de repente se tornaram "pais adotivos", não aproveitaria de sua generosidade para voltar-se contra eles.

De fato, os norte-americanos trataram o Japão com um paternalismo generoso e esclarecido, sem muitos paralelos na História, e o próprio Japão se mostrou totalmente leal.

A atitude dos Estados Unidos, é claro, não foi guiada apenas pela bondade. Diante do Japão estavam as costas do continente asiático, a União Soviética, a Coreia e a China, três países total ou parcialmente comunistas, cujo discurso anticapitalista exercia, no final dos anos 1940, um certo apelo sobre a sociedade japonesa. Para Washington, o Arquipélago precisava enfrentar esse desafio e inclusive apresentar um contraexemplo, o de uma democracia próspera.

A demonstração foi indiscutivelmente convincente. Sob o efeito combinado das transformações maciças impostas pelo ocupante e das medidas sutis tomadas pelos líderes japoneses, a "redecolagem" ocorreu em uma velocidade inigualável. Apenas uma nação capaz de realizar o milagre Meiji poderia, após uma derrota esmagadora e desmoralizante, se restabelecer dessa maneira, voltar ao topo e recuperar em tão pouco tempo o respeito e a admiração de toda a humanidade. Um eminente economista japonês, Shigeto Tsuru, falou em "derrota criativa", e foi exatamente o que aconteceu.

Em 1946, o Japão estava à beira da fome. Os norte-americanos tiveram que enviar cargas inteiras de suprimentos básicos para evitar um desastre humanitário. As infraestruturas estavam destruídas, as fábricas paradas, e uma geração inteira havia sido dizimada. Alguns anos depois, porém, a vida econômica havia sido retomada com ainda mais vigor.

Paradoxalmente, os conflitos regionais impulsionaram esse renascimento. Entre 1950 e 1953, uma guerra opôs, em toda a extensão da península coreana, as forças do líder comunista Kim Il-sung, apoiadas por milhões de "voluntários" chineses, às tropas norte-americanas lideradas pelo onipresente MacArthur. Durante esse conflito, tornou-se complicado para MacArthur trazer dos Estados Unidos tudo de que suas tropas precisavam – comida, roupas, munições etc. Não seria mais fácil fabricá-los bem ao lado, no arquipélago vizinho? Isso, pode-se imaginar, foi uma bênção para a agricultura e para a indústria japonesas – sem esquecer o turismo para os militares em licença. O motor econômico foi reiniciado. O país, ainda marcado pela derrota esmagadora, recuperou a confiança e o moral.

Em 1960, o primeiro-ministro Hayato Ikeda prometeu que a renda de seus concidadãos dobraria em dez anos. O objetivo parecia audacioso, mas foi alcançado... em sete anos. Em seu ímpeto, o Japão conseguiu ultrapassar a França, a Inglaterra e a Alemanha, tornando-se a terceira maior economia do mundo, atrás apenas dos Estados Unidos e da União Soviética.

Esse retorno à prosperidade foi acompanhado por um verdadeiro renascimento cultural. As artes voltaram a florescer. O cinema, a literatura, o teatro tradicional e muitos outros aspectos da vida japonesa alcançaram um reconhecimento internacional que nunca mais se perdeu.

Mas o mais significativo não foi apenas a capacidade de se recuperar e se reerguer. Foi também o fato de que o Japão soube voltar a ser, sem alarde, um modelo a ser seguido pelos povos do Oriente. E de uma maneira totalmente diferente da do passado.

Na época da vitória estrondosa sobre a Rússia czarista, em 1904 e 1905, ele havia desencadeado uma tempestade revolucionária em muitos lugares. Nações se sublevaram, tronos caíram e escritores indianos, turcos e árabes escreveram odes à glória do "*mikado*", que alguns acreditaram ser, por um tempo, um moderno "comandante dos fiéis". Mas essa febre não durou. Dez anos depois, a chama já se apagava, e nunca mais se acendeu.

O segundo milagre japonês, embora tenha sido inaugurado após o cataclismo de Hiroshima, teve um destino diferente. Ele não inspirou longos poemas, sonhos messiânicos ou movimentos revolucionários. O que aconteceu passou quase despercebido pelos sismógrafos da época. No entanto, de fato aconteceu, como diria o grande Galileu.

A Era Meiji, que havia perdido sua alma devido aos desvios militaristas, retomou calmamente seu lugar na História, por meio de uma transformação pacífica que mudaria a Ásia e o resto do mundo muito mais do que as pretensões hegemônicas ou as revoluções violentas jamais conseguiram fazer.

*

Os rápidos sucessos do Japão de fato inspirariam alguns "vizinhos" atentos. Especialmente um militar sul-coreano chamado Park Chung-hee.

Quando de sua chegada ao poder, em 1961, tudo indicava que ele seria apenas mais um autocrata do Terceiro Mundo. Na época, eles eram numerosos, alguns apoiados por Moscou, outros por Washington. O general Park pertencia ao segundo grupo. Seu país, marcado por guerras sucessivas em seu território, ainda dependia da ajuda ocidental para evitar a pobreza extrema, da qual não estava muito distante, aliás: a renda per capita era inferior à de Madagascar, do Sri Lanka ou da Somália, metade da do Líbano e um terço da do Peru.

Mais grave ainda: até o início dos anos 1970, as estatísticas internacionais às vezes colocavam a Coreia do Sul *abaixo* de sua "irmã inimiga" do Norte, o que suscitava temores de consequências políticas desastrosas.

O general Park tinha 43 anos quando liderou seu golpe de Estado e já apresentava um histórico controverso. Na época de sua juventude, o país era uma província japonesa, e ele mesmo começou a carreira militar como oficial japonês. Nesse papel, ele serviu com dedicação e recebeu medalhas. Ele inclusive adotou um nome japonês e se mostrou tão zeloso que foi admitido na prestigiosa Academia do Exército Imperial, localizada nos arredores de Tóquio, para aprimorar sua formação.

Não foi fácil para ele se reerguer após a derrota. Inicialmente, ele se juntou ao movimento comunista; foi preso, julgado por conspiração e condenado à morte, mas terminou perdoado. Com o início da Guerra da Coreia, em 1950, ele se posicionou firmemente ao lado dos Estados Unidos.

A confiança conquistada junto aos novos mentores garantiu sua rápida ascensão no exército. Park foi um desses inúmeros personagens que colaboraram com o ocupante japonês – ou, na Europa, com os nazistas – e que, depois da Segunda Guerra Mundial, foram "recuperados" pelos aliados ocidentais porque poderiam ser valiosos na luta contra o comunismo.

Esse homem, ao lado de seus inegáveis defeitos, também tinha qualidades igualmente inegáveis. Ele era brutal, sem escrúpulos e ambicioso, mas também audacioso, engenhoso e dedicado de corpo e alma às lutas que travava, tanto as da guerra propriamente dita quanto as da guerra contra a ignorância, a incompetência e o subdesenvolvimento. Até hoje seus compatriotas têm opiniões divergentes sobre ele. Muitos ainda criticam seus métodos ditatoriais e sua proximidade do "inimigo hereditário" japonês. No entanto, quando são realizadas pesquisas para identificar a personalidade histórica preferida dos sul-coreanos, ele costuma ser o escolhido. Isso porque, na esteira do milagre japonês, Park conseguiu realizar um milagre sul-coreano ainda mais espetacular, transformando um país pobre do Terceiro Mundo na décima segunda maior potência industrial do mundo, com – no momento em que escrevo estas linhas – uma renda per capita igual à média da União Europeia e ligeiramente superior à do Japão!

A proximidade com o Japão, que valeu ao general Park a etiqueta de "colaborador", também o ajudou a ter sucesso no que muitos outros teriam fracassado. Ao observar de perto o que vinha acontecendo na antiga potência colonial e ficar maravilhado com seu "milagre" econômico, ele começou a se perguntar se seus próprios compatriotas não poderiam alcançar um feito semelhante.

Ele constatou, por exemplo, que os sucessos do Japão em grande parte se deviam ao papel desempenhado por grandes grupos empresariais, fortemente apoiados pelo Estado, que representavam insubstituíveis "locomotivas" para a indústria, para os bancos e para o comércio exterior. O general Park decretou que a Coreia deveria seguir o mesmo caminho. O Arquipélago tinha Mitsui, Mitsubishi, Toyota e Honda? A Península teria Samsung, Hyundai, LG e Kia.

Mais importante ainda, esse homem criado em uma família de tradição confucionista entendia melhor do que outros a importância crucial da educação como base para o desenvolvimento. Ele a tornou o primeiro artigo de seu credo. Se a Coreia investisse em educação e toda a população se tornasse instruída, em alto nível, a prosperidade viria e seria virtualmente irreversível.

A ideia não era nova, obviamente, mas ele a elevou a um nível sem precedentes. Hoje, quando comparamos os índices de educação nos diferentes países do mundo, a Coreia costuma estar no topo, muitas vezes em primeiro lugar. Claramente acima dos grandes países europeus e dos Estados Unidos...

A importância conferida aos estudos na sociedade sul-coreana às vezes beira a obsessão. Inúmeras famílias se concentram no desempenho escolar de seus filhos com a convicção de que seu status social, seu padrão de vida, sua respeitabilidade e até mesmo sua dignidade dependem disso. Essa preocupação às vezes se torna excessiva, a ponto de causar depressão, inimizades doentias e suicídios. A literatura, a música, o cinema e as séries de TV produzidos pelos sul-coreanos, hoje com audiência global, frequentemente giram em torno desse tema, de forma às vezes trágica, às vezes cômica.

Essa crítica é saudável e completamente justificada, visto que a pressão sobre os jovens e seus pais muitas vezes beira o assédio; no entanto, deve-se ter em mente que esse é o reverso de uma medalha extremamente invejável. A maioria dos países do mundo sofre da doença oposta, poderíamos dizer: em vez de uma insistência excessiva na educação, no conhecimento e nos estudos, eles demonstram uma condescendência irresponsável e quase criminosa em relação à ignorância e ao analfabetismo, embora todos saibam, hoje, que o nível de educação de mulheres e homens, jovens e idosos determina, para uma sociedade moderna, a capacidade de viver com prosperidade, progresso, democracia, liberdade, igualdade, de ser respeitado por outras sociedades humanas e até mesmo de sobreviver no difícil mundo em que vivemos.

No que diz respeito à Coreia do Sul, está claro que a elevação geral dos índices de educação não facilitou apenas o surgimento de uma indústria próspera e altamente inovadora. Ela também ajudou o país a sair rapidamente da ditadura e construir uma verdadeira democracia, com eleições livres e uma vida cultural vibrante.

*

O "contágio" do segundo milagre japonês não se limitou à Coreia do Sul. Nem apenas aos outros "tigres" asiáticos, como Singapura, Hong Kong e Taiwan, que conheceram, na mesma época, seu próprio crescimento econômico, em parte graças ao impulso fornecido pelo Arquipélago. A apoteose só foi alcançada quando o "Império do Meio" decidiu aprender com seu "jovem" vizinho; um momento crucial na história da Ásia e, pode-se dizer sem nenhum exagero, uma virada decisiva no curso de toda a humanidade.

O evento emblemático foi a visita ao Japão, em outubro de 1978, do novo líder da China, Deng Xiaoping. Ele ainda não havia sido formalmente "entronizado", mas já estava no comando e refletia intensamente sobre o que fazer para tirar seu país do marasmo em que se encontrava.

O propósito de sua viagem foi claramente anunciado, sem falsos pudores, àqueles que o receberam: ele estava ali para aprender. Assim, durante sua visita à incomparável Kyoto, quando seus anfitriões lhe explicaram com cortesia que a antiga capital japonesa havia sido construída com base no modelo da antiga capital chinesa de Changan, hoje Xian, Deng respondeu, imperturbável: "Hoje os papéis se inverteram, vocês são os professores, nós somos os alunos".

Esse foi o *leitmotiv* que se repetiu incessantemente durante sua turnê. A China precisava se modernizar o mais rápido possível e, para isso, ela precisou se basear no exemplo do Japão. Sim, é claro, houve uma história no mínimo complicada entre os dois países. Guerras, massacres, humilhações. Mas, enquanto o discurso oficial dos comunistas chineses não cessava de descrever o Japão como um agressor detestável, do qual era preciso desconfiar constantemente, Deng queria transmitir uma mensagem completamente diferente a seus anfitriões. Tivemos, ele lhes disse essencialmente, dois mil e duzentos anos de história em comum, com um pequeno século de mal-entendidos; chegou a hora de fecharmos esse parêntese terrível e restabelecermos, sobre novas bases, nossa afinidade milenar.

Na atmosfera de entusiasmo gerada pela visita de Deng, um ex-primeiro-ministro japonês, Kakuei Tanaka, descreveu a aproximação entre os dois grandes países como "o acontecimento mais feliz desde a Restauração Meiji". A frase poderia parecer hiperbólica, mas não era injustificada. Se essa "Restauração" prometia despertar os povos da Ásia e engajá-los com firmeza na via da modernização, tal objetivo não poderia ser alcançado enquanto o gigante do continente permanecesse à margem do movimento. Esse momento crucial, há muito adiado pelos desvios da China e do Japão, tinha finalmente chegado? Os dois países retomariam juntos o caminho da serenidade, da prosperidade e do progresso?

Seja como for, o "reencontro" de 1978 sugeria que o Arquipélago estava realizando, graças a seu desempenho econômico, o que não havia realizado por meio de suas aventuras militares. E que a China, por sua vez, se preparava para reconsiderar sua visão de História, sua concepção de economia e suas relações com o restante do mundo.

Deve-se observar que, no intervalo entre os dois "milagres" japoneses, outro grande país havia assumido a liderança da emancipação dos povos do Oriente e redistribuído vigorosamente as cartas. Com promessas muito atrativas e resultados no mínimo desconcertantes.

II

O "paraíso" dos trabalhadores

"Do passado façamos tábula rasa,
Multidão escrava, de pé, de pé!
O mundo vai mudar de base,
Não somos nada, sejamos tudo!"

Eugène Pottier (1816-1887),
letra de "A Internacional"

1

DE TODAS AS FAÍSCAS EMITIDAS pelo arquipélago nipônico com sua estrondosa entrada na cena mundial, as mais determinantes para o futuro da humanidade foram as que atingiram as duas grandes nações que ele havia derrotado: Rússia e China. Suas dinastias reinantes, os Romanov e os Qing, ambas no poder desde o século XVII, logo entrariam em colapso, dando lugar a regimes políticos sem precedentes, que prometiam revolucionar a ordem estabelecida no mundo até então. Reivindicando a mesma ideologia socialista e internacionalista, os dois países agarrariam, cada um à sua maneira, a "tocha" acesa pela Era Meiji de desafio radical e global à supremacia secular do Ocidente.

No caso da Rússia, assumir tal papel era algo estranho. O prestígio conquistado pelo Japão junto aos povos do Oriente não se devia justamente ao fato de ter derrotado uma grande potência europeia? Como essa mesma potência poderia, uma dúzia de anos depois, se erigir como baluarte da luta contra o Ocidente e porta-estandarte dos oprimidos?

Essa aparente estranheza reflete a posição paradoxal que a Rússia ocupava no mundo no início do século XX – e, em grande parte, que ainda ocupa: uma grande potência europeia, inegavelmente, que era e continua sendo o país mais populoso e extenso do continente, e cujos cavaleiros, os temíveis cossacos, acamparam no coração de Paris na queda de Napoleão I; mas também uma grande potência oriental, que se estendia dos Urais até o Mar do Japão, que ocupava todo o norte da Ásia e tinha fronteiras comuns com o Império Otomano, a Pérsia, o Afeganistão, a China e a Coreia.

Massivamente "eurasiática", a Rússia cristã nunca se viu como *ocidental*. Ela entendeu, como muitos outros, que deveria aprender com o Ocidente; nada ilustra melhor essa atitude do que a viagem feita pelo czar Pedro, o Grande, incógnito, a vários países europeus, entre os quais Inglaterra, Países Baixos, Prússia e Áustria, no final do século XVII para entender e aprender; pode-se até mesmo dizer que, nisso, ele foi o precursor e o inspirador de muitos líderes de todo o mundo, como os reformadores da Era Meiji. No entanto, sempre houve, entre o Ocidente e a Rússia, abismos difíceis de transpor, especialmente o representado pelo cisma quase milenar entre as igrejas do Oriente e do Ocidente. Embora não tenha impedido alianças e trocas, esse cisma manteve, entre o mundo ortodoxo e o resto da cristandade, uma elevada barreira que nada conseguiu derrubar.

Essa desconfiança mútua aumentaria com a queda dos czares e a virada ideológica do país. Como se um segundo cisma tivesse agravado o primeiro.

Ao se tornar líder da luta global contra a hegemonia do Ocidente, a Rússia conferiu a esse confronto um tom completamente diferente. Quando o arquipélago japonês desempenhou esse mesmo papel, a questão racial estava onipresente. As potências europeias eram vistas primeiro como "brancas", o que elas assumiam plenamente; e os orientais se identificavam com os japoneses por não serem dessa cor. A Revolução Russa mudaria essa visão. Agora, o aspecto determinante na definição do Ocidente seria seu sistema socioeconômico, o capitalismo, com seu corolário, o imperialismo, descrito por Lênin como o seu "estágio superior", sem esquecer a exploração dos trabalhadores nos próprios países colonizadores.

Essa mudança de perspectiva, que atenuou a dimensão racial do conflito, se tornava inevitável agora que o desafio à supremacia do Ocidente vinha de uma nação majoritariamente branca e europeia. Seus líderes tiveram necessariamente que se afastar dos critérios pelos quais eles se assemelhavam aos opressores para destacar aqueles que os faziam se parecer com os oprimidos. O inimigo não era mais o branco nem o europeu, era o capitalista, que explorava e oprimia não apenas os negros e os amarelos, mas também uma multidão de brancos. Enquanto o marxismo permaneceu a ideologia dominante entre os revolucionários de todo o mundo, o pertencimento racial de indivíduos e grupos raramente foi enfatizado.

Assim, o desafio russo ao Ocidente foi capaz de reverberar enormemente em muitos países, ricos ou pobres, colonizadores ou colonizados. Pela primeira vez na História, uma doutrina laica e internacionalista se difundiu por todos os cantos. Em alguns momentos, ela pareceu em vias de triunfar.

As páginas seguintes irão abordar essa aventura soviética, iniciada em 1917 e perpetuada, com resultados variados, por três quartos de século; não para recordar os eventos dramáticos que a marcaram, mas sob a perspectiva específica pela qual este livro se interessa, a do formidável desafio lançado pela Rússia à secular supremacia do Ocidente. Um desafio que esteve por muito tempo no cerne da vida política e intelectual do planeta e cujas consequências permanecem muito presentes.

*

Ao longo de todo o século XIX, o desejo de mudança seguiu crescendo no império Romanov. À medida que o país começava a se industrializar, mais tardiamente e de forma mais lenta que seus rivais ocidentais, os russos se impacientavam. Seduzidos pelas ideias vindas da França, da Inglaterra ou da Alemanha e frustrados por não poderem experimentá-las em sua própria sociedade, que consideravam despótica e atrasada, eles cultivavam com audácia, fervor e devoção, mas muitas vezes também com cegueira, várias utopias revolucionárias. Muito antes da ascensão dos comunistas, a imagem da Rússia no Ocidente já estava associada à insurreição "dezembrista" do príncipe Trubetskoy, aos escritos anarquistas de Bakunin e Kropotkin, bem como ao terrorismo dos *Narodniki*...

Essa agitação política e social foi acompanhada de uma abundância cultural de notável fecundidade. Em poucas décadas, a Rússia deu origem a um dos grandes momentos da literatura mundial, com escritores como Púchkin, Gógol, Tolstói, Dostoiévski, Tchékhov ou Turguêniev, bem como a uma grande tradição musical, representada por Tchaikovsky, Mussorgsky ou Rimsky-Korsakov. Havia também cientistas renomados, como o químico Mendeleev ou o fisiologista Pavlov. Em muitos campos, o país florescia rapidamente, sem que seus líderes conseguissem acompanhar sua metamorfose. O último czar, Nicolau II, influenciável e inexperiente, acabou se desacreditando após uma série de decisões impulsivas e incoerentes. Além disso, a hemofilia que afligia seu jovem herdeiro, o czarevich Alexei, e a pesada presença do inquietante curandeiro Rasputin no Palácio Imperial aumentaram a sensação de iminente fim de reinado.

Se a guerra contra o Japão foi o catalisador da Revolução de 1905, a Primeira Guerra Mundial, conduzida com a mesma incompetência, serviria de cenário para a Revolução de 1917. Esta ocorreu em duas etapas: um levante popular no final de fevereiro – início de março, de acordo com o calendário gregoriano –, que levou à renúncia do monarca e à formação de um governo de coalizão; depois, no final de outubro – início de novembro –, um audacioso golpe contra o Palácio de Inverno em Petrogrado, atual São Petersburgo, que levou os bolcheviques ao poder. Eles anunciaram imediatamente que a Rússia se retiraria do conflito global, o que provocou a fúria de seus principais aliados, França, Inglaterra e Estados Unidos. Lênin e seus camaradas precisaram enfrentar uma guerra civil, levantes militares, intervenções armadas estrangeiras, um colapso econômico e grandes fomes. Eles levariam cinco anos para se estabelecer firmemente no poder.

O antigo império dos czares, logo renomeado "União das Repúblicas Socialistas Soviéticas", agora reivindicaria o marxismo-leninismo, doutrina composta na qual o primeiro elemento representava o fundamento teórico e o segundo o "guia de implementação", por assim dizer. Karl Marx estava convencido de que o socialismo se imporia de maneira inevitável quando o proletariado, especialmente o das grandes nações industriais como Alemanha ou Inglaterra, estivesse suficientemente fortalecido para estabelecê-lo; enquanto o militante russo considerava absurdo esperar que o proletariado russo crescesse e se organizasse, ou que os trabalhadores da Europa Ocidental se sublevassem primeiro.

O voluntarismo leninista teria, sobre o destino do comunismo, um efeito estimulante e amplificador, mas também perverso. A ideia de que um pequeno grupo de ativistas determinados, doutrinados e bem organizados poderia tomar o poder em qualquer país, independentemente do estágio de desenvolvimento da sociedade, permitiu que o movimento se espalhasse rapidamente pelo mundo. No entanto, essa visão das coisas favoreceu o surgimento de regimes autoritários, que governavam em nome dos trabalhadores sem consultar a opinião deles e que constantemente pendiam para a arbitrariedade burocrática e para a repressão. Essa fraqueza original do poder soviético nunca pôde ser superada e acabou causando sua ruína.

Os primórdios, no entanto, foram inspirados e altamente promissores.

2

EM MARÇO DE 1919, enquanto o regime, com um ano e meio de idade, ainda lutava para sobreviver, Lênin e seus camaradas embarcaram em um ambicioso empreendimento para construir um "partido mundial dos proletários". Para isso, eles fundaram uma "Terceira Internacional", também conhecida como "Internacional Comunista" ou "Komintern", com a missão de reunir sob sua égide todos os movimentos políticos que surgissem com o mesmo modelo e a mesma doutrina no mundo todo. Cada um deles teria suas próprias instâncias nacionais, mas para as decisões importantes todos deveriam se reportar a Moscou, onde ficava a sede do Comitê Executivo, presidido por um dos principais líderes bolcheviques, Grigori Zinoviev.

A criação do Komintern não representava apenas a implementação das concepções internacionalistas dos novos mestres da Rússia. Ela decorria de uma mentalidade que, retrospectivamente falando, parece extremamente ingênua, mas que era muito difundida na época, tanto entre os militantes de base quanto entre os líderes. Muitos deles estavam convencidos de que a revolução mundial era iminente. Assim como alguns discípulos de Jesus acreditavam que seu reino na Terra seria estabelecido durante suas vidas, muitos revolucionários russos acreditavam que seu levante havia desencadeado um processo cujos efeitos seriam sentidos imediatamente.

Em um artigo publicado em maio de 1919, Zinoviev previu que "dentro de um ano, começaremos a esquecer que houve uma luta na Europa para fazer o comunismo triunfar, já que toda a Europa terá se tornado comunista". É possível, ele acrescentou, que o capitalismo sobreviva por mais um ano na Inglaterra, mas certamente não no resto do continente. Lênin, em um artigo publicado em julho de 1919, prometeu aos militantes que, em um ano, uma Federação Soviética Mundial já estaria estabelecida, e que essa vitória seria "completa e final".

No ano seguinte, como a vitória não havia chegado, os dois líderes precisaram reconhecer que haviam sido um pouco otimistas demais e que seria preciso se preparar para uma luta mais longa que o previsto, e mais árdua.

Foi nesse clima de grande fervor revolucionário que o Komintern decidiu realizar um "Congresso dos Povos do Oriente" em Baku, às margens do Mar Cáspio, em setembro de 1920. Aos dois mil delegados, representando dezenas de etnias de dentro e de fora do Império Russo, Zinoviev declarou em seu discurso de abertura: "Proletários de todos os países e *povos oprimidos do mundo*, uni-vos!". E ele não se contentou em ampliar a fórmula original de Marx, ele foi ainda mais longe. "Camaradas e irmãos, a tarefa que se coloca diante de vocês é acender o fogo da guerra santa contra os capitalistas ingleses e franceses." Uma ideia que ele repetiu em seu discurso de encerramento, direcionando um pouco mais seu ataque: "Juramos travar uma guerra santa, em primeiro lugar, contra o imperialismo britânico!". O que provocou, por parte dos delegados, uma tempestade de aplausos e gritos entusiasmados: "Nós juramos!".

Em seguida, outra figura proeminente do Komintern, Karl Radek, subiu à tribuna para apresentar um relatório sobre a situação internacional e "as tarefas que cabem às massas trabalhadoras do

Oriente". Ele enfatizou junto aos delegados a "comunidade de destino" que ligava seus povos à Revolução Russa. "Ou unimos nossas forças para acelerar a vitória do proletariado da Europa Ocidental, ou *nós* morreremos e *vocês* serão escravizados."

O comunicado final do congresso repetiu as mesmas recomendações: "Avancem como um só homem na guerra santa contra os ocupantes britânicos! Para libertar os povos do Oriente, para acabar com a divisão da humanidade em povos opressores e povos oprimidos, e para alcançar a igualdade completa entre todos os povos e raças, qualquer que seja sua língua ou cor de pele, qualquer que seja a religião que eles professem".

No relatório publicado depois do Congresso de Baku, o *Times* de Londres não deixou de ironizar "o espetáculo de dois judeus chamando o mundo islâmico para o *jihad* contra o colonialismo britânico". Mas o paradoxo do qual o jornal zombava era apenas aparente. O que a jovem Revolução Russa pedia aos povos do Oriente era que eles "trocassem" seu fervor religioso por outro fervor, anticolonialista e libertador.

Esse desejo foi claramente formulado no apelo solene dirigido aos congressistas de Baku pelos principais líderes comunistas da época, a começar por Lênin e Trótski. "No passado", disseram a eles, "vocês atravessavam desertos para visitar lugares santos. Hoje, vocês deveriam abrir caminho por montanhas e rios, florestas e desertos, mas para se encontrarem uns com os outros, para discutirem como se libertar das correntes da servidão e para se unirem em uma aliança cordial que lhes permitirá viver em igualdade, liberdade e fraternidade. Que seu congresso traga força e confiança aos milhões de seres humanos que permanecem oprimidos em todo o mundo! Que ele lhes infunda fé em seu próprio poder! Que ele aproxime o dia de seu triunfo final e de sua libertação!"

Dois anos após sua fundação, o Komintern já reivindicava quarenta e oito partidos-membros, espalhados por todo o planeta, do México às Índias e da Suécia à África do Sul. Novos movimentos surgiam a cada dia, em circunstâncias muito diferentes de um país para outro. Vários deles, como os partidos chinês, vietnamita, cubano, francês, italiano, português e húngaro, estavam destinados a desempenhar um papel importante na história de seus países; outros permaneceriam, ao longo das décadas, modestas congregações.

Muitas personalidades surgiriam dentro desse vasto movimento planetário, com os mais diversos e singulares percursos. Os detratores do comunismo gostam de listar nomes como Stálin, Beria, Vyshinski, Lysenko, Pol Pot ou Mengistu, enquanto os simpatizantes preferem lembrar de Antonio Gramsci, Oscar Niemeyer, Pablo Neruda, Pablo Picasso, Paul Éluard, Louis Aragon ou Nazim Hikmet. O certo é que uma tremenda esperança havia sido gerada pela Revolução de Outubro e acabaria levando a uma enorme desilusão.

No início dos anos 1920, havia apenas esperança. No Ocidente, a esperança de que a Primeira Guerra Mundial também seria a última, que o horrível banho de sangue não se repetiria, que os trabalhadores da França, da Alemanha e da Inglaterra redescobririam sua solidariedade, sua fraternidade e se tornariam camaradas novamente. E, no Oriente, a esperança de pôr fim ao colonialismo, ao racismo, à miséria e ao obscurantismo.

*

Muitos dos que viram no desenvolvimento do Japão uma grande oportunidade histórica, mas que foram desencorajados pelo crescente chauvinismo de seus líderes, a partir de então voltaram seus olhos para Moscou. Um dos melhores exemplos foi, mais uma vez, Sun Yat-sen.

No discurso que proferiu em Kobe alguns meses antes de morrer, o mesmo em que se perguntava se o Japão se tornaria um "falcão" – pergunta puramente retórica, visto que a transformação já havia ocorrido –, o pai da República Chinesa fez um vibrante elogio à

Rússia. "Existe hoje na Europa uma nova nação que os brancos olham com desconfiança e tentam expulsar de sua família. Eles a veem como uma serpente venenosa ou como um animal selvagem, e não ousam se aproximar. Essa nação é a Rússia. Ela acabou de se separar do Ocidente para se juntar ao Oriente. Os princípios que a orientam estão de acordo com os nossos princípios de benevolência e justiça, mas são inaceitáveis para os europeus, porque colocariam um fim a seu domínio pela força."

Continuando a se expressar da mesma forma que em sua juventude, com referências geográficas e raciais, o dr. Sun endossava plenamente o novo porta-estandarte do Oriente. Ele inclusive esboçou uma síntese entre o comunismo e o confucionismo – duas doutrinas destinadas a se enfrentar duramente dentro da nação chinesa, para depois se reconciliarem.

As palavras do estadista foram precedidas por uma iniciativa surpreendente. Em janeiro de 1923, ele havia formalmente solicitado aos líderes bolcheviques que lhe enviassem um plenipotenciário, o que Lênin prontamente aceitou. O homem designado para essa missão, Mikhail Borodin, era um dos operadores mais brilhantes e habilidosos do Komintern. Em poucos meses, ele se tornaria o braço direito do líder chinês e seu conselheiro mais ouvido.

Borodin havia nascido como Mikhail Gruzenberg nos arredores de Vitebsk e emigrado para os Estados Unidos, onde estudou na Universidade de Indiana e fundou uma escola em Chicago para ensinar inglês aos imigrantes russos. Ele tinha uma atitude reservada em relação a Lênin, a quem conhecia um pouco e que considerava dogmático e aventureiro. Ele havia seguido as notícias de seu país de origem com sentimentos mistos portanto. Mas, ao ver que os bolcheviques, agora no poder, enfrentavam grandes dificuldades diante de todos aqueles que lhes eram hostis, ele sentiu um peso na consciência e, em julho de 1918, partiu para Moscou, que os novos líderes haviam transformado em sua capital, substituindo São Petersburgo.

Logo após sua chegada, ele foi recebido, para sua grande surpresa, pelo próprio Lênin, que conversou com ele de coração aberto, como se eles fossem velhos amigos, e que lhe escreveu pessoalmente uma longa carta, endereçada "aos trabalhadores norte-americanos", na qual dizia: "Hoje estamos, de certa forma, em uma fortaleza sitiada, esperando que os outros contingentes da revolução socialista mundial venham a nosso socorro. Esses contingentes existem, começam a se formar, e são muito mais fortes que os nossos... Em resumo, somos invencíveis, porque a revolução proletária mundial é invencível".

Inspirado por esse encontro, Borodin começou a percorrer o mundo para disseminar as ideias da Revolução e fomentar o surgimento de movimentos políticos comunistas. Ele contribuiu significativamente para a criação de um "Partido Socialista Operário" no México e, indiretamente, do "Partido Comunista da Índia".

Na China, ele conseguiu se tornar, em pouquíssimo tempo, um dos principais atores da cena política. Sun Yat-sen confiava totalmente em sua pessoa, levando-o a todas as reuniões importantes e pedindo-lhe que o representasse quando ele próprio não podia comparecer. Como Borodin não falava o idioma local e seu conhecimento do país, de sua cultura e de seus costumes era insuficiente, o Komintern havia designado um camarada vietnamita, tão inteligente quanto discreto, para acompanhá-lo, que falava fluentemente cantonês, inglês, francês e russo. Ele usava o nome Ly Thuy, mas o mundo o conheceria, alguns anos depois, por outro pseudônimo: Ho Chi Minh.

Aqueles que conviveram com Borodin sempre notaram nele uma incomum combinação de urbanidade burguesa e eficácia militante, bem como uma grande cultura, tanto clássica quanto revolucionária, que lhe permitia recitar passagens inteiras de Shakespeare, Púchkin ou Marx. Sun Yat-sen ficou sobretudo fascinado com a capacidade de seu conselheiro especial de compreender em um piscar de olhos uma situação extremamente complexa, resumindo-a em duas ou três ideias claras e propondo soluções plausíveis na mesma hora. Cercado por herdeiros potenciais que desconfiavam uns dos outros e colocavam suas ambições pessoais acima dos interesses do país, o líder chinês sentia-se à vontade com esse estrangeiro cuja autoridade derivava inteiramente de sua pessoa. Não há dúvida de que o enviado do Komintern tinha seus próprios objetivos estratégicos, mas estes, na opinião do dr. Sun, não eram incompatíveis com os interesses da nação chinesa naquela fase crítica de sua história.

Quando algumas pessoas, com ciúmes da crescente influência de Borodin, um dia perguntaram a Sun Yat-sen se ele sabia o verdadeiro nome de seu homem de confiança, talvez para lembrá-lo de que Gruzenberg era judeu, o pai da República Chinesa respondeu: "Claro que sei seu nome. É Lafayette!". Uma resposta tão contundente quanto eloquente, que essencialmente dizia: assim como o aristocrata francês viajara em socorro das colônias norte-americanas em revolta contra a Coroa britânica, o ativista soviético viera ajudar a China em sua própria luta pela independência nacional; e se Borodin desempenhava o papel de Lafayette nessa "alegoria", então ele mesmo, o primeiro presidente da China, desempenhava o papel de George Washington, o primeiro presidente dos Estados Unidos.

Em 11 de março de 1925, deitado em seu leito de morte, cercado pela família e pelos amigos mais próximos, depois de assinar seu testamento político e seu testamento privado, Sun Yat-sen manifestou o desejo de redigir um terceiro documento: uma carta solene endereçada, de maneira bastante surpreendente, aos líderes da União Soviética. "Ao me despedir de vocês, estimados camaradas, desejo expressar a fervorosa esperança de que em breve chegará o dia em que a URSS saudará uma China forte e independente como aliada e amiga, o dia em que os dois aliados avançarão juntos em direção à vitória na grande luta pela libertação dos povos oprimidos de todo o mundo." Redigida em inglês por um jovem militante de seu círculo íntimo, a carta foi lida para o moribundo por seu cunhado, antes de ser assinada com mão trêmula. Seu conteúdo estava de acordo com as opiniões que o fundador da China moderna professava no crepúsculo de sua vida, mas ele provavelmente não teria desejado acrescentar essa nota, no mínimo incomum, não fosse por sua amizade com o conselheiro soviético e por sua grande confiança nele.

"Sun Yat-sen disse antes de morrer: 'A palavra de Borodin é minha palavra'", observou André Malraux, admirado, em seu primeiro romance, *Os conquistadores*, em que a sombra do emissário do Komintern é onipresente.

3

O QUE BORODIN conseguiu realizar na China foi, indiscutivelmente, um feito notável. Mas este é apenas um exemplo entre tantos outros das ações militantes que ocorreram em todo o mundo na mesma época. Inclusive em meu próprio país natal.

O que aconteceu no Líbano obviamente não teve um impacto planetário, e os personagens envolvidos não adquiriram grande notoriedade, mas me parece que, ao observar alternadamente um país gigantesco e um pequeno país, pode-se entender melhor o extraordinário impulso que a Revolução de Outubro suscitou em seu tempo.

Vou me deter sobre o Líbano por algumas páginas também porque as circunstâncias da vida me fizeram conhecer, em Beirute, quando eu tinha 20 anos e ele 70, o homem que foi responsável pela criação de um partido comunista no Líbano. Naquela época, eu conhecia pouco de seu passado como militante e só o descobri muito mais tarde, quando ele já não estava mais entre nós.

Ele tinha a alma de um poeta romântico, mais do que a de um combatente da revolução mundial. Na juventude, ele publicava artigos na imprensa sob o pseudônimo "O Fantasma Chorão", em que lamentava o infortúnio de seus compatriotas, que passaram abruptamente do domínio otomano para o domínio francês, enquanto aspiravam à independência. Ele descrevia o sofrimento dos camponeses e criticava duramente as autoridades políticas e religiosas, às vezes acrescentando ao final de seus artigos: "redigido em meu casebre vermelho, no coração do bairro dos ricos, no sexto ano da Terceira Internacional".

Normalmente, ele sempre assinava seus artigos com pseudônimo, mas em 19 de outubro de 1924 ele optou por usar seu nome real: Youssef Ibrahim Yazbek. A ocasião era solene, pois ele acabara de escrever um elogio fúnebre para um de seus autores favoritos, Anatole France. O romancista e intelectual de renome, ganhador do Prêmio Nobel de Literatura, apareceu nos últimos anos de sua vida como um fervoroso admirador da Revolução Russa. Em novembro de 1922, France publicou no *L'Humanité*, órgão do Partido Comunista Francês, uma vibrante "Saudação aos Sovietes!", que começava assim: "Há cinco anos, a República dos Sovietes nasceu pobre e invencível. Ela era portadora de um espírito novo, ameaçador para todos os governos de opressão e injustiça que dividiam a terra entre si. O velho mundo não se enganou. Seus líderes reconheceram o inimigo. Eles se armaram com calúnia, riqueza, violência. Eles quiseram sufocá-la; enviaram hordas de bandidos contra ela. A República dos Sovietes mobilizou seus Exércitos Vermelhos e esmagou os bandidos".

Essas palavras combativas renderam ao escritor a admiração de alguns e a hostilidade de muitos outros, especialmente na Academia Francesa, da qual ele era um dos membros mais eminentes. E elas o fizeram parecer, aos olhos de seus contemporâneos, um grande amigo dos bolcheviques. Portanto, o jovem Yazbek, que compartilhava as mesmas inclinações, o via como um modelo.

A elegia que dedicou a France começava com as palavras: "O violão da liberdade se calou, e os oprimidos estão em lágrimas". E terminava com um "Saudação a Anatole France!", ecoando a saudação que o falecido escritor havia dirigido aos sovietes.

Quatro dias depois, um emissário do Komintern desembarcou em Beirute. Tendo alugado um quarto no Hôtel d'Europe, localizado bem perto do porto, ele começou a procurar o autor do vibrante elogio fúnebre.

Ele não teve dificuldade em encontrá-lo, uma vez que Yazbek, cujos artigos raramente eram remunerados pelos jornais que os publicavam, trabalhava justamente como intérprete no porto, onde sempre havia necessidade dos serviços de um poliglota para se comunicar com os viajantes estrangeiros. Os dois homens não demoraram a se cruzar e marcaram um encontro no hotel.

– No prólogo de seu artigo, você é apresentado como um escritor socialista. É assim que se define? – perguntou o visitante.

– Eu me descreveria mais como comunista – corrigiu o interessado.

Seu interlocutor sorriu.

– Há outras pessoas neste país que pensam como você?

– Somos alguns...

– Haveria proletários entre vocês?

– Sim, Fouad. Ele é operário na fábrica de tabaco.

O viajante explicou então, sem rodeios, que havia sido encarregado de entrar em contato com pessoas que compartilhassem as mesmas opiniões políticas e estivessem dispostas a se envolver na ação militante.

– Nesse caso, você precisa absolutamente falar com o camarada Fouad – concluiu Yazbek. – Vou enviar uma mensagem a ele para que se junte a nós.

O emissário era um dos jovens prodígios do Komintern. Quando da missão em Beirute ele tinha apenas 19 anos. Ele se apresentou como Joseph Berger. Esse não era seu nome de verdade, mas ele o usaria por toda a vida, até em suas memórias, publicadas nos anos 1970. Ao nascer, em Cracóvia, ele se chamava Isaac Jeliaznik. Aos 15 anos, ele emigrou para a Palestina, mas rapidamente rompeu com o movimento sionista do qual fazia parte, para fundar, com alguns camaradas, o Partido Comunista Palestino, do qual se tornou secretário-geral aos 17 anos. Fascinado por sua maturidade precoce, Zinoviev o encarregou, em nome do Komintern, de monitorar o Oriente Médio em busca de pessoas que pudessem fundar partidos-irmãos.

Os três "conspiradores" de Beirute se reuniram na noite seguinte no Hôtel d'Europe, em um quarto no último andar. "Berger usava óculos escuros, tinha uma barba bem cheia e vestia roupas que mostravam seu pertencimento à classe média", escreveria o "camarada Fouad" alguns anos depois, com um toque de reprovação proletária.

Ele era, aos 30 anos, o menos jovem dos três e o único que não vinha da dita "classe média". Nascido em uma modesta família maronita nas montanhas libanesas, ele havia emigrado para o Egito na infância, com sua mãe, viúva. Ele trabalhara desde a adolescência em fábricas de cigarros, primeiro no Cairo e depois em Alexandria, onde tinha ajudado a fundar um sindicato muito ativo, bem como um incipiente partido trabalhista.

Em agosto de 1923, os jornais egípcios anunciaram que um certo Fouad Chemali havia sido preso por "atividades subversivas" e seria deportado para o seu país de origem. Yazbek começou a espreitar os navios que vinham de Alexandria e um dia viu o exilado desembarcar. Ele foi a seu encontro e sussurrou discretamente em seu ouvido que compartilhava de suas ideias e que gostaria de vê-lo novamente.

Nos meses que se seguiram a seu retorno à terra natal, o exilado conseguiu encontrar emprego de novo em uma fábrica de tabaco, em Bikfaya, no Monte Líbano, onde não demorou a criar um sindicato ativo, como aprendera a fazer no Egito, juntamente com um movimento político.

No dia seguinte à chegada de Berger, uma reunião mais ampla foi organizada na casa do avô de Yazbek, no subúrbio de Hadath, perto de Beirute. O camarada Fouad foi com dois trabalhadores de seu sindicato. O emissário relembrou algumas das vinte e uma regras estabelecidas pelo Komintern para as organizações que desejavam se filiar. As pessoas presentes deram seu acordo formal. Era 24 de outubro de 1924, data hoje considerada a de fundação do Partido Comunista Libanês, ainda que, para evitar que as autoridades francesas o proibissem, tenha sido decidido, naquele dia, não chamá-lo de "comunista". Foi sob o nome de "Partido do Povo Libanês", portanto, que teve início sua existência.

*

Nessa primeira reunião, havia cerca de dez participantes, todos eles, casualmente, de confissão cristã, com exceção de Berger. Um pouco mais tarde, a eles se juntariam outros militantes, pertencentes a todas as comunidades do país, mas essa característica permaneceria, no Levante e em outros lugares, e merece ser destacada: as minorias, especialmente os cristãos do Oriente e os judeus, com frequência encontraram nos movimentos de orientação marxista um ambiente propício para seu engajamento político. O foco no internacionalismo e no pertencimento de classe, em vez de na religião, na etnia ou na raça, permitiu-lhes transcender o status de minoria e se considerarem, pela primeira vez na vida, cidadãos de pleno direito.

Uma das decisões da reunião em Hadath foi dotar o novo partido de um hino em língua árabe inspirado em "A Internacional". Naturalmente, essa missão foi confiada a Yazbek, o poeta do grupo. Alguns dos versos que ele compôs refletiam temas proletários e sua tradicional imagética:

> *Por muito tempo vivemos sob um jugo que nos esgota,*
> *Vamos destruí-lo, camaradas, com nossos martelos e machados!*

Enquanto outros versos expressavam preocupações especifica-mente libanesas:

Nem cristãos, nem judeus, no meio de nós, nem muçulmanos,
Nem drusos, apenas uma promessa de fraternidade entre todos.

O "letrista" do hino foi nomeado secretário-geral. No entanto, ele percebeu, depois de alguns meses, que estava destinado a escrever, e não a construir uma organização militante ou liderá-la. Ele cedeu seu lugar ao "camarada Fouad" e se afastou do partido.

A partir desse momento, ele desistiu de toda atividade política e se dedicou a reunir documentos pouco conhecidos sobre a história do Líbano, e foi justamente por isso que eu quis conhecê-lo no final dos anos 1960. Pedi-lhe conselhos para uma pesquisa que estava realizando no âmbito de meus estudos universitários sobre as revoltas camponesas do Monte Líbano no século XIX. Ele me sugeriu alguns títulos para ler, que se revelaram muito úteis. Não conversamos sobre mais nada, e nunca mais o vi.

Olhando para trás, lamento não ter tido a oportunidade de questioná-lo sobre esse período de sua vida. Felizmente, todos os três "heróis" daquele dia escreveram suas memórias, o que permite ter uma ideia precisa do evento e do ambiente que o cercava. E também da trajetória tumultuada que eles tiveram.

A leitura de seus livros é instrutiva, mas pouco atraente. En-quanto Yazbek fala com serenidade e sem excessiva nostalgia do papel que desempenhou, o mesmo não pode ser dito de seus dois companheiros.

O "camarada Fouad", depois de exercer a função de secretário-geral por alguns anos e participar do VI Congresso do Komintern em Moscou, em 1928, foi repentinamente afastado, de maneira bruta e insultante, pois foi acusado de sempre ter sido um informante das autoridades francesas. Por mais de quarenta anos, seu nome se tornou impronunciável dentro do partido que ele havia fundado.

E mesmo que tenha acabado por ser reabilitado, ele permanece amplamente esquecido.

Quem ele havia desagradado e por qual transgressão foi punido? Os que investigaram a questão ainda não conhecem todos os detalhes da história. Ele morreu em 1939, na pobreza, profundamente magoado, abandonado por todos. Tinha apenas 45 anos.

Quanto a Joseph Berger, seu destino não foi muito melhor, uma vez que ele precisou suportar, por parte de seus próprios camaradas soviéticos, as perseguições e as humilhações que foram o destino da maioria dos militantes ousados e entusiasmados de sua geração.

4

MUITAS VEZES SE disse que Stálin desconfiava do Komintern, de sua ideologia, de sua rede, de seus emissários e de seus líderes históricos. Seria mais correto dizer que ele nutria por tudo isso um ódio tenaz.

Haveria nele um ódio especial pelos intelectuais judeus que lideravam a organização em seu início, como Zinoviev, Bukharin ou Radek, devido às suas origens? É muito possível. Tais sentimentos não lhe eram estranhos e se manifestaram amplamente no final de sua vida. Mas também é possível ver em sua atitude a hostilidade de um homem rude, desajeitado, proveniente de um ambiente rural modesto, que sempre acreditou perceber arrogância e desprezo nos olhos de seus camaradas urbanos sofisticados e poliglotas. Sua implacabilidade foi sistemática e incansável, mesmo contra aqueles que já não representavam mais nenhuma ameaça política.

Nesse sentido, o exemplo de Borodin é eloquente. Ele foi expulso da China em 1927 por ordem de Chiang Kai-shek, que se impusera como herdeiro político de Sun Yat-sen, mas que não compartilhava nem um pouco da simpatia deste pelos soviéticos. Chegando a Moscou após uma longa e difícil viagem de trem, o flamejante emissário do Komintern esperava partir imediatamente para a Índia, onde o fundador do partido comunista, Manabendra Nath Roy, era um de seus grandes amigos. No entanto, ele foi informado de que essa página "heroica" de sua vida deveria ser virada, e ele foi relegado a papéis sem brilho – como o de diretor-adjunto de uma empresa estatal de produção de papel, claramente não adequado para ele, que se mostrou terrivelmente incompetente, o que lhe valeu uma repreensão pública humilhante. Ele foi então nomeado editor-chefe de uma publicação em língua inglesa, o *Moscow News*; nesse jornal, ele desempenhou suas funções adequadamente, mas sem brilho, sempre cuidando para não se desviar da linha oficial.

Os que o conheceram nessa época descrevem um homem apagado, cujo único objetivo era sobreviver e proteger a esposa e os filhos. Ele parecia convencido de que, se não chamasse a atenção, Stálin o deixaria em paz. Ele foi de fato poupado, essencialmente até fevereiro de 1949, quando foi preso, interrogado por vários dias no edifício Lubianka, sede do serviço secreto, e depois enviado, por razões obscuras, para um campo de prisioneiros, um dos mais severos, nos arredores de Yakutsk. Ele nunca mais saiu de lá.

Foi apenas muito tempo depois que se soube que ele morreu nesse campo, em maio de 1951, em circunstâncias mal esclarecidas, provavelmente fuzilado.

Seu tormento foi tardio, muitos de seus camaradas o haviam precedido no mesmo caminho. Grigori Zinoviev, que presidia os destinos do Komintern em sua fundação, foi afastado de seu cargo em 1926, expulso do partido, preso, torturado, depois deportado para a Sibéria e fuzilado por "terrorismo". Seu sucessor, Nikolai Bukharin, também foi executado por "conspiração para derrubar o poder"; seu verdadeiro crime era ser um excelente orador e ídolo dos intelectuais marxistas, o que Stálin não suportava.

Karl Radek, que desempenhara um papel crucial na Conferência dos Povos do Oriente, também morreu no gulag, após um longo e degradante declínio narrado de maneira pungente por um homem que o conhecia bem e o admirava há muito tempo: Joseph Berger.

Radek estava encarregado do "Gabinete Oriental" do Komintern, do qual o padrinho do "Partido do Povo Libanês" era um dos operadores mais ativos. "Eu o conheci em minha primeira visita a Moscou, em 1925", conta Berger em suas memórias, intituladas *Nothing but the Truth* [Nada além da verdade]. Na época, Radek se destacava dos outros líderes por sua franqueza, seu senso de humor e sua "maneira inortodoxa de apresentar opiniões ortodoxas". Quando os expurgos começaram, ele ficou com medo, especialmente em razão da antiga amizade que o ligava a Trótski. Mas Stálin prometeu poupar sua vida se ele se juntasse ao regime. O que ele fez, com crescente entusiasmo, atacando publicamente todos aqueles que o tirano havia decidido eliminar, especialmente Zinoviev, que Radek chamou publicamente, em um programa de rádio, de "traidor", "fascista internacional" e "cão raivoso".

O que Berger descreve é a desintegração moral de um ser humano sob o efeito do medo. "Como um homem tão talentoso pôde acabar em uma situação tão lamentável?", pergunta seu antigo camarada, que faz questão de destacar que essa decadência nem sequer salvou a vida de Radek, pois ele terminou sua vida, como tantos outros, em um campo siberiano, espancado até a morte por um agente provocador.

Berger, por sua vez, teve a sorte de sobreviver, mas não sem passar no gulag vinte anos de sua vida, durante os quais foi condenado à morte duas vezes, sem ser executado. Ele só foi liberto e reabilitado em 1956, durante a desestalinização, e passou o resto da vida reunindo suas lembranças, reconstituindo as conversas que teve com os inúmeros companheiros de prisão, cada um deles com suas opiniões, seus temperamentos, seus medos e sua parte na História. Na tentativa de entender como o sonho de sua juventude pudera se transformar em um pesadelo.

"Que os pecadores desapareçam da face da Terra!", escreve ele no epílogo, citando o 'Salmo 104'. Mas ele rapidamente acrescenta que deveríamos nos livrar dos "pecados" em vez dos "pecadores". O pior dos pecados, segundo ele, era "a crença em *imperativos revolucionários* aos quais nós, comunistas dos anos 1920, tínhamos que subordinar todo o resto de nossa atividade política". Esse conceito se mostrou extremamente perigoso, explica ele, pois foi usado "para desacreditar e humilhar os melhores representantes de toda uma geração".

Essas palavras, meditadas e amadurecidas durante as longas noites siberianas, estão carregadas de remorso e melancolia.

Uma das consequências de tudo o que cometeram e sofreram seus camaradas, "os comunistas dos anos 1920", foi que "o paraíso dos trabalhadores" começou a parecer, e por muito tempo assim se manteve, um território infernal onde nenhum ser humano amante da liberdade conseguiria viver.

Mesmo um escritor tão favorável aos soviéticos quanto Anatole France não tardaria a se distanciar. Como ele, cujo grande trabalho, *Os deuses têm sede*, era uma denúncia implacável das atrocidades cometidas em nome da Revolução Francesa, poderia tolerar as que foram cometidas em nome da Revolução Russa? Ele morreu muito antes dos "expurgos" de Stálin, mas sob Lênin já havia ocorrido um primeiro grande julgamento político, visando a socialistas-revolucionários que haviam se voltado contra os bolcheviques depois de terem sido seus aliados. O escritor francês tomara a pena para implorar às autoridades de Moscou: "Em nome dos interesses superiores da humanidade, não exerçam contra adversários políticos atos que poderiam ser interpretados como vingança! Vocês causariam um prejuízo irreparável à causa da libertação dos trabalhadores do mundo". Essa tomada de posição, que foi tornada pública, talvez tenha contribuído para moderar a sede de vingança dos líderes soviéticos. Eles aceitaram comutar as doze sentenças de morte proferidas pelo tribunal. Mas todos os que foram poupados acabaram sendo massacrados, sem exceção, durante o reinado de Stálin.

O presidente do tribunal, aliás, Piatakov, também foi executado nos mesmos "expurgos".

*

Muitas coisas teriam mudado na História se, em outubro de 1929, quando a economia capitalista enfrentou sua crise mais devastadora, tivesse havido um grande país propondo uma via diferente. Mas isso não aconteceu. O regime soviético vinha demonstrando, ao longo dos doze anos que separaram a Revolução de Outubro do *crash* da Wall Street, que era melhor pensar duas vezes antes de fazer "tábula rasa" do passado, e que o sistema capitalista, apesar de todos os seus defeitos, era, afinal, o mal menor.

Era, sem dúvida, necessário continuar a criticá-lo, a combatê-lo, a amaldiçoá-lo e até mesmo a tecer louvores ao socialismo e à igualdade. Mas substituir os regimes dos Estados Unidos, da Inglaterra ou da França por uma tirania sanguinária como a de Stálin? Não, obrigado.

Não é inútil lembrar que um dos argumentos de Lênin para justificar que a grande revolução ocorresse em seu país em vez de em outros lugares era evitar que a Rússia enfrentasse os horrores do capitalismo que Dickens havia descrito para a cidade de Londres no século XIX. Se fosse possível "pular essa etapa" e construir um "paraíso" para os trabalhadores sem passar pelo "purgatório" da exploração desumana, quantos sofrimentos seriam evitados! Depois da Revolução de Outubro, isso parecia plausível, o que talvez explique a exaltação ingênua daquela época; durante a Grande Depressão, essa perspectiva entusiasmada não existia mais.

A primeira consequência desse desencanto foi o surgimento, na Europa, de uma criatura política monstruosa que planejava acabar de uma vez por todas com o internacionalismo. Nascido das frustrações do povo alemão depois do término da Primeira Guerra Mundial, o nazismo não teria tido tanto sucesso se as esperanças acalentadas até então pelos "proletários de todos os países", caros a Marx, não tivessem sido aniquiladas pela desastrosa experiência do poder na Rússia.

Mas, se os bolcheviques haviam indiretamente favorecido o surgimento de seus inimigos mais virulentos, estes rapidamente "retribuiriam o favor", por assim dizer, ao se comportarem com tanta arrogância, brutalidade e crueldade que acabaram revitalizando o movimento comunista e até mesmo, por um tempo, reabilitando a imagem de Stálin, apesar de suas próprias atrocidades.

Há muito a ser dito sobre a responsabilidade do senhor do Kremlin na tragédia causada na Europa pelo nazismo. Por ter pervertido e distorcido o ideal revolucionário; por ter impedido que os comunistas alemães se aliassem aos social-democratas, o que talvez pudesse ter barrado o caminho de Hitler ao poder; e por ter fechado um pacto com ele em agosto de 1939, permitindo que ele desencadeasse a Segunda Guerra Mundial. Não deixa de ser verdade, porém, que a União Soviética e seu líder saíram fortalecidos desse desafio.

Tendo desempenhado um papel decisivo na derrota da Alemanha, Stálin adquiriu, da noite para o dia, uma estatura e uma credibilidade que nunca tivera antes. Foi como se as razões que ele dava para justificar seus inúmeros expurgos tivessem sido subitamente confirmadas pelos fatos. E como se o caráter incompreensível de alguns de seus atos – como o pacto com Hitler – se tornasse um exemplo eloquente de sua perspicácia, de sua habilidade estratégica e de sua genialidade.

A reviravolta foi impressionante. Em junho de 1941, a própria sobrevivência da "pátria do socialismo" parecia comprometida. Incapazes de resistir aos invasores alemães, as tropas soviéticas recuavam em todos os fronts, Stálin estava desorientado, e sua aparente derrota era acompanhada de vergonha, pois ele havia pactuado com o monstro antes de ser atacado por ele e, na véspera do conflito, havia decapitado o estado-maior do Exército Vermelho. Na primavera de 1943, porém, ele já recuperava a forma, suas divisões avançavam sobre a Europa e ele era cortejado por toda a humanidade, começando por Winston Churchill, o primeiro-ministro britânico, e Franklin D. Roosevelt, o presidente dos Estados Unidos. A hostilidade manifestada no Ocidente, desde o primeiro dia, em relação à Revolução Bolchevique, já não era apropriada. Os crimes cometidos pelos nazistas tiveram, indiretamente, esse efeito.

Stálin triunfava. Seu apogeu, incontestavelmente, foi a Batalha de Stalingrado. Uma das mais ferozes de todos os tempos, que fez cerca de dois milhões de vítimas em seis meses, ela marcou o início do fim do Terceiro Reich, que parecia prestes a conquistar toda a Europa. Nenhum outro líder na História havia tido o privilégio até então de ver o destino da humanidade ser decidido em uma cidade com seu nome.

É ainda mais significativo que uma das primeiras decisões tomadas por ele, no êxtase da vitória, tenha sido dissolver o Komintern. A razão oficial envolvia tranquilizar os Aliados, mostrando que ele não procuraria mais exportar a revolução para suas terras. Mas é razoável pensar que ele também quis marcar, dessa forma, a transição de uma era para outra. Da era da revolução "artesanal" para a das relações de forças entre grandes potências. Da era de Lênin para a de Stálin. E ainda que o sucessor sempre tenha evitado confrontar abertamente o mestre, ele agora podia esperar que os livros de história o colocassem no mesmo patamar, e talvez acima dele.

Por que não? Seu saldo não havia se tornado mais impressionante que o de seu predecessor? Quando Lênin expressou, em 1919, sua confiança na iminência da vitória do comunismo, uma das razões para seu otimismo desmedido era o fato de que um de seus camaradas, o jornalista Béla Kun, tinha acabado de instaurar em Budapeste uma "República Soviética Húngara". Esta desmoronou depois de alguns meses, no entanto; e seu fundador, refugiado na Rússia e convertido em ativista do Komintern, acabou fuzilado, como tantos outros, por ordem de Stálin, durante um expurgo. Agora, toda a Hungria estava nas mãos dos sovietes.

Lênin também esperava, ao fim da Primeira Guerra Mundial, que os comunistas alemães logo assumissem o poder. Eles não conseguiram fazê-lo, mas, no final da Segunda Guerra Mundial, Berlim e toda a parte oriental da Alemanha foram ocupadas pelo Exército Vermelho, que também conquistou a Polônia, a Romênia, a Bulgária, a Tchecoslováquia e alguns outros países. Quase metade da Europa.

Igualmente significativo, tanto concreta quanto simbolicamente: Stálin havia apagado com um único golpe de caneta a maior afronta sofrida pela Rússia soviética desde sua criação, o Tratado de Brest-Litovski.

Quando Lênin, ao chegar ao poder, decidira retirar seu país da Primeira Guerra Mundial e negociar uma paz em separado com a Alemanha, esta, sabendo que ele estava em posição de fraqueza, lhe impusera condições humilhantes, como a renúncia a vastos territórios. Acreditando não ter outra escolha, o líder bolchevique aceitara, prometendo se vingar mais tarde. Ele nunca teve a oportunidade, mas em 1945 Stálin conseguiu recuperar todos os territórios perdidos e muitos outros mais. Além disso, ele retomou dos japoneses as terras que eles tinham arrancado do império dos czares quando o derrotaram em 1905.

O artífice dessas revanches espetaculares não tinha boas razões para acreditar que seu lugar na história do comunismo, assim como na história da Rússia, estava definitivamente assegurado e no patamar mais alto?

5

AUREOLADA PELA VITÓRIA sobre a Alemanha nazista, a União Soviética representaria, a partir de 1945, com Stálin e depois com seus sucessores, um desafio formidável à secular supremacia do Ocidente.

Para os que já sabem como terminou essa "guerra fria" entre os dois lados, é tentador acreditar que o resultado da batalha nunca foi incerto. Esse não era o sentimento dos que viveram naquela época. O mundo estava envolvido em uma gigantesca queda de braço, política, econômica, intelectual e midiática, na qual cada um dos protagonistas obtinha sucessos e sofria derrotas, e que poderia ter terminado com a vitória de um ou do outro.

Mesmo o nome que hoje atribuímos a essas décadas só se impôs progressivamente. No início da dita "guerra", nada permitia afirmar com certeza que ela permaneceria "fria".

Na Europa, por muito tempo se teve medo de os exércitos soviéticos retomarem seu avanço para conquistar a metade ocidental do continente. No plano militar, as coisas acabariam se estabilizando, mas os estados-maiores e institutos de estudos estratégicos nunca pararam de contar as divisões blindadas, comparar caças e calcular quanto tempo levaria para as tropas posicionadas nas margens do Rio Oder alcançarem o Rio Reno.

Essa preocupação começou antes mesmo do fim da Segunda Guerra Mundial. Tudo leva a crer que o desembarque Aliado na Normandia, em 6 de junho de 1944, foi motivado menos pela intenção de derrotar a Alemanha nazista, que já estava praticamente vencida, do que pelo medo de ver os exércitos soviéticos conquistarem a Europa. Documentos recentemente revelados mostram que Stálin, que a partir do verão de 1941 pressionara Churchill e Roosevelt com insistência para que eles abrissem uma segunda frente a oeste, havia mudado de atitude depois de sua vitória em Stalingrado, querendo então que o deixassem "terminar o trabalho" sozinho, para colher os frutos também sozinho. Seu embaixador em Londres, Ivan Maisky, anteriormente citado, expressa isso abertamente em suas memórias, embora afirme que essa é sua análise pessoal, não as diretrizes de seu governo.

Felizmente para a Europa, o desembarque veio restaurar o equilíbrio. Nem a França, nem a Bélgica, nem os Países Baixos, nem a Alemanha Ocidental veriam as tropas de Stálin avançar. Em contrapartida, a metade oriental do continente pagaria um pesado tributo por sua libertação.

"De Stettin, no Báltico, a Trieste, no Adriático, uma cortina de ferro caiu sobre o continente", disse Winston Churchill em um discurso proferido em 5 de março de 1946 na Universidade de Fulton, Missouri. A frase não seria esquecida. Na primeira fila da plateia estava Harry S. Truman, que dez meses antes havia sucedido a Franklin D. Roosevelt, morto por hemorragia cerebral.

Antes de ouvir as palavras do visitante britânico, o presidente teve a oportunidade de ler um longo telegrama recebido de sua embaixada em Moscou alguns dias antes. Redigido por George F. Kennan, o número dois da delegação, o telegrama alertava os líderes norte-americanos contra a tentação de confiar nos soviéticos. Não devemos acreditar que eles permanecerão nossos aliados, ele dizia em suma, e, acima de tudo, não devemos imaginar que eles se tornarão nossos amigos.

"Entre nosso sistema e o deles, o confronto é inelutável, mas podemos evitar que se transforme em um conflito armado."

Kennan refinou sua análise em um artigo que publicou no ano seguinte, no qual convocou a "frear" e "conter" as tentativas de expansão da União Soviética. Essa política de *containment* do antigo aliado exigia bloquear seu caminho sempre que ele tentasse avançar; responder à sua propaganda com uma propaganda mais eficaz e mais agressiva; não tentar acalmá-lo nem "apaziguá-lo"; e apoiar de todas as formas os governos e movimentos políticos que se opusessem a ele.

Um dos elementos desse dispositivo foi "cercar" o território soviético com uma rede de alianças militares, começando pela Otan, a Organização do Tratado do Atlântico Norte. Outro elemento, ainda mais crucial, foi o Plano Marshall, que forneceu ajuda econômica maciça às nações europeias arruinadas pela guerra. A metade ocidental do continente conseguiu se recuperar de forma espetacular, e o abismo com a metade oriental não parou mais de crescer.

A essa disparidade na prosperidade se somou uma diferenciação acentuada no ambiente político e intelectual. Enquanto na França ou na Itália as instituições democráticas retomavam seu funcionamento normal após anos de ditadura ou ocupação, os países da Europa Oriental, mesmo os que tinham tido uma democracia próspera antes da guerra, viram pouco a pouco o desaparecimento de qualquer vida política digna desse nome.

A tragédia mais traumática foi o "Golpe de Praga", de fevereiro de 1948, quando os comunistas, que já eram o principal partido do governo, mas temiam ser derrotados nas próximas eleições, forçaram o presidente tchecoslovaco Edvard Beneš a entregar-lhes todo o poder; o principal adversário deles, Jan Masaryk, ministro das Relações Exteriores, caiu da janela do apartamento funcional que ocupava no terceiro andar do ministério alguns dias depois, sem que se saiba com certeza se ele foi moralmente levado ao suicídio pela desgraça de sua pátria ou fisicamente empurrado para o vazio por uma mão criminosa.

A segunda hipótese ainda é considerada a mais plausível. Especialmente porque o estadista estava de pijama. Se tivesse concebido seu gesto como uma imolação solene, ele não teria se vestido de outra maneira?

Em outros lugares, como Polônia, Hungria, Romênia ou Bulgária, o controle foi exercido de maneira menos espetacular, mas igualmente brutal. Toda oposição desapareceu, a imprensa foi silenciada, a cultura foi controlada e em pouco tempo começaram a ser organizados, na maioria das "democracias populares", julgamentos espetáculos dentro da mais pura coreografia stalinista, com humilhações públicas, torturas, confissões e enforcamentos, e com fortes elementos de antissemitismo, geralmente sob o pretexto de combate ao "cosmopolitismo".

Foi nesse clima desolador que George Orwell escreveu *1984*, retratando um mundo dominado onde as pessoas não poderiam se encontrar, nem falar ou mesmo pensar sem serem constantemente vigiadas pelo obsessivo "Grande Irmão". Para o escritor britânico, assim como para todos aqueles que valorizavam a liberdade, que tinham medo de perdê-la e que acabavam de celebrar a derrota do nazismo, ver a Europa se encaminhar para um novo totalitarismo era profundamente desanimador. Publicado em 1949, o romance se passa em uma Inglaterra sujeita a uma tirania de tipo stalinista, chamada com o nome monstruosamente banal de "Pista de Pouso Número 1". Orwell parecia dizer que, para escapar a tal destino, seria necessário lutar contra esse novo inimigo com a mesma determinação com que se lutou contra o anterior. Não é por acaso que ele tenha dado ao herói de seu romance o nome de Winston.

Também não é por acaso que, ao mencionar os eventos que levaram à sujeição de seu país, o narrador faça referência à "devastação da guerra atômica dos anos 1950". Foi justamente em 1949 que os soviéticos detonaram sua primeira "bomba atômica", quatro anos depois dos norte-americanos. Estes sabiam que seus adversários estavam trabalhando nisso, mas não pensavam que teriam sucesso tão rapidamente. Truman reagiu pedindo aos cientistas e militares de seu país que acelerassem a produção de uma arma muito mais temível, a "bomba de hidrogênio". Esta seria efetivamente testada em novembro de 1952 em um atol das Ilhas Marshall, com uma potência mil vezes maior do que a que destruiu Hiroshima.

A corrida armamentista estava lançada. Ela continuaria nas décadas seguintes. Milhares de ogivas seriam construídas, cada vez mais sofisticadas e capazes de destruir a humanidade inteira e toda a vida na Terra caso um líder impulsivo ou desequilibrado um dia decidisse usá-las.

*

Muitos observadores temiam que um cataclismo desse tipo ocorresse durante um novo conflito na Europa. Em torno de Berlim Ocidental, por exemplo, que permaneceu por muito tempo um enclave em território comunista. Mas como a partida agora estava sendo jogada no amplo tabuleiro mundial, não se podia excluir a possibilidade de que o estopim fosse aceso em outro lugar.

Naturalmente, ninguém imaginava que um confronto soviético-americano envolvendo armas nucleares pudesse ocorrer perto de Cuba, a poucas milhas da Flórida. Os contemporâneos estavam mais apreensivos com o leste asiático.

Em outubro de 1949, o Partido Comunista Chinês, liderado por Mao Zedong, proclamava a criação de uma "república popular" em Pequim, enquanto Chiang Kai-shek se retirava para Taiwan, com o apoio dos Estados Unidos, que continuariam a considerá-lo como o presidente legítimo da China por mais de vinte anos.

Enquanto isso, a Coreia vizinha já se dividira em duas, durante a capitulação do Japão, com o Norte tornando-se comunista e o Sul pró-Ocidente. Terra de conflitos seculares entre as potências, ela conheceria, de 1950 a 1953, a primeira guerra "de verdade" entre os dois campos ideológicos que agora disputavam o mundo, bem como o primeiro confronto militar direto entre chineses e norte-americanos. O conflito se desenrolou em toda a extensão da Península, causou centenas de milhares de vítimas e terminou com o estabelecimento de uma linha de demarcação quase idêntica à que existia no início das hostilidades. No momento em que escrevo estas palavras, essa fronteira, considerada "provisória", ainda não se moveu.

Durante essa guerra, as tropas norte-americanas, autorizadas pela ONU, foram lideradas pelo general MacArthur. Quando ele se viu em dificuldades contra os comunistas, pediu a Truman permissão para lançar ataques ao território chinês, não excluindo recorrer ao uso de armas nucleares, se necessário. Ele inclusive se informou sobre os sítios nucleares soviéticos, para poder bombardeá-los caso Stálin decidisse ajudar Mao. A opinião pública norte-americana não era hostil a tal escalada, mas Truman se recusou a seguir esse caminho.

Para contornar a "moderação" do presidente, MacArthur se voltou para a imprensa, que o apoiava amplamente, e para o Congresso, onde o Partido Republicano era majoritário. O chefe do Executivo respondeu demitindo o herói. Um vento de indignação e raiva varreu o país. Truman foi chamado de todos os palavrões e acusado por alguns de ser uma marionete dos comunistas, atingindo índices recordes de impopularidade. No entanto, a maioria dos historiadores acredita hoje que sua firmeza diante do aventureiro MacArthur evitou um desastre sem precedentes para seu país e para o mundo.

No Vietnã, a guerra foi ainda mais longa e devastadora do que na Coreia. Embora tenha começado, mais uma vez, com uma divisão entre o Norte comunista e o Sul pró-Ocidente, a luta pela unificação se desenrolou ao longo de trinta anos e se desdobrou em duas guerras: a primeira, contra a França, terminou em 7 de maio de 1954, em Dien Bien Phu; a segunda, contra os Estados Unidos, terminou em 30 de abril de 1975, em Saigon. A cidade foi imediatamente renomeada em homenagem ao homem que havia inspirado essa longa luta pela independência e pela unificação: Ho Chi Minh.

O discreto amigo de Borodin é hoje o único de todos os "missionários" do Komintern a continuar sendo um ícone para sua nação. Mas não é surpreendente ler, nas memórias de Nikita Khrushchov, que Stálin não tinha nenhuma simpatia pelo líder vietnamita, desconfiava dele e o chamava, no privado, de "comunista das cavernas".

6

À MORTE DE STÁLIN, em 1953, o caráter opressivo do regime não foi questionado. Nem na União Soviética, nem nas "democracias populares" houve ousadia para dar esse passo decisivo. No entanto, não há dúvida de que certo medo começou a se dissipar da noite para o dia.

A luta pela sucessão foi breve e relativamente pouco atroz. Exceto pela execução de um punhado de torturadores amplamente odiados, como Lavrenti Beria, não houve acertos de contas sangrentos. Daquele momento em diante, os líderes do Kremlin seriam invariavelmente escolhidos por cooptação, os conflitos seriam resolvidos por voto das altas instâncias do Partido, e os perdedores voltariam para casa para lamentar sua má sorte.

A última caça às bruxas ordenada por Stálin não foi levada a termo. Ela tinha como alvo seus próprios médicos, a maioria judeus, acusados de assassinar Andrei Jdanov, seu homem de confiança, e de planejar envenená-lo. Vários deles vinham sendo submetidos a interrogatórios rigorosos, em busca de confissões. A máquina de triturar almas emperrou assim que o tirano morreu. Em um mês, os futuros supliciados estavam livres, e seus torturadores atrás das grades, acusados de fabricar provas para incriminá-los.

Claramente, o clima já não era o mesmo. É verdade que, no funeral do "pai dos povos", chorou-se abundantemente, por mil razões complexas que os psicólogos e os sociólogos podem analisar melhor do que os historiadores; logo depois, porém, as lágrimas foram enxugadas com suspiros de alívio represados por muitas décadas.

Os dignitários do partido, como Khrushchov, Malenkov, Molotov, Bulganin ou Voroshilov, sem esquecer Beria, também sentiram um alívio imenso, talvez ainda maior que o do resto da população. Vários deles afirmaram mais tarde que, quando iam visitar Stálin, nunca sabiam se voltariam para casa. Esse sentimento de insegurança constante os degradava e paralisava. Joseph Berger escreve em suas memórias: "Quando Khrushchov disse que só podia conversar com Bulganin no carro que os levava ao Kremlin ou os trazia de volta, ninguém acreditou, porque ele era conhecido por ser prudente demais para dizer o que pensava, mesmo a sós com Bulganin. Por outro lado, depois da morte de Stálin, até nós, prisioneiros, começamos a ter conversas intermináveis, e não apenas entre amigos".

Mas, embora os "herdeiros" respirassem mais aliviados na ausência do homem que os havia aterrorizado por tanto tempo, eles ainda não sabiam o que fazer depois dele. Claramente, as coisas precisavam mudar; não era possível continuar governando com um chicote como "ele" fazia. No entanto, era necessário conseguir afrouxar o controle sem provocar o colapso de todo o sistema.

Quando se fala hoje sobre a "desestalinização" realizada pelos novos líderes, nem sempre se destaca o tempo que eles levaram para ousar implementá-la. O ditador morreu em 5 de março de 1953, mas foi somente em 25 de fevereiro de 1956 que Khrushchov apresentou, no XX Congresso do Partido, seu relatório intitulado "Sobre o culto da personalidade e suas consequências". E mesmo após esse período de três anos, a denúncia dos crimes de Stálin só ocorreu a portas fechadas, proibida de ser divulgada. De modo que o discurso circulou por vários meses sob sigilo, em meio a um turbilhão de rumores, e foi chamado nos livros de história de "discurso secreto".

A explicação óbvia para essa "timidez" dos novos governantes do país é que eles temiam que o regime soviético fosse desacreditado pelas revelações, que fosse malvisto pelo resto do mundo e que não conseguisse manter sua autoridade, especialmente nas "democracias populares". O que já vinha sendo evidenciado por muitos sinais.

Depois da morte de Stálin, os serviços de segurança receberam muitas informações sobre "festas clandestinas" organizadas na Polônia, Hungria ou Romênia para celebrar o evento, por exemplo, o que levou à proibição temporária da venda de álcool em algumas cidades. Nos meses seguintes, acontecimentos muito mais graves alarmaram as autoridades, especialmente uma onda de manifestações em massa em Berlim e em toda a Alemanha Oriental, cuja repressão resultou em cerca de quarenta mortes; tumultos na cidade industrial de Pilsen, na Tchecoslováquia, onde a sede do Partido foi saqueada por manifestantes que carregavam retratos de Jan Masaryk, como se oferecessem ao mártir do Golpe de Praga uma revanche póstuma; e, em resposta à prisão de Beria, um motim no campo de Vorkuta, no extremo norte, além do círculo polar. Soljenítsin o descreve em *Arquipélago gulag*. Os prisioneiros decidiram fazer greve, então o comandante os reuniu para ordenar que retomassem o trabalho. "O país precisa de carvão!", ele disse. "E nós, de liberdade!", gritou um prisioneiro.

Não era de se esperar que tais atos de desobediência se generalizassem se as autoridades denunciassem publicamente os atos de Stálin?

*

Foi exatamente o que aconteceu em Budapeste em outubro de 1956. Tendo tomado conhecimento dos principais elementos do "discurso secreto" de Khrushchov, milhares de estudantes ocuparam as praças públicas e, em pouco tempo, toda a Hungria se viu em estado de insurreição. O novo primeiro-ministro, Imre Nagy, um comunista reformista que apoiou com firmeza seus compatriotas revoltados, anunciou que seu país se transformaria em uma democracia pluralista e sairia do Pacto de Varsóvia, que reunia a URSS e os países que a orbitavam, adotando uma postura de neutralidade entre o Leste e o Oeste. A hegemonia soviética no Leste Europeu nunca havia enfrentado um desafio tão grande.

Os líderes do Kremlin não hesitaram muito em se pronunciar a favor de uma intervenção militar. Eles sabiam que a visão de tanques do Exército Vermelho esmagando uma revolta de estudantes teria um efeito desastroso. Mas eles também sabiam que, se permitissem que a Hungria se afastasse do "bloco socialista", todas as "democracias populares" seguiriam seu exemplo. "Quando eu não estiver mais aqui, os imperialistas vão torcer seus pescoços como pintinhos", Stálin os havia alertado. Seus sucessores provariam que ele estava certo? Eles "dilapidariam" tudo o que ele havia conquistado?

Um dos argumentos que pesavam contra a linha dura, embora não o suficiente para inclinar a balança, era o impacto que uma repressão sangrenta poderia ter na opinião pública ocidental. Era claro que as consequências seriam devastadoras, e isso realmente aconteceu.

Uma das principais características da Revolução de Outubro, e uma de suas grandes realizações, inegavelmente, foi ter provocado um enorme debate de ideias que dominou a vida intelectual em todo o mundo durante grande parte do século XX. Na Europa, em particular, a maioria dos intelectuais havia sido seduzida, em algum momento, pelo pensamento marxista, e muitos tinham se envolvido com os partidos comunistas de seus países. Os líderes soviéticos, inclusive Stálin, não eram indiferentes ao destino desses movimentos e muitas vezes ouviam escritores, pintores, arquitetos e cientistas renomados, embora raramente seguissem seus conselhos. No entanto, ao examinarmos as trajetórias dessas figuras, percebemos que a repressão da insurreição húngara de 1956 representou, para muitos deles, um grande momento de ruptura.

Por que esse acontecimento, e não outro? Sem dúvida porque o "paraíso dos trabalhadores" tinha acabado de receber, com a morte de Stálin, uma oportunidade de se redimir, poderíamos inclusive dizer uma última chance de recuperar sua credibilidade moral, e a havia desperdiçado.

O comunismo sempre representou um dilema para os intelectuais europeus, assim como para as sociedades das quais eles faziam parte. Por um lado, havia uma ideologia sedutora, que apelava para a luta contra o obscurantismo, contra a exploração do homem pelo homem e contra a arrogância das classes proprietárias. Por outro lado, porém, havia o histórico da experiência soviética, com repressão, censura e expurgos sangrentos. Os primeiros passos em direção à desestalinização, que a imprensa internacional começou a noticiar em junho de 1956, pareciam muito promissores. Infelizmente, as esperanças foram rapidamente frustradas. Antes do final do ano, os próprios "desestalinizadores" já haviam lançado seus tanques contra Budapeste. O pesadelo estava de volta. Aqueles que ainda sonhavam em conciliar a necessidade de justiça social com a necessidade de liberdade se sentiram devastados, desiludidos e desmoralizados.

O veredito final foi pronunciado por Albert Camus, que representava, melhor do que qualquer outro, a consciência moral dos europeus de sua época. Em um texto intitulado "O sangue dos húngaros", ele escreveu: "Não sou daqueles que pensam que pode haver conciliação, mesmo resignada, mesmo temporária, com um regime de terror que tem tanto direito de se chamar socialista quanto os carrascos da Inquisição tinham de se chamar cristãos".

Nos anos seguintes, a União Soviética alcançaria grandes sucessos e aumentaria consideravelmente seu prestígio. Como em 1957, com o lançamento do Sputnik, o primeiro satélite artificial a entrar em órbita ao redor da Terra. A grande potência comunista parecia estar alcançando o Ocidente em termos de tecnologia. Em termos de publicidade, foi inegavelmente um sucesso. No plano ético, porém, os danos causados pelos eventos de Budapeste nunca seriam reparados.

A perda de credibilidade moral só se acentuou com o tempo. De vez em quando, episódios espetaculares vinham lembrar àqueles que poderiam ter esquecido o quão incorrigível o regime soviético havia se tornado. O exemplo mais marcante, é claro, foi a construção do Muro de Berlim em agosto de 1961.

É difícil entender como os líderes do Kremlin não perceberam a que ponto essa ideia era monstruosa e degradante. Construir uma muralha em torno de uma cidade para protegê-la de agressores em potencial é uma prática milenar; mas construir um muro para impedir a saída dos habitantes é um ato de tirania, um abuso de autoridade e um reconhecimento de fracasso do sistema, pois ele reconhece que, sem uma barreira desse tipo, os habitantes escolheriam viver em outro lugar.

É verdade que o ano do Muro também foi o ano do voo espacial de Yuri Gagarin, o primeiro cosmonauta da História. E também foi o ano em que os restos mortais de Stálin foram finalmente removidos do mausoléu construído na Praça Vermelha, e que as cidades que levavam seu nome foram renomeadas – inclusive Stalingrado.

Depois de oito anos de hesitação, o processo de desestalinização chegava ao fim. Mas era tarde, tarde demais; a batalha "pelos corações e mentes" já não podia ser vencida.

7

A QUESTÃO DAS LIBERDADES e dos direitos fundamentais da pessoa humana nunca mais deixaria de assombrar a União Soviética, até o seu último dia. Destacada pelos ocidentais, e de maneira cada vez mais agressiva depois da entrada de Jimmy Carter na Casa Branca, em 1977, ela afetaria o desfecho da Guerra Fria de maneira decisiva, ainda que seu impacto geralmente tenha sido mais sentido nos países industrializados do Norte do que nos do Sul. Esses países tinham prioridades diferentes ao determinar suas alianças. Envolvidos em difíceis lutas contra a dominação política e econômica das antigas potências coloniais ou dos Estados Unidos, muitos líderes da África, do Oriente Médio, da Ásia Meridional e da América Latina ficavam tentados a se aproximar de Moscou, que pregava justamente a luta contra o colonialismo e o imperialismo.

Em geral, o "bloco socialista" apoiava todos aqueles que lutavam contra a influência ocidental e que eram, essencialmente, nacionalistas em vez de marxistas. Alguns, aliás, eram ferozmente hostis ao comunismo; uma doutrina que atacava abertamente a religião, as classes proprietárias e toda a hierarquia social tradicional, lhes parecia muito pouco consensual e até mesmo incômoda, na época em que suas nações estavam nascendo ou renascendo.

Na Índia, por exemplo, o Partido do Congresso, principal artífice da independência, sempre defendeu um socialismo moderado e praticou um sistema parlamentarista decididamente pluralista, que não se assemelhava em nada aos regimes vigentes nos países comunistas. O que não impediu que "a maior democracia do mundo" fosse, na época do primeiro-ministro Nehru e seus sucessores, uma aliada estratégica da União Soviética.

Outro exemplo, completamente diferente mas igualmente revelador, é o do presidente egípcio Gamal Abdel Nasser, que em seu próprio país perseguia impiedosamente os comunistas, dos quais vários líderes morreram sob tortura, ao mesmo tempo que era um aliado próximo de Moscou em suas relações internacionais.

Isso para dizer que o confronto entre os soviéticos e o Ocidente não era apenas um confronto entre dois sistemas ou duas ideologias. Ele era isso, é claro, mas também era outra coisa. Cada país, cada líder, cada partido político tinha seu próprio posicionamento nos jogos de equilíbrio da Guerra Fria. Assim, enquanto o marechal Tito, presidente comunista da Iugoslávia, se aproximava dos ocidentais para escapar da hegemonia "fraternal" da URSS, o general De Gaulle, presidente da França e figura emblemática do mundo ocidental, gostava de lembrar que a Europa se estendia "do Atlântico aos Urais", esperando, ao incluir os russos, reduzir a influência dos norte-americanos sobre o velho continente.

No entanto, apesar dessas sutilezas, não resta dúvida de que o regime soviético exerceu, de maneira tanto deliberada quanto involuntária, uma influência significativa sobre a política e a economia de seus aliados. E essa influência, em geral, provou ser calamitosa.

De fato, muitos líderes do Terceiro Mundo adotaram, após a independência, o modelo de partido único porque esse modelo, difícil de defender em princípio, era "legitimado", de certo modo, pelo exemplo do grande país que era a União Soviética. A própria noção de "democracia" havia sido corrompida pela criação, na Europa Oriental e em outros lugares, de ditaduras chamadas de "democracias populares", bem como pelo desprezo manifesto à "democracia burguesa". Esta foi constantemente desacreditada pelos regimes comunistas, que a acusavam de ser apenas uma fachada e de perpetuar o poder das classes proprietárias, discurso que foi fervorosamente adotado por muitos autocratas que desejavam se livrar dos partidos de oposição, da imprensa livre e de qualquer voz discordante.

Para retomar o exemplo de Nasser, embora seja inquestionável que esse grande amigo de Moscou foi ideologicamente hostil ao marxismo-leninismo, também é inquestionável que ele se alinhou ao exemplo soviético para proibir todos os partidos de esquerda e direita em seu país, silenciar uma imprensa egípcia outrora vibrante e adotar, na gestão da economia, um modelo altamente burocrático e dirigista.

*

Quando nos debruçamos sobre o período em que os povos do Terceiro Mundo lutavam por sua emancipação política, constatamos que a União Soviética desfrutava de um enorme crédito moral. E não apenas entre os autocratas atraídos pelo partido único; figuras eminentemente respeitáveis, como Julius Nyerere ou Nelson Mandela, sempre expressaram sua gratidão pelo apoio inabalável que receberam.

Nenhum momento histórico ilustra melhor o papel ambivalente da União Soviética, uma potência ao mesmo tempo imperialista *e* anti-imperialista, do que o acontecido no outono de 1956. Duas grandes crises eclodiram naquele ano, uma na Europa, com a insurreição húngara; outra no Oriente Próximo, com a nacionalização do Canal de Suez por Nasser. Por uma estranha coincidência de datas, as duas crises atingiram seu clímax nos últimos dias de outubro e nos primeiros dias de novembro. De modo que, enquanto as tropas soviéticas esmagavam a revolta em Budapeste, as tropas britânicas, francesas e israelenses atacavam o Egito.

O marechal Bulganin, primeiro-ministro soviético, em 5 de novembro enviou aos líderes envolvidos mensagens que se tornaram antológicas nos anais diplomáticos.

A seu homólogo britânico, Sir Anthony Eden, ele dirigiu uma ameaça mal disfarçada: "Nada pode justificar que as forças armadas da Grã-Bretanha e da França, duas grandes potências, membras permanentes do Conselho de Segurança, ataquem um país que acaba de conquistar sua independência e que não tem meios de se defender. Em que posição estaria a Grã-Bretanha se fosse atacada por países mais poderosos que ela e que possuem todos os tipos de armas modernas de destruição? Há países que não precisam enviar sua marinha ou força aérea para as costas britânicas, que poderiam usar outros meios, como mísseis, por exemplo. Se mísseis fossem usados contra a Grã-Bretanha e a França, elas provavelmente chamariam isso de um ato bárbaro. Em que difere a ação desumana de suas forças armadas contra o Egito?".

A resposta de Eden, no dia seguinte, foi: "O mundo sabe que, nos últimos três dias, as forças soviéticas na Hungria têm esmagado impiedosamente a resistência heroica de um autêntico movimento pela independência – um movimento que, ao proclamar sua neutralidade, provou que não representava nenhuma ameaça à segurança da União Soviética. Nesse momento, o governo soviético não está em posição de rotular de 'bárbaras' as ações do governo de Sua Majestade".

Ao presidente do Conselho francês, o socialista Guy Mollet, Bulganin escreveu: "Em nossa reunião em Moscou em maio passado, falamos que suas ações eram inspiradas pelos ideais socialistas. Como um ato de banditismo como o ataque ao Egito, que parece uma guerra abertamente colonial, pode ter a ver com o socialismo?". E acrescentou, sem rodeios: "O governo soviético está totalmente determinado a fazer uso da força para esmagar os agressores e restaurar a paz no Oriente".

Em sua mensagem ao primeiro-ministro David Ben-Gurion, o líder soviético estimou que a operação de seu exército contra o

Egito "está semeando tanto ódio em relação a Israel entre os povos do Oriente" que isso "não pode deixar de comprometer a própria existência de Israel enquanto Estado".

A explicação mais provável para o tom muito incomum usado por Bulganin é o fato de ele querer, com essa manobra diversionista, atrair todos os olhares para o Oriente Próximo e afastá-los do que acontecia na Hungria.

Os norte-americanos entenderam isso e ordenaram a seus amigos britânicos, franceses e israelenses que encerrassem imediatamente suas operações militares. O presidente Eisenhower estava furioso. Se os soviéticos estavam desacreditando a si mesmos aos olhos do mundo, por que diabos oferecer a eles a oportunidade de tal distração? Ele ficou tão irritado que decidiu pressionar o governo de Londres de uma maneira que até então parecia inconcebível entre esses dois aliados.

Os britânicos haviam pedido um empréstimo ao Fundo Monetário Internacional para lidar com uma situação financeira delicada, e os norte-americanos, que tinham grande influência nessa instituição, se recusaram a conceder o empréstimo até que eles concordassem em encerrar as hostilidades e retirar suas tropas do Egito. Temendo prejudicar a libra esterlina, Londres precisou aquiescer.

Aos olhos dos historiadores, esse episódio marca o momento simbólico em que as antigas potências coloniais perderam definitivamente a capacidade de intervir militarmente em crises regionais sem o consentimento de Washington. E também o momento em que a outra grande vencedora da Segunda Guerra Mundial se consolidou firmemente em seu próprio papel de superpotência. As palavras de Bulganin, que ultrajaram os líderes europeus, encantaram os árabes, indianos, africanos e muitos outros.

Para Moscou, a crise de Suez compensou, no Sul do planeta, o que a crise de Budapeste o fizera perder no hemisfério norte.

8

OS SOVIÉTICOS CONHECERIAM, nas décadas seguintes, muitos outros sucessos. Mas também inúmeros fracassos.

Uma de suas grandes vitórias foi a ascensão ao poder em Havana, em 1º de janeiro de 1959, de um jovem advogado revolucionário, Fidel Castro, que permaneceria, até o fim, um dos aliados mais confiáveis e engajados.

Localizada a menos de duzentos quilômetros da costa da Flórida, Cuba havia sido, até então, uma espécie de semicolônia dos Estados Unidos. Seu último homem-forte, Fulgencio Batista, estava ligado ao crime organizado nova-iorquino, que possuía lucrativas redes de cassinos, de prostituição e de drogas na ilha. Depois de ajudar a ilha a se livrar dos colonizadores espanhóis, em 1898, os norte-americanos enviaram suas tropas para lá várias vezes, para restaurar a ordem ou derrubar um governo que não lhes agradava. Eles até impuseram que Cuba inscrevesse em sua Constituição a humilhante "Emenda Platt", que os autorizava a intervir sempre que considerassem necessário. Além disso, eles instalaram uma grande base naval na Baía de Guantánamo, que nunca desocuparam.

Aos olhos de Castro, a única proteção de seu país contra as constantes interferências de seu poderoso vizinho era aproveitar ao máximo a rivalidade entre as duas superpotências mundiais. De fato, ele conseguiu enfrentar Washington, e seu regime sobreviveu. No entanto, o boicote econômico norte-americano empobreceu significativamente Cuba, levando a uma migração em massa de sua população para os Estados Unidos.

Em outubro de 1962, o apoio dos soviéticos a Fidel Castro quase provocou um confronto nuclear. Houve outros momentos perigosos ao longo da Guerra Fria, mas eles geralmente resultaram de erros ou mal-entendidos. E nenhum causou um temor planetário dessa ordem.

Como todos os contemporâneos, vivi esse evento minuto a minuto, com angústia. Na época, falava-se muito sobre os arsenais nucleares, que cresciam perigosamente e tinham uma capacidade de destruição verdadeiramente aterrorizante. Um ano antes, os soviéticos haviam detonado uma bomba de cinquenta megatoneladas, cinco mil vezes mais poderosa do que a que destruiu Hiroshima. Estávamos prestes a ver tais armas mergulharem o planeta em um dilúvio de fogo?

Khrushchov havia instalado mísseis em Cuba, o que os norte-americanos descobriram por meio de fotos aéreas que mostravam os silos que os armazenavam. Kennedy respondeu impondo um bloqueio marítimo e exigindo, em 22 de outubro, em um discurso televisivo dramático, que o arsenal fosse desmantelado.

O dia mais tenso foi o sábado, 27 de outubro, quando um avião de reconhecimento americano foi abatido sobre Cuba e o piloto foi morto. Robert Kennedy, procurador-geral dos Estados Unidos e irmão do presidente, ligou para o embaixador soviético e basicamente disse: "A História lembrará que vocês foram os primeiros a atirar!". Algumas horas depois, um incidente ainda mais grave foi evitado por pouco. Um submarino soviético com mísseis nucleares havia recebido tiros de advertência e seu comandante estava prestes a dar ordens de retaliação. Felizmente, seu superior imediato lhe pediu que esperasse, para avaliar a situação.

No dia anterior, Khrushchov havia enviado uma carta a Kennedy em tom alarmista, mas abrindo caminho para o diálogo: "Presidente, deveríamos agora, ambos, parar de puxar as extremidades da corda em que o senhor amarrou o nó da guerra, porque quanto mais puxarmos, mais apertado esse nó ficará. E chegará um momento em que nem mesmo aquele que o fez poderá desfazê-lo. Será necessário cortar esse nó, e não preciso lhe explicar o que isso significaria, pois o senhor conhece muito bem as terríveis forças de que nossos países dispõem. A menos que realmente queira chegar ao cataclismo termonuclear, é hora de parar de puxar a corda e buscar soluções. De nossa parte, estamos dispostos a isso".

O líder soviético enviou suas propostas: ele retiraria seus mísseis de Cuba e os norte-americanos, em troca, retirariam os mísseis que haviam instalado na Turquia no ano anterior; e eles não tentariam mais derrubar Fidel Castro, como haviam tentado fazer várias vezes, especialmente quando da invasão fracassada da Baía dos Porcos, em abril de 1961. Washington aceitou as propostas, pedindo apenas que a retirada de seus próprios mísseis permanecesse em segredo e fosse implementada seis meses depois, a fim de não ofender os líderes turcos. A tensão caiu imediatamente. O mundo voltou a respirar.

Uma das consequências desse acordo foi garantir a sobrevivência do regime castrista, que se tornou um aliado importante para os soviéticos em sua política internacional na América Latina, no Movimento dos Países Não Alinhados e mais ainda na África, onde a intervenção das tropas cubanas na Guerra Civil Angolana foi um fator determinante na vitória do partido apoiado por Moscou.

Poucas pessoas previram, na ascensão de Fidel Castro, que ele aguentaria tanto tempo diante da hostilidade ativa dos Estados Unidos. No entanto, ele permaneceu no comando de seu país por meio século, mais do que qualquer outro líder na história do continente americano, e conseguiu transmitir o poder a seu irmão, Raúl, antes de morrer em sua cama, aos 90 anos. É razoável pensar que a maneira como se resolveu a crise de 1962 foi um dos fatores que contribuíram para essa longevidade.

Os dois principais protagonistas dessa queda de braço, Kennedy e Khrushchov, não se saíram tão bem. Poderíamos inclusive dizer que ambos foram suas vítimas colaterais.

O primeiro foi assassinado em Dallas um ano depois, e o mistério que cerca sua morte ainda não foi completamente esclarecido, apesar da abertura dos arquivos. Historiadores sérios acreditam que o crime foi encomendado pelos irmãos Castro, em resposta às numerosas tentativas de assassinato que os irmãos Kennedy conspiravam contra Fidel. Outros historiadores, igualmente respeitáveis, acusam o crime organizado, os anticastristas ou os dois ao mesmo tempo, e até citam o nome de um suposto assassino profissional de nacionalidade francesa. Seja qual for a verdade, tudo leva a crer que tenha havido uma dimensão cubana nessa tragédia, e que a maneira como a Crise dos Mísseis foi resolvida tenha selado o destino do jovem presidente.

Khrushchov, por sua vez, foi afastado do poder em 14 de outubro de 1964, menos de dois anos depois da Crise dos Mísseis, que foi mencionada como uma das razões para sua queda. Seus colegas na liderança do partido comunista tinham ficado irritados com seu "aventurismo", bem como com suas "extravagâncias". Ele foi substituído por Leonid Brejnev, considerado mais ponderado, mais reflexivo e de estilo menos flamejante.

*

Qualquer que seja o julgamento que se faça sobre a crise de 1962 e sobre a maneira como Khrushchov a gerenciou, bem como sobre o fato de Moscou ter travado um confronto com Washington a pouca distância das costas norte-americanas, atesta-se a importância global que a superpotência comunista havia adquirido naqueles anos.

Mas o exemplo de Fidel Castro permaneceu único. Em nenhum outro lugar do mundo, os soviéticos tiveram um aliado estratégico desse calibre. Um aliado comprometido de corpo e alma, e capaz de desempenhar um papel significativo em outras regiões do mundo.

Na Ásia, é claro, havia os comunistas vietnamitas. A vitória de Ho Chi Minh sobre os franceses, em 1954, representou, também para Moscou, um grande sucesso. E a vitória de seus herdeiros sobre os norte-americanos, em 1975, deu ao mundo a sensação de que o "bloco socialista" estava prevalecendo e que os bastiões do Ocidente cairiam um a um "como dominós".

No entanto, a expansão dos soviéticos nesta parte do mundo encontrou um obstáculo importante e um tanto paradoxal: a China popular. Em nenhum momento os comunistas chineses sentiram que podiam confiar plenamente em seus camaradas soviéticos. Seja antes ou depois da chegada ao poder, em 1949, Mao Zedong e seus camaradas estavam constantemente em alerta. Stálin não hesitava em negociar com os adversários deles sem nem mesmo avisá-los, em espioná-los com seus próprios agentes ou em usar o ativismo chinês em prol de seus próprios cálculos estratégicos. Portanto, não se pode descartar a possibilidade de que ele tenha provocado deliberadamente a Guerra da Coreia em 1950 para colocar os chineses em conflito direto com os norte-americanos.

Essa desconfiança entre os dois grandes países comunistas nunca se desfez, nem com os sucessores de Stálin, nem com os de Mao. A retórica às vezes mudava, mas o conteúdo era, essencialmente, o mesmo: a China não queria se tornar vassala da Rússia, nem permitir que esta agisse como suserana nos países que tradicionalmente faziam parte da esfera de influência do Império do Meio.

Houve até, por duas vezes, confrontos militares altamente simbólicos. O primeiro, em 1969, ocorreu em uma zona fronteiriça que o Império Russo havia adquirido com base em um dos tratados desiguais impostos à China em sua época de grande fraqueza.

A mensagem era clara: mostrar os líderes soviéticos como continuadores da política imperialista dos czares. Escaramuças ocorreram nos meses seguintes, resultando em algumas dezenas de vítimas. Claramente, ninguém queria prejudicar sua própria imagem, mas ninguém queria o aumento das tensões. Estava-se em plena Guerra do Vietnã, na qual os dois países estavam do mesmo lado. Seus dois primeiros-ministros, Alexei Kossygin e Zhou Enlai, se encontraram em setembro em Hanói durante o funeral de Ho Chi Minh. Eles aproveitaram a oportunidade para concluir um acordo que encerrou os combates.

Isso não aconteceu no segundo confronto, dez anos depois. Embora indireto, ele foi muito mais violento, fazendo vários milhares de vítimas. Era fevereiro de 1979. Os vietnamitas e seus aliados cambojanos haviam derrubado o regime terrível do Khmer Vermelho, que se baseava no pensamento de Mao. Na China, o novo homem-forte, Deng Xiaoping, avaliou que deveria dar um grande golpe. Embora não fosse um defensor ferrenho do pensamento maoísta, ele não podia tolerar que os vietnamitas, com a bênção dos soviéticos, atacassem os protegidos de Pequim. Portanto, ele lançou uma verdadeira "expedição punitiva" contra seu vizinho do sul para deixar claro que este não deveria contar demais com sua aliança com Moscou, e também para deixar claro aos norte-americanos que seu país poderia ser um aliado ativo e determinado se os soviéticos se mostrassem agressivos demais ou gananciosos demais. Militarmente, a operação não foi nada conclusiva; mas, no plano político, ela teve o efeito desejado.

Assim, a China popular, que era vista na década de 1950 como um dos principais alvos da política norte-americana de "*containment*", agora trabalhava por conta própria para "conter" os russos. E estava conseguindo. Depois de 1979, nenhum "dominó" asiático cairia no colo de Moscou.

9

OUTRA GRANDE REGIÃO em que a expansão soviética começou com força, mas depois descarrilou e estagnou, foi o mundo árabe-muçulmano.

A aliança selada com Nasser durante a crise de Suez foi vantajosa para os dois parceiros. O sucesso político do presidente Nasser rendeu aos soviéticos um imenso prestígio aos olhos dos árabes e de muitos outros povos do Terceiro Mundo, o que também se refletiu em seus aliados. Moscou então ajudou Nasser a construir uma grande barragem no Nilo e a criar um exército moderno que parecia poderoso e contribuía para aumentar a estatura do líder egípcio. No entanto, a destruição de sua aviação pelos israelenses, em 5 de junho de 1967, seguida pela rápida derrota de suas forças terrestres no Sinai, mudou tudo. Quando Nasser morreu, aos 52 anos, de ataque cardíaco, em 28 de setembro de 1970, e foi substituído por seu vice-presidente, Anwar al Sadat, foi o começo do fim para os soviéticos. Tudo o que eles haviam construído desde o episódio em Suez acabaria em ruínas.

Durante a vida de seu antecessor, Sadat nunca expressava suas discordâncias, que certamente levariam à sua expulsão. Ele inclusive se esforçava em parecer dócil, insignificante e sem envergadura.

Mas essa era, ao que tudo indica, uma estratégia de sobrevivência, praticada ao longo da História por aqueles que crescem à sombra de líderes carismáticos e autoritários. Khrushchov não havia agido da mesma forma sob Stálin?

Assim que assumiu o poder, o novo presidente egípcio deixou claro que tinha sua própria visão das coisas e que sabia como impô-la com habilidade e determinação.

Ele percebia, por exemplo, que a economia dirigista defendida por Nasser não funcionava, e estava ansioso para se afastar do modelo seguido pelos países socialistas e se aproximar dos ocidentais e dos países produtores de petróleo, que seu antecessor sempre considerara adversários.

Oito meses depois de assumir o cargo, Sadat anunciou que, embora concordasse "em essência" com a linha seguida por Nasser, "Deus tenha misericórdia dele", lhe parecia necessário fazer "algumas retificações". Isso, é claro, era um eufemismo, pois ele começou a questionar sistematicamente todas as políticas que estavam em vigor antes dele. Para tentar desestabilizá-lo, os apoiadores de seu antecessor renunciaram em massa, sem perceber que com isso davam um presente inesperado ao novo presidente, que de uma só vez se via livre de todos os que poderiam atrapalhar seu caminho.

Como os que renunciaram representavam a ala esquerda do regime, os soviéticos ficaram preocupados. Para tranquilizá-los, Sadat concordou em assinar imediatamente um "Tratado de Amizade e Cooperação", com duração de quinze anos. No ano seguinte, porém, em um gesto que causou grande repercussão e que Moscou interpretou como uma humilhação pública, ele anunciou que estava enviando de volta para casa milhares de conselheiros soviéticos, tanto civis quanto militares.

Os russos ficaram desamparados, mas o Egito havia adquirido tanta importância em sua estratégia global que eles ainda não estavam dispostos a desistir. Como um investidor ou jogador que tivesse colocado dinheiro demais na aposta, eles estavam tão determinados a salvar seu investimento que acabaram se comprometendo ainda mais.

Portanto, quando Sadat perguntou se eles aceitariam lhe enviar uma ajuda militar maciça para recuperar à força os territórios ocupados pelos israelenses durante a "Guerra dos Seis Dias", eles viram a oportunidade de retomar o controle da situação. Eles de fato forneceram a assistência necessária em termos de equipamentos e conselhos táticos, e o exército egípcio pôde realizar, em outubro de 1973, a façanha de atravessar o Canal de Suez de surpresa, destruir as fortificações da Linha Bar-Lev e avançar através do Sinai.

Foi um momento de glória para o novo presidente, que havia conseguido, em pouquíssimo tempo, reparar ao menos em parte o ultraje sofrido por seu antecessor. E também foi um momento de grande tensão entre Moscou e Washington, que quase degenerou em um confronto direto.

No entanto, os soviéticos foram incapazes de colher os frutos de seu envolvimento. Com o sucesso em mãos, Sadat se voltou para os norte-americanos em busca de ajuda para obter um acordo com Israel. Então, como as negociações de paz se arrastavam, ele decidiu acelerá-las visitando Jerusalém pessoalmente, em novembro de 1977. Foi um acontecimento sem precedentes, espetacular, e que caiu como uma bomba no mundo todo.

Os líderes soviéticos tiveram, com razão, a sensação de terem sido enganados por Sadat, que se aproveitara deles e de suas armas para se aproximar do campo ocidental. E isso não era tudo. O pior – para eles, mas também para Sadat – ainda estava por vir.

*

Uma das constantes da política de Nasser havia sido "conter" e reprimir a Irmandade Muçulmana. Proibindo suas organizações, aprisionando seus líderes e até mesmo executando alguns, mas também, e acima de tudo, ocupando todo o espaço patriótico da luta contra o colonialismo. Seu sucessor, desde o início do mandato, decidiu romper com essa política. Os meios de comunicação oficiais receberam instruções para chamá-lo de "presidente crente Mohammed Anwar al Sadat". Essa não era apenas uma piscadela para os fundamentalistas. Era o início de uma nova orientação que teria repercussões em todo o mundo.

Desde o surgimento dos comunistas na cena mundial, seus adversários sempre tomavam o cuidado de destacar seu ateísmo e sua hostilidade militante em relação a qualquer religião. Portanto, não é surpreendente que os Estados Unidos tenham mobilizado seus aliados no mundo muçulmano contra a invasão do Afeganistão pelos exércitos soviéticos em 1979. A novidade, nessa batalha, era a determinação com que ela foi conduzida pela administração do presidente Carter, especialmente por seu principal conselheiro de segurança nacional, Zbigniew Brzezinski.

Os norte-americanos, que acabavam de sofrer uma derrota retumbante no Vietnã e em toda a Indochina, estavam ansiosos para infligir um "Vietnã às avessas" a seus adversários soviéticos, que imprudentemente tinham se lançado em uma aventura militar no Afeganistão. As monarquias petrolíferas estavam dispostas a participar da operação, financiando o envio de "voluntários" recrutados em todo o mundo muçulmano para conduzir o *jihad* contra os comunistas. Um desses militantes acabaria se tornando conhecido, em circunstâncias que todos conhecemos: Osama bin Laden.

É claro que, na época de Nasser, o Egito nunca teria se associado a tal operação. Com Sadat, o ambiente havia mudado. E foi no Cairo que Brzezinski fez sua primeira parada ao embarcar em sua turnê pelos países muçulmanos para mobilizá-los na luta contra os soviéticos.

Uma luta que se revelou incrivelmente eficaz. O Afeganistão de fato se tornou um "Vietnã" para a União Soviética, que ficou enredada na região por uma dezena de anos e perdeu quase quinze mil homens, o que, sem dúvida, contribuiu para sua derrota na Guerra Fria.

É verdade que, a longo prazo, a instrumentalização política da religião terá consequências bastante desastrosas para todos os participantes, sem exceção. Nem o próprio Sadat aproveitou por muito tempo de sua abertura aos movimentos fundamentalistas, já que foi assassinado em outubro de 1981 por um militar radicalizado que queria fazê-lo pagar pela reconciliação com os israelenses.

Quanto aos Estados Unidos, eles também sofreriam, ao longo de várias décadas, os efeitos colaterais dessa política. Depois de ajudar os fundamentalistas a expulsar os soviéticos, eles decidiram encerrar sua ajuda, o que foi interpretado por alguns militantes radicais como um abandono e uma traição. Como resultado, violentos ataques foram lançados contra alvos ocidentais, sendo os mais mortais os ataques de 11 de setembro de 2001 contra as Torres Gêmeas de Nova York, que resultaram em três mil mortes.

Em resposta a esses ataques, os Estados Unidos invadiram o Afeganistão, onde ficaram enredados, por sua vez, por cerca de vinte anos, antes de se retirarem sem glória em agosto de 2021.

Mas, embora o Ocidente e seus aliados no mundo árabe-muçulmano tenham acabado por sofrer as consequências do crescimento do islamismo político, a União Soviética não pôde obter nenhuma satisfação ou vantagem dessas desgraças tardias, pois já havia se desintegrado.

10

QUANDO EXAMINAMOS OS reveses sofridos por Moscou em sua política internacional – no Egito, na Hungria, na Polônia, na China e em outros lugares –, constatamos que fatores regionais específicos, de natureza cultural, ideológica ou geoestratégica, desempenharam um papel fundamental. Mas que também havia, para todas essas derrotas, uma explicação comum: a economia.

A União Soviética, apesar de multiplicar aliados, clientes e "satélites", assinar promessas de amizade eterna, construir complexos industriais, barragens faraônicas e exércitos formidáveis, e se equipar com um arsenal apocalíptico capaz de aniquilar toda a humanidade, sofreu, ao longo de toda sua existência, de uma fraqueza constitutiva que nunca seria superada: o mau funcionamento de seu sistema econômico dirigista, centralizado e excessivamente burocratizado.

Em todos os lugares em que foi implementado, ele provou ser inoperante. Por razões que foram estudadas e analisadas mil vezes: quando não se quer que a demanda determine o preço de um produto e a quantidade a ser produzida, rapidamente se chega a uma situação absurda. Ou produz-se em excesso ou em quantidade insuficiente. Deixa-se de inovar e de melhorar a qualidade. No mercado interno, continua-se a vender, pois os compradores não têm escolha. Mas, na exportação, deixa-se de ser competitivo. Há regressão, declínio, empobrecimento.

Em teoria, porém, nada disso deveria acontecer. Quando os tomadores de decisão são competentes e dispõem de dados adequados, eles podem tomar as medidas certas e implementá-las melhor do que nos sistemas descentralizados, nos quais os atores são muito numerosos. Mas isso nunca acontece. Em todos os níveis, os responsáveis locais se esforçam para provar que alcançaram ou excederam os objetivos estabelecidos pelo Partido. Como resultado, os dados que chegam às autoridades centrais são sistematicamente falsificados, as diretrizes resultantes não correspondem às necessidades reais e são aplicadas de maneira errática. Esse ciclo vicioso de ineficiência se estabelece rapidamente e afeta de maneira irremediável todos os aspectos da sociedade, como uma artrose.

Em nenhum lugar o dirigismo burocrático permitiu um desenvolvimento harmonioso. Em todas as latitudes, ele produziu incompetência, desmotivação, escassez e mesmo desigualdades gritantes entre aqueles que conseguiam contornar o sistema e aqueles que sofriam com ele.

Seria tentador concluir que um poder autoritário é *necessariamente* incapaz de alcançar sucesso na área econômica. Essa seria uma afirmação virtuosa, mas incorreta. O crescimento da Coreia do Sul ocorreu sob a ditadura de Park Chung-hee, o da China sob a liderança de um partido comunista, e o desempenho econômico do general Pinochet no Chile não foi desastroso. No entanto, no caso da União Soviética não resta dúvida de que sua esclerose econômica estava intrinsecamente ligada à sua esclerose política.

Os últimos anos do regime foram, nesse sentido, crepusculares. A imagem marcante que permanece em todas as mentes é a dos três líderes supremos morrendo um depois do outro, em menos de dois anos e meio. Muito se zombou desses "anciãos", que caíam como moscas. Olhando de perto, porém, o problema não era realmente a idade. Embora Leonid Brejnev tenha morrido aos 75 anos, Iúri Andropov morreu aos 69 anos e Konstantin Chernenko tinha 73 anos quando fechou a "hecatombe", em março de 1985; nessa época, o presidente dos Estados Unidos, Ronald Reagan, havia comemorado seu 74º aniversário, e a China estava envolvida na mais notável de suas revoluções sob a liderança de Deng Xiaoping, que já era octogenário. Isso para dizer que a idade era apenas uma metáfora conveniente. O verdadeiro problema era que havia, em uma sala do Kremlin, uma dúzia de líderes imutáveis que passavam o poder de mão em mão sem se importar com o que seus compatriotas poderiam pensar.

Brejnev tinha sido escolhido para substituir Khrushchov porque parecia sábio e responsável. Ele nunca se permitiu tirar o sapato na Assembleia Geral da ONU para bater no púlpito [como Khrushchov fizera] e nunca se envolveu em um jogo de blefe atômico como seu antecessor durante a Crise dos Mísseis de Cuba. Mas sua sabedoria era relativa. Ele também podia ser aventureiro, como evidenciado por sua decisão imprudente de enviar tropas para o Afeganistão.

E ele também tinha outro defeito, oposto ao aventurismo, mas que podia se revelar igualmente arriscado a longo prazo: o imobilismo. Durante todo o seu reinado, que durou dezoito anos e foi, portanto, o mais longo da era soviética depois do de Stálin, Brejnev procurou evitar grandes perturbações. Não houve expurgos sangrentos ou repressões em massa, mas também não houve abertura nem qualquer democratização do regime, cujas restrições aos direitos fundamentais continuaram, manchando sua imagem a cada dia. E, embora a repressão da Primavera de Praga, em 1968, tenha sido incomparavelmente menos mortífera do que a repressão da revolta de Budapeste, doze anos antes, o efeito que causou na opinião europeia foi igualmente desastroso.

No âmbito econômico e tecnológico, o sonho acalentado por Khrushchov de alcançar e até mesmo "enterrar" o Ocidente nunca mais foi considerado. Exaurida pelo ritmo imposto pelos Estados Unidos na corrida armamentista, a economia soviética enfrentou dificuldades constantes. A população não se revoltou, mas se contentou em sobreviver, desiludida, desmotivada, apagada, sem acreditar em mais nada.

*

Então surgiu um novo rosto, que não se assemelhava aos que o haviam precedido. Ele era mais jovem, mais expressivo, mais sorridente e inspirava confiança ao lado de sua elegante esposa, Raíssa. Em pouco tempo, ele conseguiu embaralhar todas as cartas e virar a página da Guerra Fria. Ele poderia ter mudado o mundo de forma mais duradoura e estabelecido as bases de um futuro completamente diferente. Ele não conseguiu, e não recebeu muita ajuda.

Mikhail Gorbatchov tinha consciência do declínio de seu grande país doente e prometeu curá-lo. Ele queria acabar com a opacidade, o peso, as práticas autoritárias, a cegueira, a fraude e o alcoolismo. Da noite para o dia, o mundo inteiro memorizou as palavras mágicas "glasnost" e "perestroika". E, se alguém ainda tinha dúvidas sobre a necessidade de mais transparência e de uma séria revisão do sistema existente, o acidente nuclear de Chernobyl, em abril de 1986, lembrou a urgência de uma mudança.

A cada passo, é claro, as reformas encontravam resistência e riscos. Em particular, os que conheciam a história do pós-guerra sabiam que, cedo ou tarde, o novo líder do Kremlin se veria confrontado ao difícil dilema que seus antecessores já haviam enfrentado: o que fazer se ele se deparasse com um levante nos países do Leste Europeu?

Em 1956, Khrushchov enviara seus tanques a Budapeste, comprometendo assim a desestalinização que ele havia iniciado; em 1968, Brejnev colocara um fim à Primavera de Praga, alegando ter recebido pedidos de ajuda. Gorbatchov ousaria se afastar dessa linha? Ele ficaria tentado a intervir, no último momento, para preservar sua hegemonia sobre a metade oriental da Europa?

Esse era *o* teste, e ele estava determinado a passar por ele com sucesso. Os líderes dos partidos "irmãos" não paravam de se lamentar e denunciar uma "traição", mas Gorbatchov não queria se desviar do caminho que havia traçado, e o seguiu até o fim. Até a queda do Muro, em novembro de 1989; até o colapso de todos os regimes instaurados nos países do Leste Europeu; e até a reunificação da Alemanha.

Sua aposta era que a União Soviética, livre do peso dos países conquistados por Stálin e "convertidos" ao comunismo à força, poderia recomeçar com o pé direito. Reestruturar a economia, liberalizar a vida política, abrir-se, democratizar-se e prosperar. Para embarcar nesse caminho promissor, era preciso deixar o passado para trás, resolutamente, a todo custo.

No entanto, havia uma grande pedra no meio desse belo caminho. Que podia parecer pequena, mas que impediria Gorbatchov de virar a página com tranquilidade: as nações bálticas. Estônia, Letônia e Lituânia faziam parte das quinze repúblicas da União Soviética e haviam feito parte do império dos czares por muito tempo. No entanto, elas tinham sido independentes entre as duas guerras mundiais, e somente depois do pacto com Hitler foram reconquistadas. Agora, elas queriam recuperar sua independência.

Gorbatchov, que já era acusado de desmantelar o "bloco socialista", aceitaria que três repúblicas membros da União Soviética se separassem? Ele não poderia aceitar de bom grado, mas poderia impedir que isso acontecesse?

Em agosto de 1989, quando grupos favoráveis à democracia começaram a se movimentar em Praga, Berlim Oriental, Varsóvia, Budapeste e outros lugares, um apelo foi lançado nos países bálticos para formar uma "corrente humana". De Tallinn a Vilna, passando por Riga, dois milhões de pessoas, homens e mulheres de todas as idades, de todas as condições sociais e de diversas convicções políticas, se deram as mãos por mais de seiscentos quilômetros. Uma ação espetacular, emocionante, pacífica, civilizada, que despertou a simpatia do mundo inteiro e destacou a determinação de todos os bálticos de virar a página soviética de sua história.

Alguns meses depois, quando o Muro de Berlim havia acabado de cair, Estônia, Letônia e Lituânia anunciaram solenemente sua intenção de recuperar a independência. O dilema de Gorbatchov desta vez era extremamente difícil de resolver. Se ele permitisse que elas partissem, o que impediria o Cazaquistão, a Geórgia, a Armênia, o Azerbaijão e outros de se separarem também? Isso não significaria o fim da União Soviética? Em desespero de causa, ele enviou suas tropas para a Letônia para retomar o controle. A população ergueu barricadas, houve alguns incidentes que resultaram em seis ou sete mortes e algumas dezenas de feridos, mas sem outro resultado senão manchar a imagem de Gorbatchov e enfraquecer seu poder.

A União Soviética começava a se desintegrar. Sua dissolução foi anunciada, com solenidade e pesar, em 25 de dezembro de 1991, em um discurso televisionado de Mikhail Gorbatchov, que foi seu último dirigente. Suas palavras estavam cheias de dignidade, solenidade, mas também de uma tristeza imensa.

"Quis o destino que, quando assumi a chefia do Estado, o país já estivesse em péssimas condições. No entanto, tínhamos tudo em abundância: terra, petróleo, gás, carvão, metais preciosos e muitas outras riquezas naturais. E também inteligência e talento, que Deus nos deu sem limites. Apesar de tudo isso, vivíamos muito pior do que nos países desenvolvidos e continuávamos a ficar para trás em relação a eles.

"Por quê? Porque nossa sociedade era asfixiada por um sistema autoritário que a obrigava a seguir um dogma e a carregar o terrível fardo de uma militarização desenfreada. Todas as tentativas de reformas parciais haviam falhado, uma após a outra. O país havia perdido toda perspectiva de futuro. Não se podia continuar assim. Tudo precisava mudar radicalmente.

"Por todas essas razões, nunca fui tentado a usar minha posição de secretário-geral apenas para 'reinar' como um czar por alguns anos. Isso teria sido irresponsável e imoral.

"Eu sabia que seria difícil e até arriscado iniciar reformas tão abrangentes em nossa sociedade. Mas não havia outra escolha."

Assim, o regime soviético, nascido da Revolução de Outubro, desmoronou antes de completar 75 anos. O "paraíso dos trabalhadores", no qual tantas mulheres e homens acreditaram em todos os continentes, não cumpriu suas promessas.

A Rússia seguiria sua história, com outras visões, outras ambições, outras doutrinas e outras aventuras. Mas seu sonho de traçar um novo caminho para toda a humanidade havia definitivamente fracassado.

III

Uma longuíssima marcha

"Nosso Império Celestial possui
abundância de tudo dentro de suas
fronteiras e não carece de nada.
Portanto, não precisa trazer de fora
o que os bárbaros produzem."

Carta do imperador Qianlong
ao rei da Inglaterra George III em 1793

1

SE A PRINCIPAL FRAQUEZA DA RÚSSIA soviética foi sua incapacidade de construir um sistema econômico eficaz, e a do Japão imperial sua incapacidade de sair de uma visão estritamente nacionalista de seu papel, o que aconteceria se uma grande nação do Oriente conseguisse combinar uma perspectiva global inspirada no marxismo com uma eficácia modernizadora como a da Era Meiji?

Essa pergunta deixou de ser uma simples hipótese teórica depois que a China, em vastíssima escala, renovou o milagre econômico já realizado por outros países asiáticos, ao mesmo tempo que continuou se autodenominando "socialismo científico", ainda que com "características chinesas". Esse terceiro desafio à supremacia do Ocidente poderia se revelar muito mais sério do que os anteriores, especialmente porque liderado por uma nação particularmente populosa.

Uma nação que conheceu séculos de decadência humilhante e cujo despertar foi marcado por uma longa série de desvios. Mas que hoje parece determinada a retomar seu lugar entre as grandes potências, e em primeiríssimo lugar.

Por muito tempo, a China se considerou o "Império do Meio". Seu soberano era o "Filho do Céu", seus vizinhos reconheciam sua preeminência, e os países distantes não a interessavam. Ela teve que passar por muitas provações para perceber que essa autossuficiência só a levaria à ruína e que ela precisaria, a todo custo, se transformar.

É verdade que, em seu caso, a tentação do isolamento era compreensível. Seu território é imenso, sua população é relativamente homogênea e suas referências culturais, exemplificadas pela figura incontornável de Confúcio, eram caracterizadas por uma rara continuidade. Embora ao longo dos séculos tenha sofrido invasões e incursões, que levaram à construção da Grande Muralha, os conquistadores sempre acabaram por se fundir à realidade do país e por acrescentar um capítulo à sua história milenar, sem colocar em causa os fundamentos de sua civilização. Aqueles que governavam o Império do Meio estavam convencidos de que as coisas continuariam assim para sempre.

No entanto, nas primeiras décadas do século XV, enquanto o Ocidente começava sua Renascença, prelúdio para sua ascensão à supremacia global, a China também fez uma tentativa ousada e espetacular de sair de seu isolamento e estabelecer laços comerciais com várias nações próximas e distantes.

Um monarca visionário conseguiu construir uma gigantesca frota, que deveria garantir uma forte presença em todos os oceanos. Se sua aventura tivesse continuado, a história da humanidade teria se desenrolado de maneira muito diferente.

A Ásia tinha acabado de passar por uma reviravolta estratégica. O vasto espaço conquistado pelos mongóis, que cobria grande parte do continente e se estendia até a Europa Oriental, gradualmente se desarticulava. Na própria China, a dinastia fundada por Kublai Khan, neto de Gengis Khan, havia sido derrubada por uma dinastia nativa, a dos Ming.

Desde seu advento, os novos mestres do império tiveram que lidar com um problema espinhoso: as longas rotas de caravanas que ligavam seu domínio ao resto do mundo, conhecidas de maneira simbólica como "rotas da seda", tornaram-se muito mais arriscadas sem a proteção dos cavaleiros mongóis. Mas como eles poderiam continuar a depender destes últimos, que haviam sido afastados do poder e tratados como inimigos? Não seria mais sensato procurar rotas controláveis pela China para o comércio, em vez de contar com a boa vontade dos outros?

Essa era a preocupação do príncipe Zhu Di, filho mais novo do fundador da dinastia. E ele estava convencido de que, para preservar a prosperidade do império, a única solução seria substituir as rotas comerciais terrestres, que atravessavam a Ásia Central, por rotas marítimas. Para atingir esse objetivo, era absolutamente necessário construir uma frota capaz de controlar os mares.

Em 1402, o príncipe tomou o poder à força e se proclamou imperador, adotando o título de Yongle, "Felicidade Perpétua". Era tradição para os monarcas dar a seu reinado um lema que resumisse sua ambição. O de Zhu Di era garantir a prosperidade duradoura do império. No entanto, ele não conseguiu alcançá-la. Sua formidável tentativa de renascimento resultou em fracasso. Não por causa de inimigos externos, mas devido à classe dirigente confucionista da época, conservadora beirando o imobilismo, incapaz de repensar o lugar da China no mundo e suas relações com os outros. Retrospectivamente falando, o reinado de Zhu Di aparece como um breve parêntese. Alguns anos de lucidez seguidos de um longo sono agitado.

Em um contexto global, esse despertar frustrado do gigante asiático representa uma virada decisiva na trajetória da humanidade como um todo, pois foi justamente nesse momento, no início do *Quattrocento*, que o Ocidente iniciou sua irresistível ascensão rumo à supremacia global.

Portanto, não foi por acaso que os arquitetos do novo renascimento da China, a começar por Deng Xiaoping e Xi Jinping, viram nessa página de sua história, de seis séculos antes, um modelo, uma referência e uma fonte de inspiração.

Zhu Di era um visionário e um construtor excepcional. Ele transferiu o poder imperial para Pequim, dando à cidade seu nome atual, Beijing, que significa apenas "a capital do norte". Ele começou a construir o que hoje chamamos de Cidade Proibida. E restaurou a Grande Muralha, que estava começando a ruir; na verdade, a ele se atribuem suas fortificações mais sólidas, até hoje admiradas pelos visitantes. Ele também encomendou uma gigantesca enciclopédia de vinte e duas mil entradas, da qual infelizmente restam apenas alguns fragmentos espalhados pelo mundo. Mas seu projeto mais ambicioso foi a construção da grande frota imperial, destinada a garantir à China o controle dos mares.

Essa missão foi confiada ao almirante Zheng He, já mencionado no início deste livro, cujo destino se revelaria ainda mais surpreendente do que o do próprio imperador. Descendente de uma família de altos funcionários muçulmanos de Bucara, dedicados ao serviço dos soberanos mongóis havia seis gerações, o futuro almirante nasceu em 1371, no pior momento para sua família, pois os herdeiros de Kublai Khan tinham acabado de ser derrubados e seus leais servidores estavam sendo perseguidos.

Seu nome de nascimento era Ma He. "Ma" é um nome comum entre os muçulmanos chineses, frequentemente uma forma abreviada de Mahmud ou Mohammad. Tanto seu pai quanto seu avô se chamavam Ma Hajji, o que sugere que eles tenham feito uma peregrinação a Meca juntos.

Um de seus ancestrais, chamado Chamseddine, havia sido governador de Yunnan, e a família desfrutava de grande prestígio na província. Em 1381, porém, quando um exército foi enviado pelos Ming para estabelecer sua autoridade e expulsar os dignitários do regime anterior, o pai de Ma He foi morto e o menino, então com 10 anos, foi levado como cativo e, posteriormente, castrado de forma selvagem, como se fazia à época para impedir que clãs rivais tivessem descendência.

Em sua desventura, Ma He teve, no entanto, uma chance inesperada: ser designado para servir Zhu Di, onze anos mais velho, que logo percebeu que tinha um garoto incomum em suas mãos e o acolheu. Ele lhe confiou responsabilidades cada vez mais importantes, logo o colocando à frente de sua casa principesca, função que frequentemente era atribuída a um eunuco de alto escalão e que o tornava seu braço direito. No exercício dessa função, ele passou a ser chamado de eunuco "San Bao" – "Três Joias" ou "Três Refúgios".

Além dessas funções civis, Ma He também recebeu o comando de unidades militares importantes, que ele realizava com coragem e inteligência a cada ocasião. Foi em lembrança a uma batalha na qual se destacou por sua bravura em um local chamado Zhenglunba, nos arredores da capital, que seu mestre passou a chamá-lo carinhosamente de Zheng He, que se tornaria seu nome honorário.

Mas a missão que lhe valeu uma fama duradoura e um lugar na História foi a construção e o comando da grande frota.

*

Na verdade, nem o almirante nem o soberano tinham a menor experiência em assuntos marítimos. A decisão de adquirir uma frota tão grande foi tomada por razões puramente estratégicas, após uma avaliação racional das ameaças que pairavam sobre o comércio exterior da China e dos meios para enfrentá-las. Para a China manter o controle de suas trocas comerciais com o resto do mundo, o Império do Meio precisava necessariamente se transformar em uma grande potência marítima, o que exigia a construção, o mais rápido possível, de uma frota nunca antes vista.

Essa era uma tarefa titânica que requeria não um navegador experiente, mas um organizador excepcional. Alguém que estabelecesse estaleiros navais para construir centenas de navios. Que recrutasse bons capitães e milhares de marinheiros. Que encontrasse intérpretes capazes de se comunicar com os povos encontrados. Que coordenasse a fabricação dos objetos – em porcelana, seda, jade ou papel – que seriam transportados e vendidos, e que soubesse quais produtos comprar nos portos estrangeiros. Alguém que agregasse à frota uma força militar capaz de defendê-la, sem no entanto transformá-la em um corpo expedicionário à conquista de terras estrangeiras. Em resumo, alguém que possuísse ao mesmo tempo as qualidades de um líder militar, de um administrador civil, de um diplomata, de um mercador, de um explorador e de um estadista. E que mantivesse um equilíbrio sutil entre sabedoria e audácia ao longo de todo o processo.

Essa missão, a mais delicada de seu reinado, Zhu Di confiou ao único homem de seu círculo íntimo que ele considerava capaz de realizá-la.

A frota do almirante Zheng He merece uma análise detalhada, tanto pela visão estratégica que a impulsionou quanto por suas realizações. Mencionei as dimensões impressionantes da frota, o número de navios, seus tamanhos e os vinte e oito mil homens que eles transportavam. Ao ler os diversos relatos dedicados a ela, é impossível não se impressionar com a inventividade, a competência e, de certo modo, a modernidade que caracterizaram a empreitada; com o fato de que havia uma embarcação dedicada exclusivamente ao gerenciamento de água potável, com a missão de se abastecer sempre que possível e distribuí-la navegando entre os navios; com o fato de que os navios maiores, que mediam mais de cento e vinte metros de comprimento por cinquenta de largura, tinham fazendas flutuantes, em que se criavam animais e se cultivavam plantas que não podiam faltar; com o fato de todos os grandes navios disporem de mapas marítimos e bússolas magnéticas, e algumas embarcações possuírem compartimentos estanques, inspirados na estrutura do bambu, para protegê-las contra infiltrações.

Embora a odisseia da grande frota hoje nos pareça digna de admiração, ela não foi percebida da mesma forma pelos dignitários da corte imperial na época. Muitos consideravam a aventura extremamente dispendiosa e acreditavam que ela empobrecia o país em vez de enriquecê-lo. Insensíveis aos aspectos estratégicos da empreitada, viam-na apenas como um capricho oneroso. O fato de o almirante ter trazido uma girafa das costas africanas divertiu a todos, e pintores deixaram belas representações do maravilhoso animal. Mas os antigos funcionários franziam o cenho com desdém.

Quando Zhu Di morreu, em 1424, e foi sucedido por seu filho Zhu Gaochi, este logo anunciou que as expedições marítimas não seriam continuadas. De seu ponto de vista, o projeto como um todo se afastava gravemente dos ensinamentos de Confúcio, que recomendavam modéstia e frugalidade, desaprovando qualquer ostentação.

Zheng He havia acabado de concluir sua sexta viagem, que o levara até o país dos somalis e até Zanzibar. Foi-lhe comunicado sem rodeios que a aventura estava encerrada. No entanto, o novo imperador morreu repentinamente de ataque cardíaco depois de apenas nove meses de reinado, e seu próprio filho, que o sucedeu, se mostrou menos hostil às ideias do avô Zhu Di. Após alguma hesitação, ele renovou sua confiança em Zheng He, permitindo que ele organizasse uma sétima viagem, que o levou até o estreito de Ormuz. Essa seria a última, pois o almirante morreu a caminho de casa, em Calicute, na costa indiana do Malabar, em 1433.

Quando o jovem monarca morreu, dois anos depois, deixando o trono para um menino de 7 anos, os dignitários do palácio conseguiram encerrar a aventura da grande frota de uma vez por todas. Ordenou-se que fosse destruída, proibiu-se que os chineses construíssem navios capazes de navegar em alto mar e chegou-se ao extremo de queimar os mapas marítimos e todos os documentos relacionados às expedições.

O simples fato de mencionar as realizações de Zheng He passou a ser considerado um ato de desobediência, e os cronistas que não queriam problemas evitavam falar sobre elas. Sabe-se que dois ou três companheiros do almirante, dentre os quais seu principal intérprete,

Ma Huan, deixaram descrições do que viram. Mas seus escritos foram preservados de forma fragmentária e foram pouco divulgados. No final do século XVI, um erudito chamado Luo Maodeng publicou um livro intitulado *Um relato da viagem para o Oeste do eunuco San Bao*, baseado nas memórias preservadas pelas famílias dos marinheiros e em documentos que escaparam da destruição, mas também mesclado de elementos fictícios. O romance, pois era disso que se tratava, obteve algum sucesso, mas a verdadeira história da epopeia marítima permaneceu amplamente desconhecida até que os artífices do despertar da China, no século XX, a trouxeram de volta à luz.

No entanto, existe na literatura mundial uma obra que perpetua, à sua maneira, um eco dessas expedições: as viagens de Simbá, o marujo. À primeira vista, isso parece impossível, já que em *As mil e uma noites* essas aventuras supostamente acontecem na época dos grandes califas abássidas, seis séculos antes de Zheng He. Mas os estudiosos que investigaram essa questão não encontraram nenhuma menção a Simbá em manuscritos anteriores ao século XV. Coisa que, pensando bem, faz sentido. É improvável que a semelhança entre os nomes Simbá e San Bao seja mera coincidência, assim como é improvável que a correspondência entre as sete viagens de um e as sete viagens do outro seja acidental. Especialmente quando se sabe que as regiões visitadas pelo almirante chinês, como a Índia, a Pérsia e a Península Arábica, são precisamente aquelas onde nasceram *As mil e uma noites*.

Deixemos aos especialistas a tarefa de descobrir a verdade dessa história. Em termos simbólicos, porém, as viagens do almirante Zheng He retornaram de forma notável à memória coletiva da China. É razoável pensar que não voltarão a cair no esquecimento.

2

TENDO DELIBERADAMENTE AFUNDADO sua armada oceânica, em um momento em que as rotas terrestres da Ásia se tornavam arriscadas, a China imediatamente conheceu uma redução massiva de suas trocas com o resto do mundo.

Os detratores de Zhu Di apresentavam esse isolamento como um retorno à situação "virtuosa" do passado, o que não correspondia à realidade. Pois, embora a ideia da superioridade do Império do Meio em relação aos "bárbaros" estivesse firmemente enraizada na mente dos governantes e de seus súditos, ninguém se atrevia a concluir que não era necessário comerciar com esses "bárbaros". Para se convencer disso, basta lembrar a época descrita por Marco Polo no final do século XIII, quando o poder estava nas mãos dos soberanos mongóis e sua capital de verão, Shangdu, a misteriosa Xanadu, estava cheia de caravanas e atraía de muito longe visitantes maravilhados. "Em Xanadu, Kublai Khan havia construído uma majestosa cúpula de prazeres. Era um espetáculo miraculoso e raro...", sonhava o poeta Samuel Coleridge muitos séculos depois.

Poderíamos mencionar outras épocas, ainda mais antigas, todas atestando uma coisa: as míticas "rotas da seda" sempre propiciaram, desde a Antiguidade, trocas intensas entre a China e seus muitos parceiros, distantes ou próximos, como a Índia, a Transoxiana, a Pérsia, o Egito, a Grécia e além. Circulação de mercadorias, é claro, como seda, porcelana, chá ou especiarias; circulação de crenças também, como budismo, maniqueísmo, judaísmo, cristianismo nestoriano ou islamismo; e transmissão contínua de conhecimentos e habilidades em muitos campos, da arboricultura até a fabricação de papel...

Os "bárbaros estrangeiros" aprenderam muito com a China, e ela aprendeu muito com eles. Foi quando se isolou do mundo, depois da destruição da grande frota, que ela começou a declinar irreversivelmente. Ela levaria quatro séculos para perceber isso e mais um século e meio para se reerguer. Ou começar a se reerguer.

Essa lentidão pode ser explicada, ao menos em parte, pelo fato de o país ter atravessado, do século XV ao final do século XVIII, um período de relativa estabilidade, que entorpeceu as mentes e dissimulou os sinais do declínio.

Não resta dúvida de que os sucessores do imperador visionário erraram gravemente ao se afastarem de seu "aventurismo" e de suas "extravagâncias", e ao destruir os magníficos navios que ele mandara construir; mas essa reação conservadora só se revelaria um erro fatal com o passar do tempo.

No início, eles não haviam realmente perdido a credibilidade. Até davam a impressão de governar com sabedoria. Os diques eram regularmente consertados, as inundações eram menos frequentes, as colheitas eram boas e a população tinha começado a crescer rapidamente: sob o reinado de Zhu Di, a China tinha oitenta milhões de habitantes, o que representava um quinto da população mundial; quatro séculos depois, ela já contava com trezentos e trinta milhões, cerca de um terço da humanidade à época. Esses são valores aproximados, já que os historiadores não concordam exatamente sobre os números, mas a tendência é inegável. A população aumentava em ritmo constante, o que indicava uma certa prosperidade e um grau de boa governança.

No entanto, isso também anunciava desafios futuros para o país. Devido à limitada expansão das áreas cultiváveis e à pouca melhoria na produtividade, a maioria das famílias camponesas, obrigadas a alimentar bocas suplementares, lutava para sobreviver. A coleta de impostos rendia cada vez menos ao Tesouro Imperial e gerava reclamações, às vezes até revoltas armadas nas regiões empobrecidas.

Na China, esses problemas não eram novos, eram inclusive recorrentes, e não teriam tido grandes consequências se o mundo inteiro ainda evoluísse com a mesma lentidão. Mas isso já não acontecia. Com o Renascimento e a Revolução Industrial, a Europa havia mudado o ritmo da História. Para si mesma, é claro, mas também para o resto do mundo. Inclusive para o Império do Meio.

Embora profunda e poderosa, essa transformação mundial nem sempre era fácil de perceber. Quando os líderes chineses olhavam ao redor, eles viam um Japão e uma Coreia igualmente isolacionistas, que permaneceriam assim até meados do século XIX. Os dignitários da corte imperial tinham boas razões para acreditar que a ordem "imutável" das coisas poderia continuar.

*

Foi por intermédio dos viajantes, e principalmente dos mercadores, que o despertar da Europa acabou provocando o despertar da China. Primeiro, suavemente. Depois, com brutalidade.

Os visitantes tinham se multiplicado desde Marco Polo e seu *O livro das maravilhas*. Sem dúvida havia um fascínio especial pelo misterioso colosso da Ásia, mas também é verdade que os europeus agora percorriam o mundo todo, da Amazônia às nascentes do Nilo e das vastas estepes siberianas à feliz Arábia, com uma curiosidade insaciável por todas as terras. Botânicos, pintores, missionários ou comerciantes, todos eram um pouco aventureiros, um pouco exploradores. E também eram, conscientemente ou não, instrumentos, agentes e pioneiros da conquista do mundo pelo "homem branco".

Havia personagens de todo tipo. Bandidos, saqueadores, criminosos; mas também indivíduos de grande estatura intelectual e moral. Entre esses últimos, um dos mais notáveis foi, sem dúvida, o jesuíta italiano Matteo Ricci, importante figura do humanismo e do universalismo.

Nascido em 1552 nos Estados Papais, ele chegou à China aos 29 anos e mergulhou fascinado em sua civilização milenar, estudando sua literatura, suas artes, sua geografia, sua história e os ensinamentos dos antigos sábios. Sua principal missão era a propagação do cristianismo. Para esse fim, ele se esforçou em adaptar sua mensagem às expectativas e às formas de expressão de seus interlocutores, por exemplo chamando Deus de "Tianzhu", "Senhor do Céu", formulação que tinha ressonâncias na cultura chinesa.

Ao mesmo tempo, ele traduziu os escritos de Confúcio para o latim, a fim de torná-los conhecidos na Europa. Ele acalentava o sonho de construir pontes entre os dois sistemas de crença, o que levou a mal-entendidos. Muitos de seus correligionários viam em sua abordagem uma heresia e uma traição, ou no mínimo uma intolerável capitulação diante da "idolatria" e das "superstições locais". Ele foi duramente criticado dentro da Igreja Católica, que só começou a considerar sua canonização no século XXI. No momento em que escrevo estas linhas, o processo está em andamento...

Em minha humilde opinião, ele merece todas as honras. Estou convencido, de fato, que a vida e a obra de Matteo Ricci representam a tentativa mais ambiciosa já empreendida por um ser humano para aproximar e reconciliar as grandes civilizações do planeta.

Sua atitude era pouco representativa dos comportamentos e das mentalidades de seus contemporâneos, é claro. Infelizmente, nem todos tinham a mesma amplitude de visão. Nem entre os europeus, nem entre os chineses. Entre os primeiros, o desejo de lucro só aumentava, em detrimento de todas as regras morais, e estava destinado a atingir níveis impressionantes de avidez e cinismo.

E entre os segundos, a estreiteza mental e o desprezo por tudo o que era "bárbaro", isto é, estrangeiro, tornava difícil o estabelecimento de relações saudáveis baseadas no direito e na razão.

Esse grande abismo de incompreensão mútua seria ilustrado no final do século XVIII por um episódio memorável, ao mesmo tempo emblemático e traumático, que permaneceria na memória por muito tempo.

O imperador da época, Qianlong, que pertencia à dinastia manchu dos Qing, estava celebrando seu octogésimo segundo aniversário em setembro de 1793, e a Grã-Bretanha julgou apropriado lhe enviar um embaixador com a missão de expressar votos de vida longa e prosperidade em nome do rei George III. O emissário deveria aproveitar a ocasião para propor ao monarca estreitar os laços entre os dois países e estabelecer bases sólidas para o comércio mútuo. Essa missão foi confiada ao lorde George Macartney, um aristocrata irlandês que já havia ocupado cargos nas Índias Britânicas, principalmente em Madras, onde havia demonstrado competência e habilidade.

Ele planejava conduzir sua embaixada na China com a mesma destreza, mas havia subestimado as complexidades da tarefa. Ele estava convencido, por exemplo, de que, como representante do soberano de um império "no qual o sol nunca se punha", conforme a expressão consagrada, ele poderia se apresentar diante do "Filho do Céu" de maneira respeitosa, mas digna, sem a necessidade de se prostrar nove vezes, como os visitantes comuns.

Aos olhos do imperador da China, porém, o rei da Inglaterra, que governava "uma ilha distante, isolada do mundo por vastos mares", não era de forma alguma seu igual. Seu enviado não deveria esperar um tratamento especial, e os presentes que ele trazia representavam apenas o tributo que todo vassalo devia apresentar aos pés de seu soberano.

Não satisfeito em humilhar Macartney, o imperador escreveu uma longa carta ao próprio George III, a fim de "eliminar qualquer ambiguidade" e estabelecer "para sempre" as regras do jogo. O tom que ele usou deixaria marcas nas relações entre a China e o Ocidente.

"Nosso Império Celestial", escreveu Qianlong, "possui abundância de tudo dentro de suas fronteiras e não carece de nada. Portanto, não precisa trazer de fora o que os bárbaros produzem. No entanto, uma vez que chá, seda e porcelana são necessidades absolutas para as nações europeias, permitimos, como um sinal de favor, que grupos de mercadores estrangeiros se estabeleçam em Cantão, para que suas necessidades sejam atendidas e para que seu país obtenha parte dos benefícios que concedemos. No entanto, seu embaixador agora apresentou novas demandas que ignoram completamente o princípio que temos de conceder a mesma benevolência a todos os estrangeiros.

"Sua Inglaterra não é a única nação que comercializa em Cantão. Se outras nações, seguindo seu mau exemplo, começarem a importunar meus ouvidos com pedidos insensatos, como poderei continuar a tratá-las com indulgência? Mas não esqueço que vocês vêm de uma ilha distante, isolada do mundo por vastas extensões de mar, o que desculpa sua ignorância dos costumes de nosso Império Celestial. Portanto, instruí meus ministros a esclarecer seu embaixador sobre esse assunto..."

A carta acrescentava que, não confiando no emissário para transmitir fielmente a posição chinesa a seu rei, o imperador decidira fazer isso pessoalmente, a fim de evitar mal-entendidos. Esse "esclarecimento" era acompanhado de um aviso severo caso os britânicos ficassem tentados a desafiar as proibições estabelecidas pelo Império do Meio, ancorando em outros portos que não Cantão.

"Seus comerciantes nunca serão autorizados a desembarcar ou residir nesses portos, e serão imediatamente expulsos. Eles terão feito uma longa viagem em vão. Não diga que não foi avisado a tempo! Tome nota disso e não seja negligente!"

A posição do Filho do Céu era, de fato, muito clara. Mas, em vez de desencorajar e assustar os ingleses, ela apenas fortaleceu seu desejo de conquistar esse vasto mercado a qualquer custo.

Naquela época, apesar dos mal-entendidos trazidos à tona pela infeliz embaixada de lorde Macartney, os comerciantes estrangeiros estabelecidos no Império do Meio estavam ganhando muito dinheiro. Eles compravam produtos locais, que pagavam em espécie, depois os revendiam na Europa, onde muitos consumidores, enriquecidos pelo comércio e pela indústria, sensíveis às modas e ávidos por exotismo, estavam dispostos a pagar o que fosse preciso para obter mercadorias de terras distantes. E os chineses também encontravam vantagens nessas transações. Os artesãos tinham trabalho, os intermediários se ocupavam e o Tesouro Imperial arrecadava substanciais taxas aduaneiras. Todo mundo saía ganhando, em resumo.

A fase perniciosa das relações só começou nas primeiras décadas do século XIX, quando alguns britânicos, ao descobrirem o gosto da população local pelo ópio, decidiram estabelecer uma espécie de comércio triangular, infinitamente mais lucrativo do que o que prevalecia até então. Em vez de pagar pela seda com seu próprio dinheiro, por exemplo, os comerciantes vendiam ópio aos chineses, trazido das Índias, e compravam a seda com o dinheiro assim obtido; em outras palavras, eles pagavam pelos produtos chineses com dinheiro obtido dos próprios chineses. E sem pagar nada ao Tesouro Imperial...

O tráfico de ópio logo adquiriu proporções extraordinárias. Em 1820, a droga se tornara o principal produto de importação na China, e sua participação continuou a crescer, esgotando as reservas de dinheiro do país e causando grande sofrimento à população. Milhões de habitantes consumiam a substância, inclusive as elites e a administração imperial.

Diante dessa dupla calamidade, humana e financeira, as autoridades decidiram reagir com severidade.

3

UM FUNCIONÁRIO DE ALTO ESCALÃO, Lin Zexu, foi enviado a Cantão em 1839, com a missão de resolver, a todo custo, esse espinhoso problema.

Ele não era um personagem comum. Erudito, letrado, autor de várias obras em diversas disciplinas, ele era considerado por seus contemporâneos um homem íntegro, dedicado e ponderado. Tendo compreendido que os tempos haviam mudado, bem como as relações de poder, ele se comprometeu a livrar seu país do flagelo do ópio sem provocar desnecessariamente a poderosa Inglaterra. Nesse sentido, ele decidiu punir severamente os traficantes locais e os viciados, mas também estabelecer, em paralelo, um diálogo com os britânicos, que ele ainda esperava desviar dessa atividade nefasta por meio da persuasão.

Uma de suas primeiras iniciativas após ser nomeado foi escrever uma longa carta à rainha Vitória, que acabara de ascender ao trono, pedindo-lhe que instruísse seus súditos a desistirem do comércio de ópio.

"O objetivo de seus comerciantes", ele disse a ela, "é obter lucro, e eles estão obtendo muito, graças aos produtos fornecidos pelos chineses. É assim que recompensam seus benfeitores? Enviando-lhes veneno? Talvez eles não tenham a intenção de prejudicar, mas estão tão obcecados com o ganho material que não se importam absolutamente com o mal que podem causar aos outros. Eles não têm consciência? Ouço dizer que em seu país o ópio é estritamente proibido, o que mostra sem ambiguidade que vocês sabem o quão prejudicial essa substância é. Se vocês não querem que o ópio prejudique seu próprio país, por que aceitam trazer esse mal para outros países, como a China?"

Ao lado desse apelo à razão e à moralidade, Lin lançou uma ameaça aos comerciantes ingleses. Ele os havia poupado, disse à soberana, mas estava prestes a mudar sua atitude.

"Aquele que mata uma única pessoa está sujeito à pena de morte; imagine quantas pessoas o ópio matou! Essa é a razão de nossa nova lei, que estipula que qualquer estrangeiro que trouxer ópio para a China será condenado à morte por enforcamento ou decapitação. Nosso objetivo é eliminar esse veneno de uma vez por todas, pelo bem de toda a humanidade."

Tudo leva a crer que a rainha Vitória nunca recebeu essa carta. Aqueles que deviam entregá-la alegaram tê-la perdido. Mas o *Times* de Londres a encontrou e a publicou na íntegra, preservando-a do esquecimento.

O objetivo de Lin Zexu era situar sua luta contra o ópio em um contexto ético, demonstrando que seu país lutava pela justiça e pela decência, enquanto a Inglaterra agia apenas por cinismo e ganância, e ele de fato se colocara em um terreno moral superior. No entanto, isso não o impediu de sair desse confronto derrotado e humilhado.

Pouco depois de assumir o cargo, ele havia prometido conceder anistia total aos comerciantes se eles entregassem seus estoques de ópio às autoridades em três dias e se comprometessem solenemente a não mais se dedicar ao tráfico. Como incentivo, ele propôs substituir simbolicamente cada caixa de droga por cinco libras e meia do melhor chá.

Quando os comerciantes optaram por ignorar sua oferta, Lin subiu o tom, ameaçando executar dois deles. Eles então concordaram, de má vontade, em entregar uma pequena quantidade de ópio, apenas 2% do que mantinham em seus depósitos. Furioso de ser tratado com tão pouca consideração, ele ordenou às forças da lei que bloqueassem o acesso à área onde ficavam os armazéns das empresas britânicas, impedindo qualquer pessoa de entrar ou sair.

Sentindo que o chinês estava disposto a ir até o fim, os comerciantes aceitaram entregar vinte mil caixas de ópio, totalizando mais de mil e trezentas toneladas, o que representava, dessa vez, a quase totalidade de seus estoques.

Para celebrar seu sucesso e deixar uma forte impressão, Lin decidiu destruir a droga em uma cerimônia pública solene, para a qual foram convidados os dignitários da corte, os representantes dos residentes estrangeiros e a população local.

Em uma colina com vista para o delta do Rio das Pérolas, perto da cidade de Humen, em um local chamado "Boca do Tigre" ou "Bogue", ele ordenou que três valas enormes fossem cavadas, nas quais uma mistura de sal e cal foi despejada. O ritual poderia começar.

Os carregadores chegaram com as caixas de ópio. Elas foram então esvaziadas, uma a uma, nas valas, e depois submersas em uma grande quantidade de água. Trabalhadores mexeram a mistura com longas varas até ela se tornar uma pasta esbranquiçada, que foi então evacuada por comportas para a praia vizinha e dispersa na água do rio.

Isso continuou por horas, sob os olhares admirados da multidão; ao pôr do sol, porém, apenas uma pequena parte da droga havia sido "escoada" dessa forma. Para as vinte mil caixas, centenas de trabalhadores precisaram trabalhar incansavelmente por mais vinte e dois dias para chegar à última.

Em 26 de junho de 1839, Lin pôde proclamar solenemente que todo o estoque de ópio havia sido destruído e que a tarefa havia sido bem-sucedida. Essa data seria designada pelas Nações Unidas, um século e meio depois, como o Dia Internacional de Combate às Drogas. E uma enorme estátua de Lin Zexu seria erguida em Manhattan, no coração do bairro chinês de Nova York. Em seu pedestal, uma inscrição sucinta em inglês e chinês: "Diga não às drogas".

Lin sem dúvida conquistara seu lugar na História. No entanto, depois da audaciosa demonstração de autoridade realizada nas margens do Rio das Pérolas, ele não conheceria nenhum outro momento de glória, até o final de sua vida.

Os comerciantes britânicos reagiram à destruição de seus estoques de ópio enviando uma petição ao primeiro-ministro, lorde Palmerston, reclamando das autoridades chinesas, cujo comportamento, segundo eles, havia demonstrado desprezo pela liberdade de comércio e pela propriedade privada.

Essas queixas provocaram um frenesi de chauvinismo na Inglaterra. Reuniões barulhentas foram realizadas, especialmente em Londres e Manchester, pedindo ao governo que "vingasse o insulto ao Império Britânico" e que reagisse com firmeza e rapidez para punir os chineses, que acreditavam poder desafiar a Coroa impunemente.

Palmerston compartilhava plenamente desses sentimentos. No final de 1839, uma grande esquadra militar foi enviada à China. Ela compreendia vinte navios de guerra e vinte e sete navios de transporte de tropas, com quatro mil homens a bordo. Sua primeira missão era bloquear o porto de Cantão até que as autoridades locais aceitassem uma série de demandas, sobretudo que o ópio confiscado e destruído fosse substituído por uma quantidade equivalente ou compensado "a preço justo".

A Primeira Guerra do Ópio acabava de começar, inaugurando para os chineses um dos capítulos mais sombrios de sua longa história. Mesmo se tornando o povo mais poderoso do mundo no futuro, eles nunca esqueceriam os "cem anos de humilhação nacional" sofridos nas mãos dos ingleses e de todos os ocidentais, assim como dos japoneses e dos russos, a partir dos anos 1840 e ao longo dos séculos XIX e XX.

*

À chegada da esquadra inglesa, os líderes chineses começaram rejeitando as exigências que lhes foram apresentadas. No entanto, eles acabariam aceitando condições muito mais humilhantes. Porque não tinham nenhum meio de se opor a elas. Desde o afundamento da poderosa frota de Zheng He, quatro séculos antes, o Império do Meio não tinha navios de guerra, apenas alguns juncos velhos, incapazes de enfrentar os barcos dos contrabandistas. E seus portos, que nunca tinham precisado se defender de canhoneiras, não tinham nenhuma fortificação digna desse nome.

Em resumo, o país estava praticamente desarmado e vulnerável. Os britânicos podiam agir à vontade, impunemente, e não tinham a menor intenção de desperdiçar essa oportunidade. Eles derrubaram as escassas forças que tentaram enfrentá-los; se apoderaram de Cantão e plantaram sua bandeira nos locais onde Lin Zexu os havia "humilhado"; depois, eles ocuparam a grande cidade de Nanquim, forçando as autoridades a assinar, em dezembro de 1842, o primeiro dos "tratados desiguais" que amordaçariam o Império do Meio.

O documento estipulava que a China deveria pagar seis milhões de dólares em dinheiro para indenizar os comerciantes "espoliados" pela destruição de seus estoques de ópio; mais três milhões em reembolso de diversas dívidas; e mais doze milhões em "reparações de guerra". Quantias que pesavam muito no já quase vazio Tesouro Imperial.

Além disso, o tratado concedia aos comerciantes britânicos, que até então só podiam exercer sua atividade em Cantão, o direito de se estabelecerem em quatro outras cidades portuárias, dentre as quais Xangai; e de se beneficiarem de extraterritorialidade, o que significava que, se um deles fosse acusado de um crime, ele não poderia ser julgado pelos tribunais chineses.

Uma cláusula complementar do documento atribuiu permanentemente à Grã-Bretanha uma ilha costeira, localizada a algumas amarras de Cantão. Ela tinha um lindo nome, que queria dizer "porto com cheiro de incenso" ou, no dialeto local, "Hong Kong".

4

DEPOIS DO FRACASSO retumbante diante das canhoneiras inglesas, a China conheceria, por várias gerações, revoltas fracassadas, reformas interrompidas e conflitos armados que invariavelmente terminariam em novas humilhações.

Em 1856, uma Segunda Guerra do Ópio foi desencadeada. O incidente que a provocou, ou que serviu de pretexto, foi a apreensão do navio *Arrow* pelas autoridades locais, suspeito de contrabando e pirataria. Era uma "lorcha", um tipo de veleiro comum nas costas chinesas, com velame de junco e casco europeu. Muitas dessas embarcações se colocavam sob a proteção da Inglaterra usando sua bandeira, a fim de se envolver impunemente em vários tipos de tráfico. A que foi apreendida em outubro de 1856 teve doze membros de sua tripulação detidos. Todos eram chineses, mas os britânicos exigiram sua libertação imediata porque eles navegavam sob suas cores. Nove deles tinham acabado de ser libertados quando as canhoneiras começaram a bombardear Cantão.

Os historiadores concordam em dizer que a verdadeira razão dessa guerra foi o fato de que, em Londres, acreditava-se que o tratado concluído depois do conflito anterior não era suficientemente favorável e poderia ter suas cláusulas "melhoradas", especialmente no que dizia respeito ao ópio. Os textos de 1842 não mencionavam o narcótico; os que seriam assinados após a "Guerra do *Arrow*" estipulavam explicitamente que sua venda passaria a ser permitida em toda a China.

Para chegar a esse resultado, os britânicos contaram com o apoio da França de Napoleão III, bem como, em menor medida, dos Estados Unidos, que tinham alguns cidadãos envolvidos ativamente no comércio de ópio. Várias grandes fortunas norte-americanas tinham sido constituídas graças a esse tráfico, como a dos Forbes, pioneiros da ferrovia, e também a de um certo Warren Delano, cujo neto se tornaria um dos maiores presidentes dos Estados Unidos. Quando lemos, em algumas biografias de Franklin Delano Roosevelt, que seu avô materno enriqueceu no comércio de ópio "na época em que este era legal", entendemos a que ponto era importante, para a respeitabilidade das nações e das famílias envolvidas, as autoridades chinesas consentirem formalmente com a livre circulação de narcóticos em seu território.

Para obter essa concessão, os britânicos e seus aliados não se limitaram a ocupar Cantão; eles avançaram até Pequim, a capital imperial, onde cometeram um ato tristemente célebre: o saque do Palácio de Verão.

Esse nome designava uma vasta área, que abrangia mais de trezentos e cinquenta hectares e compreendia jardins, lagos, monumentos, templos e pavilhões, todos repletos de tapeçarias, antiguidades em bronze, porcelanas preciosas e inúmeros objetos de arte.

Entre as maravilhas desse local, havia um notável palácio em estilo europeu, concebido no século XVIII por dois padres jesuítas, o italiano Giuseppe Castiglione e o francês Michel Benoist, a pedido de um imperador fascinado pelo exotismo. Essa elegante construção, que incluía arcos, pavilhões, fontes e jardins floridos, foi saqueada, destruída e incendiada pelas forças expedicionárias.

Quando o imperador reinante, Xianfeng, foi informado, em dezembro de 1860, sobre o que acontecera no Palácio de Verão, ele entrou em um estado de neurastenia do qual nunca se recuperou. Sempre acamado, recusando-se a ver qualquer pessoa e negligenciando os assuntos do Estado, ele morreu de tristeza e desespero alguns meses depois. Tinha apenas 30 anos.

Em resposta a um correspondente britânico, um certo "capitão Butler", que lhe escrevera perguntando como ele se sentia depois da vitória comum alcançada na China pelas duas nações, Victor Hugo escreveu algumas linhas:

"Um dia, dois bandidos entraram no Palácio de Verão. Um saqueou, o outro incendiou. [...] E voltaram para a Europa, de braços dados e rindo. Essa é a história dos dois bandidos. Nós, europeus, somos os civilizados, e para nós os chineses são os bárbaros. Eis o que a civilização fez à barbárie. [...] O império francês embolsou metade dessa vitória e hoje exibe o esplêndido espólio do Palácio de Verão. Espero que chegue o dia em que a França, liberta e limpa, devolva esse saque à China espoliada."

O Palácio de Verão só seria parcialmente restaurado, e muito tardiamente, a partir das últimas décadas do século XX. Algumas ruínas foram deixadas intocadas como testemunho da loucura dos homens e dos crimes que eles às vezes cometem por ganância ou cegueira.

Entre os poucos objetos adicionados pelos restauradores ao local, está um busto de Victor Hugo. Bem perto dele, em um pequeno pedestal, um livro aberto com a gravação do texto de sua carta ao capitão Butler.

*

Os sucessos fáceis alcançados pela Grã-Bretanha e seus aliados atiçaram o apetite de outras potências, que também quiseram obter concessões territoriais e vantagens comerciais. Quando os chineses se revoltavam ou hesitavam, eles eram "convencidos" por uma demonstração de força.

Várias nações praticaram, em maior ou menor grau, essa "diplomacia das canhoneiras". Além das já mencionadas, ela também foi adotada pelos russos, pelos japoneses e pelos alemães, que, na época do kaiser Guilherme II, obtiveram uma concessão territorial ao redor da cidade de Tsingtao, hoje chamada Qingdao, onde estabeleceram uma grande cervejaria.

Para a população chinesa, as derrotas sucessivas, que às vezes coincidiam com fomes, epidemias ou inundações devastadoras, causaram muitos distúrbios. Um dos mais notáveis foi a Rebelião Taiping, termo que paradoxalmente significa "a grande paz", embora tenha sido um dos levantes mais mortíferos de todos os tempos, com estimativas de mais de vinte milhões de mortos.

Os objetivos da revolta eram tão amplos que alguns historiadores preferem vê-la como uma verdadeira revolução, intelectual, patriótica e social, pois ela rejeitava os valores tradicionais do confucionismo, denunciava a ganância das potências estrangeiras e a passividade da dinastia reinante, proclamava a igualdade de gênero, a abolição da poligamia e a cruel prática do enfaixamento dos pés, defendia a coletivização de propriedades e a justa distribuição de terras, prefigurando de certa forma a revolução comunista do século seguinte.

Mais surpreendentemente ainda, o fundador do movimento, Hong Xiuquan, se autodenominava irmão mais novo de Jesus Cristo e prometia estabelecer na China um "Reino Celestial" que substituiria o poder vigente. Seus seguidores, altamente motivados e às vezes fanatizados, obtiveram sucessos notáveis, capturando a antiga capital, Nanquim, e ameaçando até mesmo Pequim. Estima-se que, no auge de seu poder, o "messias chinês" tinha um milhão de combatentes, homens e mulheres, sob seu comando. Por quatorze anos, ele se tornou um adversário temível para o poder imperial, que precisou buscar a ajuda dos britânicos para derrotá-lo.

A rebelião foi finalmente esmagada, e seu líder carismático morreu em circunstâncias misteriosas, possivelmente envenenado. A maioria dos chineses, que temia as consequências da desordem e da anarquia, foi tranquilizada pelo fracasso do levante. No entanto, entre a elite, muitos viram nessa grande perturbação um sintoma do mal que afetava profundamente a sociedade chinesa: sua incapacidade patética de se adaptar à realidade dos tempos modernos.

Tudo o que havia acontecido nas décadas anteriores mostrava que a China precisava mudar, de maneira rápida e profunda, sua visão da História e sua visão de si mesma, se quisesse se proteger das agressões das potências estrangeiras e das agitações internas.

Na mesma época, o vizinho Japão começava a se transformar. Abalado pela "visita" do arrogante comodoro Perry, forçado a se abrir ao mundo exterior e desenvolver seu comércio, o Japão acabava de se lançar na extraordinária aventura da "Restauração Meiji". As realizações mais espetaculares ainda não eram visíveis, mas para aqueles que buscavam febrilmente encontrar soluções para os problemas crônicos da China, aquele era um caminho promissor.

Entre os letrados, e até mesmo nos salões silenciosos do Palácio Imperial, havia constante debate sobre a melhor maneira de reformar o Estado e as instituições, tirar a nação de sua letargia, livrá-la de seus arcaísmos e, acima de tudo, modernizar suas forças armadas.

O tema recorrente das conversas era o "Fortalecimento Próprio". Alguns evocavam, como no arquipélago japonês, a "restauração" de um poder imperial renovado e revigorado; outros falavam, sem rodeios, sobre a necessária "ocidentalização" da China.

Independentemente do nome, o objetivo era claro: tirar o país de seu impasse histórico, levando-o por um caminho completamente diferente e evitando novas humilhações.

5

EMBORA A NECESSIDADE de modernização tenha sido tão imperativa na China quanto no Japão, os esforços empregados para alcançar esse objetivo não levaram a resultados semelhantes.

Havia diferenças significativas entre os dois vizinhos. Não apenas em termos de dimensão dos territórios e da população, e tampouco porque um era insular e o outro continental. Determinante para o arquipélago nipônico foi a "combinação ideal" da qual ele se beneficiou no último terço do século XIX, com um soberano jovem, audacioso, enérgico e venerado por seu povo, juntamente com um grupo de homens esclarecidos, apaixonados, dedicados e determinados a tirar o país de seu isolamento secular e conduzi-lo aos mais altos patamares.

Nada disso estava presente na China da época. A dinastia Qing estava enfraquecida, sua credibilidade seriamente prejudicada, devido a concessões, indecisões e derrotas. Ela também era criticada por ser manchu e, portanto, "estrangeira".

Os últimos soberanos da dinastia Qing tiveram destinos patéticos, como se estivessem sob uma maldição. Depois daquele que morreu logo após o saque ao Palácio de Verão, o trono passou para seu filho de apenas 5 anos e o poder real foi exercido por sua mãe, a imperatriz viúva Cixi – cujo nome antigamente se escrevia Tzu-hsi nos livros de história. O menino se tornou imperador de pleno direito um pouco antes de completar 17 anos, mas morreu alguns meses depois de varíola.

Como ele não deixou herdeiros, um de seus primos de 3 anos, Guangxu, foi colocado no trono, o que permitiu à temível regente retomar firmemente as rédeas do governo.

Apesar das intrigas constantes que agitavam o Palácio Imperial, a China conheceu um certo grau de modernização naquele período. Cixi tinha consciência da necessidade de reformar o país para tirá-lo do marasmo. E até apareceu, por um tempo, como a grande inspiradora da mudança. Ela tinha senso político suficiente para entender que, em um período de turbulência como aquele em que o império se encontrava, ela precisava construir uma imagem de reformadora para manter sua legitimidade.

Logo se tornou evidente para o mundo todo que a modernização empreendida na China no crepúsculo da dinastia manchu não era comparável à Era Meiji do Japão. Mas, nos anos seguintes à Segunda Guerra do Ópio e ao fim da Rebelião Taiping, as coisas não estavam tão claras. Muitos contemporâneos, tanto no Ocidente quanto na Ásia, estavam convencidos de que a China, acordando de seu sono, logo colocaria o presunçoso vizinho no devido lugar.

O momento decisivo foi o conflito sino-japonês de 1894-1895, já mencionado. Causado pela rivalidade entre os dois países em torno da Coreia, que ambos buscavam dominar e submeter, esse conflito militar era, de certa forma, uma competição entre as duas modernizações.

Tanto a China quanto o Japão tinham feito esforços significativos nas décadas anteriores para desenvolver exércitos e frotas modernas. Ambos tinham criado arsenais para construir localmente navios de guerra, além dos adquiridos na Europa. E ambos tinham recorrido a especialistas ocidentais, oficiais, engenheiros e artesãos.

Como saber se um dos protagonistas estava em melhor posição que o outro? Os observadores estavam divididos...

Mas o curso da guerra rapidamente dissipou essas incertezas. Logo nos primeiros combates, em julho de 1894, o Japão demonstrou uma superioridade decisiva, tanto em terra quanto no mar. Em seis meses, a China foi forçada a jogar a toalha e assinar um tratado de condições humilhantes com seu "jovem" vizinho.

*

O imperador Guangxu, com 23 anos na época da derrota, ficou profundamente abalado. E desorientado. Ele havia apoiado os esforços de modernização iniciados sob a regência de Cixi. E os continuou com diligência após sua própria ascensão ao poder. No entanto, ficou claro que as reformas haviam sido insuficientes e tardias. E pouco eficazes.

O que fazer para sair do impasse? A essa questão angustiada, o soberano recebeu uma resposta muito convincente durante uma audiência concedida, por conselho de alguns dignitários, a um erudito brilhante de 40 anos chamado Kang Youwei.

Isso ocorreu em 1898, e o visitante usou a linguagem da verdade. Se o Japão nos derrotou, ele basicamente lhe disse, é porque ousou ir até o fim de sua metamorfose, enquanto nós fomos hesitantes. Nada está perdido, ainda, mas é hora de se reerguer e colocar decididamente o país no caminho de uma modernização radical e completa.

Antes do término da conversa, o imperador havia sido convencido por seu visitante da necessidade de dar início, o mais rápido possível, a uma revolução audaciosa e abrangente, perfeitamente comparável à da Era Meiji.

Nos dias e semanas seguintes, Kang elaborou para o imperador um programa detalhado e ambicioso, que previa a substituição da monarquia absoluta por uma monarquia constitucional, a modernização do sistema educacional com foco especial no ensino de ciências, o encorajamento dos jovens, inclusive membros da família imperial, a viajar para o Ocidente e estudar em universidades estrangeiras, a racionalização e o saneamento da administração imperial, dando um fim às sinecuras, a construção de uma ampla rede de estradas e ferrovias, e o lançamento de um programa de industrialização do país etc.

Essa fase da história chinesa é conhecida como "Reforma dos Cem Dias", devido à sua duração, pois ela começou em 11 de junho de 1898 e terminou em 21 de setembro do mesmo ano. Foram quinze semanas eletrizantes em que o jovem imperador, cercado por reformadores entusiasmados, tentou recuperar rapidamente o grande atraso de seu país. Como no Japão, sim... Mas o paralelo se encerra aí. Pois as oposições foram ferozes. Todos os que temiam a mudança e não queriam perder seu status ou seus privilégios observavam essa agitação com grande desconfiança.

A imperatriz viúva, que já se via afastada, rebaixada, confinada e mesmo exilada, trabalhou para unir os descontentes. E alcançou grande êxito. Às vezes provocando escândalos e outras vezes recorrendo à resistência passiva, ela conseguiu impedir que as reformas fossem implementadas. Apesar das diretrizes do jovem monarca, ele não era obedecido, e seus conselheiros menos ainda.

Exasperado e determinado a encerrar a obstrução, ele decidiu recorrer ao exército, especialmente a um oficial muito respeitado, o general Yuan Shikai. Yuan comandava uma das unidades mais modernas do exército imperial e parecia comprometido com as ideias reformistas. Além disso, por sorte, ele tinha sido afastado pelas autoridades às vésperas do ataque japonês, o que o havia poupado das críticas dirigidas aos outros líderes do exército derrotado. Muitos chineses diziam que, se tivessem deixado Yuan no comando de suas tropas, ele teria repelido o inimigo e mudado o curso da guerra.

Convocado ao Palácio, o general se apresentou imediatamente com seus homens, mas, em vez de prender Cixi, como lhe fora ordenado, ele fez um acordo com ela e foi prender o próprio imperador, encerrando abruptamente a experiência dos Cem Dias.

Nas horas seguintes a esse golpe, todos os artífices da reforma foram perseguidos como conspiradores, e, embora seu líder, Kang Youwei, tenha conseguido fugir – para o Japão, casualmente –, seu irmão foi preso, sumariamente julgado e decapitado junto com cinco de seus camaradas. Na historiografia chinesa, eles são às vezes chamados de "Os Seis Cavalheiros Íntegros". Um comovente epitáfio, mas o movimento dos Cem Dias estava morto e enterrado.

Tendo revertido a situação a seu favor, Cixi retomou o poder, que ela exerceria quase sem oposição até seu último dia, enquanto o imperador, seu sobrinho, passaria o resto da vida em prisão domiciliar. Mas as opiniões diferem quanto à natureza das relações entre os dois personagens e quanto às estranhas circunstâncias de suas mortes, dez anos depois.

Muitos visitantes relatam, por exemplo, que, quando uma reunião era realizada no Palácio, o imperador estava presente e ouvia atentamente o que era dito, embora nunca interviesse. A regente sempre ocupava o lugar de honra, mas Guangxu frequentemente se sentava ao lado dela, como um menino obediente.

A impressão que ele passava era a de um homem que suportava sua situação com paciência. Ao contrário do que poderia temer, ele não foi morto nem destituído e, desde que não saísse do Palácio, não era maltratado. Sua tia materna mantinha, é claro, as rédeas do poder, mas ela era trinta e cinco anos mais velha do que ele, não viveria para sempre, então ele podia esperar sua hora.

*

Enquanto isso, no país, a situação continuava a se deteriorar. Em reação à derrota para o Japão e também devido ao desespero causado pelo fracasso do movimento reformista, uma rebelião sangrenta eclodiu em 1899, liderada por uma sociedade secreta ferozmente hostil aos estrangeiros. Seus membros, que se contavam em centenas de milhares, praticavam artes marciais e se autodenominavam "Sociedade dos Punhos Justos e Harmoniosos". Foi essa noção figurativa de "punhos" que explica o nome pelo qual eles se tornaram conhecidos no Ocidente: os Boxers.

Inicialmente, eles criticavam a dinastia reinante por sua origem manchu. No entanto, quando começaram a se tornar populares entre a população, e alguns dignitários do palácio se aproximaram deles, sua retórica mudou. Seus ataques passaram a se direcionar aos estrangeiros, especialmente aos missionários cristãos, que faziam sucesso entre a população local.

Numerosos incidentes ocorreram em todo o país, especialmente em Pequim, no bairro das delegações estrangeiras. Um dos mais graves foi o assassinato do ministro da Alemanha por soldados muçulmanos conhecidos por sua lealdade à imperatriz. O kaiser escreveu ao sultão otomano pedindo-lhe que usasse sua influência como Comandante dos Fiéis para acalmar seus correligionários na China.

No auge da crise, uma força expedicionária interveio, composta por representantes de seis potências europeias, bem como dos Estados Unidos e do Japão. Esse episódio se tornaria famoso algumas décadas depois no filme hollywoodiano *55 dias em Pequim*.

Estava claro que a China, por volta de 1900, estava em avançado estado de decadência. Como mais se poderia descrever um país onde grupos armados invadiam o bairro das embaixadas, onde as grandes e pequenas potências enviavam suas próprias tropas quando quisessem e onde cada unidade militar decidia por si só se preferia atirar nos rebeldes ou nos invasores?

Tornou-se costume para os círculos diplomáticos se referirem à China como o "homem doente" da Ásia, um termo cunhado para o Império Otomano, mas que se aplicava ainda mais ao outrora chamado, com respeito, "Império do Meio". Nada ilustrava melhor essa decadência do que a nota escrita pelo secretário de Estado dos Estados Unidos, John Hay, em setembro de 1899, na qual ele instava as principais potências a adotarem uma política de "portas abertas" em relação à China. O objetivo era proteger o país, "para que ele não seja dividido em esferas de influência" e permitir que todos comerciassem em suas terras sem obstáculos.

Essa mistura de compaixão e desdém deixava bem clara a situação em que se encontrava a China e a imagem que ela projetava. Uma imagem ainda mais desoladora considerando que, ao mesmo tempo, seu jovem e vigoroso rival, o Japão, estava em plena ascensão. Não apenas ele tinha sido admitido no prestigioso "concerto das nações", devido à sua participação na força expedicionária, mas também estava prestes a alcançar um feito almejado por todas as nações orientais há muito tempo: sair vitorioso de um conflito militar com uma grande potência europeia.

Trata-se, é claro, da bem-sucedida guerra contra a Rússia czarista em 1904-1905. Um acontecimento mencionado anteriormente, que lançaria suas "faíscas" por todo o Oriente e além, inspirando muitos movimentos revolucionários e que, em particular, aceleraria a queda dos últimos imperadores da China.

No final de 1908, a saúde de Cixi, aos 72 anos, se deteriorara significativamente. Uma lenda tenaz sugere que, à beira da morte, ela teria ordenado o assassinato de seu sobrinho, temendo que ele retomasse os planos de reforma assim que ela não estivesse mais presente para impedi-lo. As datas parecem confirmar essa versão dos fatos, uma vez que o imperador morreu em um sábado, 14 de novembro, e a imperatriz no dia seguinte, domingo.

Isso não poderia ser uma coincidência, e rumores de assassinato circularam imediatamente. Hoje, sabemos que Guangxu foi vítima de envenenamento por arsênico em grande quantidade; análises científicas modernas realizadas em suas cinzas o confirmaram com certeza. No entanto, a culpabilidade da imperatriz viúva é menos evidente. Suas razões para eliminá-lo não são conclusivas, e há outro suspeito, com um motivo mais forte.

Esta, de todo modo, é a tese defendida por Pu Yi, o último imperador da China, em suas memórias. Claro que ele não poderia se lembrar dos acontecimentos, pois subiu ao trono no dia do assassinato, com apenas 2 anos e 10 meses de idade. Mas ele afirma que, vários anos depois, um velho eunuco do palácio lhe fez confidências que lhe pareceram muito verossímeis.

De acordo com ele, a pessoa que temia que o imperador deposto retomasse o poder, a ponto de querer eliminá-lo, era Yuan Shikai. Ele sabia que Guangxu nunca o perdoara por ter se voltado contra ele, por tê-lo aprisionado e por ter sido responsável pela morte de seus conselheiros. E ele estava convencido de que, quando voltasse ao poder, Guangxu faria com que ele pagasse por sua traição. Ao saber que Cixi estava morrendo, o general teria subornado um dos funcionários do palácio para que, sem demora, adicionasse uma grande quantidade de arsênico à comida do soberano.

É difícil dizer, tantos anos depois, se foi assim que as coisas de fato aconteceram. Mas essa versão parece plausível, e os acontecimentos posteriores lhe deram uma credibilidade ainda maior.

6

FOI EM 1º DE JANEIRO DE 1912 que a China se tornou oficialmente uma república, com o dr. Sun Yat-sen na liderança. Uma data que marcou o início da Era Moderna para o país, mas que também inaugurou um período calamitoso e traumático, pois o novo regime enfrentaria, nas décadas seguintes, a guerra civil, a ocupação estrangeira e uma instabilidade crônica.

Os meses que antecederam a queda da monarquia foram tumultuados. A morte simultânea do imperador reformista e de sua carcereira enfraqueceu consideravelmente o poder da dinastia Qing, embora ninguém parecesse com pressa de lhe dar o golpe de misericórdia. Os generais, que não estavam mais vinculados a nenhuma hierarquia, começaram a agir como governadores provinciais. E os defensores da mudança, que já não temiam a repressão, se lançaram em empreendimentos arriscados sem saber exatamente aonde chegariam.

Numerosas "sociedades secretas" se formaram, algumas das quais eram embriões de partidos políticos, enquanto outras eram simples grupos de reflexão. Seus membros abraçavam diversas correntes de pensamento, desde confucionistas nostálgicos dos "Cem Dias" até marxistas "à europeia" e mesmo anarquistas. Muitos deles se identificavam com os três princípios de Sun Yat-sen, democracia, patriotismo e justiça social, e não hesitavam em declarar abertamente sua vontade de abolir a monarquia e substituí-la por uma república moderna.

Alguns se preparavam ativamente para a revolução, acumulando armas em depósitos clandestinos. No entanto, todos foram pegos de surpresa quando o grande tumulto ocorreu, em outubro de 1911.

Várias províncias estavam envolvidas em protestos ruidosos contra um projeto das autoridades para nacionalizar as ferrovias e entregá-las a bancos estrangeiros. Como o Tesouro estava muito endividado com esses bancos e não tinha meios de pagar suas dívidas, a solução proposta pelas autoridades era entregar a operação das linhas a um consórcio de credores, que incluía a Hong Kong and Shanghai Banking Corporation (HSBC), o Banque de L'Indochine, o First National City Bank e o J.P. Morgan. A população chinesa ficou indignada, tanto com essa invasão estrangeira em sua soberania quanto com a perspectiva de aumento maciço das tarifas. Em muitos lugares, especialmente nas grandes cidades, houve apelos para manifestações em praças públicas.

A agitação foi muito intensa em Wuhan, onde um acidente literalmente ateou fogo à situação. Um jovem ativista, bastante exaltado, estava fabricando uma bomba caseira quando ela explodiu em suas mãos, ferindo-o gravemente. Ele foi levado ao hospital, onde alguém o reconheceu, achou suas lesões suspeitas e decidiu informar as autoridades. Soldados foram enviados para prendê-lo.

Um boato de que o governador militar teria ordenado uma repressão contra os opositores começou a se espalhar. A comoção chegou ao auge entre os oficiais do exército, muitos dos quais estavam em contato com os movimentos revolucionários. Como eles deveriam reagir? Esperando passivamente serem "recolhidos" e punidos? Eles preferiram agir por conta própria e lançaram um ataque à residência do governador. Tomado de pânico, este fugiu. Encorajados, os militares ocuparam o prédio. Eles ficaram inebriados com seu sucesso tão fácil e inesperado. Mas nenhum deles poderia prever que esse 10 de outubro de 1911 se tornaria, para a monarquia chinesa, o que o 14 de julho de 1789 foi para a monarquia francesa.

A partir desse dia, os acontecimentos se acelerariam. Por iniciativa de uma "sociedade literária", muito ativa nos bairros antigos de Wuhan, um comitê revolucionário foi formado e proclamou abertamente sua intenção de derrubar a dinastia reinante. Em questão de dias, o movimento se espalhou por todo o país, com as províncias anunciando uma a uma sua demanda pela instauração de uma república.

O que começou como um protesto local contra a concessão das ferrovias se transformou em uma revolução.

Aqueles que governavam o país em nome de Pu Yi, o imperador-criança, estavam evidentemente perdidos. Eles se voltaram para o único homem que parecia capaz de conter o movimento: o general Yuan Shikai. Havia muita hesitação em recorrer a ele, em razão de sua ambição avassaladora, mas ele havia se tornado, indiscutivelmente, o último recurso. Ele era o único com a força e o prestígio necessários para agir.

O militar relutou em aceitar. Depois listou suas condições: ele seria nomeado primeiro-ministro, todas as forças armadas estariam sob seu comando, seus adversários políticos seriam expulsos do palácio e ele teria carta branca para fazer o que julgasse necessário para salvar a dinastia. Sem outra escolha, eles tiveram que ceder a suas exigências.

Somente então ele concordou em comparecer à frente de suas tropas e enfrentar os insurgentes. Com clara superioridade militar, ele obteve uma primeira vitória, mas, em vez de aproveitar a vantagem e reprimir a revolta, ele entrou em contato com os rebeldes para negociar um acordo. Como em 1898, ele preferiu mudar de lado. Dessa vez, poderíamos dizer que a favor da História. Ou a favor do vento...

Yuan havia percebido, em todo caso, que a dinastia reinante não tinha futuro e que a mudança de regime era inevitável. A posição proeminente que ele havia alcançado na China de antes já não tinha valor algum a seus olhos, exceto como uma ferramenta para conquistar um lugar na China de depois.

Enquanto o oficial ardiloso se envolvia nessas manobras, Sun Yat-sen estava do outro lado do mundo. Ele claramente não previa que os acontecimentos se acelerariam dessa maneira e viajara para fazer uma série de palestras nos Estados Unidos. Seu público era composto principalmente de membros da diáspora chinesa, que ele queria convencer a financiar as atividades revolucionárias em seu país de origem. Foi em Denver, Colorado, que ele soube, através do jornal local, que uma revolta havia eclodido na China.

Mas ele não se apressou. Continuou sua turnê e depois embarcou em um navio para Londres, onde tentou sondar os bancos ingleses sobre a postura que eles pensavam adotar em relação aos distúrbios em curso. De certa forma, ele já estava agindo como porta-voz de um novo regime, e era assim que seus interlocutores o viam.

Ele só retornou ao país em 25 de dezembro. Quatro dias depois, os principais representantes da revolta, reunidos às pressas, decidiram proclamar solenemente o nascimento da República, simbolicamente marcado para 1º de janeiro de 1912, e nomearam Sun Yat-sen como seu líder, com o título de "presidente provisório".

Um passo fora dado, mas um passo que tinha, acima de tudo, valor simbólico. O novo regime existia apenas no papel, por vontade de alguns intelectuais entusiasmados, e ninguém sabia se seria consolidado ou derrubado. As fracas tropas dos insurgentes, mal equipadas e mal organizadas, não eram páreo para as de Yuan Shikai. Se ele quisesse, poderia esmagá-las e sufocar a república no nascedouro.

Mas o general tinha outros planos. Ele se aproximou dos revolucionários com uma proposta surpreendente: ele estava disposto a colocar seu exército a serviço deles e a lhes entregar o ato de renúncia do imperador, que tinha acabado de completar 6 anos, devidamente assinado pela regente, que era a viúva do soberano anterior. Mas com uma condição: que ele mesmo, Yuan Shikai, fosse imediatamente eleito presidente da República! Para evitar o risco de um confronto militar que poderia se voltar contra eles, os insurgentes concordaram. O próprio dr. Sun lhe disse, muito explicitamente, que se retiraria a seu favor se ele conseguisse obter o precioso documento.

O general foi então ao Palácio. Em suas memórias, Pu Yi descreve a cena, da qual não compreendeu muito na época. Um homem idoso e corpulento chegou. Ele se ajoelhou em uma almofada vermelha e, assim que começou a falar, se pôs a chorar copiosamente.

Havia apenas três pessoas na grande sala: o general, a criança e a regente, que também começou a chorar. Pu Yi olhava para os dois adultos sem entender o que estava acontecendo. Somente muito mais tarde ele conseguiria interpretar a cena que se desenrolara diante de seus olhos de criança. Yuan fora explicar à regente que, apesar de todos os seus esforços, não havia conseguido salvar o regime imperial, e que ela não tinha outra escolha senão assinar a abdicação em nome de seu sobrinho. Ela assinou, com o coração partido. O general se retirou imediatamente, para mostrar o documento aos revolucionários. E Sun Yat-sen lhe cedeu a presidência, como combinado.

O pai da República ficou à frente do país por poucas semanas. Isso não o impediu de se tornar, para sempre, um símbolo e uma lenda.

*

Os revolucionários provavelmente não tinham a possibilidade de dizer "não". Mas o acordo feito com Yuan se mostraria arriscado e mesmo funesto. O homem logo começou a se comportar como um tirano, levando Sun Yat-sen a se rebelar e clamar, sem sucesso, por uma "segunda revolução" e, com medo de ser preso ou assassinado, a deixar o país. Sun Yat-sen fugiu então para o Japão, como já havia feito no passado.

O futuro da jovem república parecia ainda mais sombrio porque o "Bonaparte" chinês nutria as mesmas ambições que seu modelo:

proclamar-se imperador. E foi isso que fez, com grande solenidade, em novembro de 1915. Ele forçou o parlamento recém-eleito a lhe enviar uma "petição" suplicando que ele restaurasse o império. Aos revolucionários que o haviam nomeado presidente, ele explicou que o povo estava acostumado a obedecer a imperadores, e que seria sensato não contrariar essa tradição milenar.

O dia 1º de janeiro de 1916 foi designado como o início da nova era. A república foi abolida, exatos quatro anos depois de sua instauração, e Yuan se proclamou imperador, escolhendo *Hongxian*, "Abundância Constitucional", como lema de seu reinado...

A restauração do império foi recebida com satisfação pela Inglaterra, bem como pelos bancos credores, que viram nisso uma promessa de estabilidade. Mas entre a população chinesa a reação foi imediatamente muito hostil. Especialmente quando o novo imperador anunciou que cerimônias suntuosas seriam organizadas para sua coroação.

O governador militar de Yunnan se rebelou na mesma hora "para bloquear o retorno do sistema monárquico". Várias outras províncias seguiram seu exemplo. Yuan ficou perplexo, especialmente porque a insatisfação vinha do próprio exército, que até então tinha sido seu principal apoio. Ele decidiu adiar a coroação, mas os protestos continuaram e se intensificaram, e em 22 de março, depois de oitenta e três dias de reinado, ele anunciou que abdicava e abolia o império para restaurar a república e voltar a ser seu presidente.

Esse lamentável recuo não lhe rendeu um momento de paz. Os protestos só aumentaram, exigindo sua saída imediata. Enclausurado em seu palácio, assolado pelo remorso, ele morreu alguns meses depois, de uma crise de uremia. No ponto em que estava, foi a saída mais honrosa...

O país, no entanto, não estava fora de perigo. Os problemas continuaram a se acumular e agravar. A tendência dos generais de considerar suas províncias como feudos ou trampolins havia se acentuado significativamente durante a crise provocada pelo efêmero imperador. Em vez de representantes da autoridade central, eles se tornaram "senhores da guerra".

Ainda seria possível transformar a China em um país estável e pacífico, com uma única autoridade exercendo poder sobre todas as províncias? Provavelmente não. Pelo menos não imediatamente. Nem mesmo o dr. Sun, cujo prestígio ainda era considerável, estava em posição de reunificar o país. Ele também foi obrigado a reconhecer as divisões e a jogar com as diferenças. Em 1921, ele se resignou a se instalar em Cantão, sua província natal, onde estabeleceu um governo dissidente, esperando um dia retomar a presidência que havia sido forçado a abandonar. Mas ele nunca conseguiu. Quando morreu de câncer, em 12 de março de 1925, aos 58 anos, o regime que ele havia fundado estava em péssimas condições.

Além das lutas internas que a exauriam e a desacreditavam, a jovem República Chinesa precisava enfrentar outro perigo, ainda mais grave: o domínio japonês, que havia começado com uma longa lista de exigências e que acabaria levando a uma invasão em grande escala, com massacres, destruições, humilhações e tragédias de todos os tipos.

Em janeiro de 1915, o governo de Tóquio havia enviado à China vinte e uma exigências que se tornariam, por muito tempo, um exemplo quase caricato da arrogância dos poderosos quando eles se sentem em posição dominante. Depois de exigir várias concessões territoriais e comerciais, o memorando pedia que as finanças públicas, as ferrovias e até a polícia fossem confiadas a administradores japoneses, o que teria colocado o país sob tutela do arquipélago vizinho.

Essa audácia quase inacreditável se explicava, em parte, pelo contexto internacional. A Primeira Guerra Mundial havia eclodido no verão anterior, e os exércitos europeus começavam a ficar atolados nas trincheiras de Marne e de outros lugares. O Japão logo se juntara aos Aliados, declarando guerra aos Impérios Centrais. Seu primeiro objetivo era se apoderar das possessões alemãs na China, em torno da cidade de Tsingtao, em Shandong. E isso foi alcançado em novembro de 1914, com a participação simbólica de uma unidade inglesa.

A primeira das "Vinte e Uma Exigências" tratava justamente desse território. O Japão queria se apropriar dele, com a aprovação oficial das autoridades chinesas, e também queria que lhe fossem concedidos direitos sobre toda a província. Nem os britânicos, nem os franceses, nem os norte-americanos estavam dispostos a entrar em disputa com Tóquio, em plena guerra mundial, por uma reivindicação territorial no Extremo Oriente. Eles evitaram se pronunciar em público, mas as trocas confidenciais entre suas chancelarias revelam claramente sua irritação e seu descontentamento com um aliado que tinha tanta dificuldade de esconder seus apetites expansionistas.

A questão de Shandong ressurgiria quatro anos depois, em Paris, durante a Conferência de Paz, manchando significativamente a imagem do Japão. Percebido a partir de então como a "Prússia da Ásia", ele não conservaria muitos amigos mundo afora, ainda que, na época, algumas de suas exigências tenham tido que ser aceitas.

Aos olhos dos chineses, o Japão passaria a ser visto como "inimigo histórico", o que é um tanto paradoxal, pois ao longo dos séculos as duas nações tinham conhecido relativamente poucas hostilidades entre elas.

O último patriota chinês a manter sua afeição pelo arquipélago vizinho foi, sem dúvida, Sun Yat-sen. Questionado por um jornal, logo depois da Primeira Guerra, sobre os sentimentos que as reivindicações territoriais japonesas lhe inspiravam, ele havia respondido: "É como se um bando de criminosos tivesse vindo saquear minha casa, e meu irmão mais novo se unisse aos saqueadores".

Ele permanecia cortês e fraterno, embora sua decepção fosse grande. O Japão era sua segunda pátria, profundamente amada, era o lugar onde ele se refugiava sempre que precisava deixar sua terra natal. Existem escritos de sua autoria nos quais ele expressa a esperança de que a Restauração Meiji desempenhe para a China o papel que a Revolução Francesa desempenhou para a Europa, perturbando a ordem estabelecida para instaurar uma nova era. Um sonho quimérico que o "Pai da Nação" só abandonaria muito mais tarde.

Em seus últimos dias, apenas a União Soviética tinha algum valor a seus olhos. Mas é verdade que ele morreu sem ter conhecido o stalinismo. Ele, sem dúvida, teria emitido um julgamento mais severo se soubesse que seu querido amigo Borodin terminaria sua vida diante de um pelotão de fuzilamento.

7

EM 4 DE MAIO DE 1919, em Pequim, na Praça Tiananmen, ocorreu uma manifestação que marcaria a História. De três a quatro mil estudantes se reuniram para expressar sua raiva contra a decisão, tomada na Conferência de Paris dois dias antes, de conceder o porto de Tsingtao ao Japão em vez de devolvê-lo à China.

Como muitos de seus compatriotas, esses jovens tinham a raiva do desespero. As reformas haviam fracassado, a derrubada da monarquia não havia resolvido nada, a China estava à beira do caos, à beira da falência e continuava a sofrer humilhações. Em agosto de 1917, ela se juntara aos Aliados e, portanto, deveria estar entre os vencedores, mas foi relegada a um papel secundário na Conferência de Paz, enquanto seu território era dividido, como se fazia com os vencidos.

Aqueles que se manifestaram naquele dia estavam furiosos com todas as potências e também com seus próprios governantes, que tinham se mostrado incapazes de defender os interesses e a honra de seu povo. As casas de alguns líderes foram invadidas, saqueadas e incendiadas, entre elas a do ministro das Comunicações, conhecido por ser pró-japonês.

Além da raiva pelas humilhações do momento, esses jovens também tinham a convicção de que seu país seguia o caminho errado havia muito tempo, em todos os âmbitos, e que era dever de sua geração tirá-lo, a qualquer custo, da armadilha em que estava preso.

Fazia-se necessária uma reavaliação, que precisava ser completa, ousada, implacável. E irreverente. Nada nem ninguém deveria ser poupado. Até mesmo Confúcio, morto havia vinte e quatro séculos, foi alvo de slogans, visto pelos manifestantes como o símbolo do imobilismo e a imagem de uma ordem estabelecida que eles não mais desejavam.

O "Movimento de Quatro de Maio" marcou profundamente a trajetória da China ao longo do século XX e além. Com sua radicalidade, sua hostilidade às grandes potências e sua crença na necessidade de uma "revolução cultural", ele representou um prelúdio intelectual ao maoísmo.

O jovem Mao Zedong não estava presente nesse dia. Ele tinha passado o último ano na capital, mas a havia deixado algumas semanas antes dos acontecimentos para assumir um cargo de professor em Changsha, a capital de sua província natal, Hunan.

No entanto, pessoas que o conheceram na juventude afirmam que, mesmo que estivesse em Pequim naquele dia, ele não teria se juntado aos manifestantes. Embora compartilhasse os mesmos ressentimentos e a mesma indignação, ele não gostava de reagir com precipitação, no calor do momento ou sob pressão dos colegas. Em momentos de grande tumulto, sua reação instintiva era não se juntar à multidão e se afastar para refletir sobre como agir para virar a situação a seu favor ou para promover suas ideias.

Nos dias e semanas que se seguiram ao Quatro de Maio, Mao reuniu cerca de vinte jovens, sobretudo colegas que ensinavam na mesma escola e alguns estudantes. Ele propôs que eles expressassem solidariedade aos manifestantes por meio de duas iniciativas bastante diferentes, que lhe pareciam importantes. A primeira foi um boicote imediato a todos os produtos japoneses. Para isso, foi organizada uma procissão em Changsha, lembrando a ação icônica de Lin Zexu, quando este havia destruído os estoques de ópio oitenta anos antes. Centenas de jovens desfilaram pelas ruas da cidade, cada um brandindo vários artigos importados do Japão. Ao chegarem em frente aos escritórios regionais da Educação Nacional, eles despejaram as mercadorias na rua e as borrifaram com querosene, incendiando-as sob os aplausos de todos.

A outra ação sugerida por Mao foi a criação de um boletim informativo e de reflexão chamado *Revista do Rio Xiang*, cujo primeiro número foi lançado em julho de 1919. A publicação obteve um sucesso imediato, logo superando todos os outros jornais locais, o que levou as autoridades a proibi-la após quatro números.

Muitos artigos eram de autoria do futuro "Grande Timoneiro". Um exemplo, retirado de seus primeiros editoriais, revela seu estado de espírito na época: "O perigo, para nosso país, não vem de sua fraqueza militar ou financeira, nem dos riscos de fragmentação causados pelos distúrbios políticos. O verdadeiro perigo reside no fato de que o universo mental de todo o povo chinês está vazio e danificado. Em uma população de quatrocentos milhões de habitantes, trezentos e noventa milhões se entregam à superstição. Eles acreditam em espíritos, fantasmas, adivinhação, destino e despotismo. Não há reconhecimento algum do indivíduo, da pessoa, da verdade. Porque o pensamento científico não se desenvolveu. A China é uma república apenas no nome; na realidade, ela é uma autocracia, e as coisas só pioram de um regime para outro. A grande maioria de nosso povo não tem a menor ideia do que é a democracia".

Mao ainda não se dizia marxista. Ele proclamava sua fé nos dois pilares fundamentais de uma sociedade moderna, que são "o conhecimento e a democracia", queria proporcionar ao povo "pão, liberdade e igualdade", mas "não por meio da ineficaz revolução de bombas e sangue". Naquela época, ele lia abundantemente, se interessava por diversos autores e doutrinas diferentes, mas ainda não conhecia, ou conhecia muito pouco, os pais fundadores do comunismo.

Foi em Pequim, seguindo o conselho de um amigo bibliotecário, que ele começou a lê-los. Sobretudo Lênin, que se tornaria para ele uma verdadeira revelação – sua explicação do imperialismo como "estágio supremo do capitalismo", sua rejeição das religiões e das ideologias do passado, suas diretrizes para construir uma organização revolucionária e torná-la um instrumento de tomada de poder. Mao tinha a sensação de que esses textos, recentemente traduzidos, se dirigiam a ele pessoalmente.

O que mais o fascinava, e atiçava seu fervor, era que esses escritos não eram simples construções intelectuais. Os bolcheviques tinham *realmente* tomado o poder dois anos antes. A imensa Rússia estava agora sob seu controle. A receita leninista havia demonstrado concretamente sua eficácia.

No entanto, é claro que era preciso adaptá-la às realidades específicas de seu próprio país. Para Lênin e seus camaradas, bastou um ataque audacioso ao Palácio Imperial de São Petersburgo para tomar o poder. Isso simplesmente não poderia ser reproduzido na China, onde o poder estava disperso, as províncias constantemente ameaçavam se rebelar contra o governo central e cada grande cidade sonhava em se proclamar capital. Nesse contexto, não se poderia esperar que a revolução fosse desencadeada por um audacioso ataque. Ela só poderia se impor como o resultado de uma longa e paciente conquista.

*

Trinta tumultuosos anos se passariam entre os protestos de 1919 e a ascensão de Mao. Não houve apenas uma guerra civil. Nem apenas uma guerra de libertação. Nem mesmo uma revolução como as que ocorreram em outros lugares. Houve uma espécie de tumulto generalizado, onde os nacionalistas, os comunistas e os exércitos japoneses se enfrentaram, às vezes com a interferência de outras forças.

A figura central desse período de confusão foi Chiang Kai-shek, indiscutivelmente. Ele havia sido um dos tenentes de Sun Yat-sen e, de certa forma, o "braço armado" de seu partido, o Kuomintang. Depois da morte do fundador, Chiang habilmente conseguira reunir sua herança política e, de certa forma, sua legitimidade "dinástica", já que ele havia se casado com a irmã de Sun Yat-sen, depois de também se converter ao protestantismo. No entanto, ele havia evitado seguir seu ilustre mentor na empolgação com a revolução bolchevique e, assim que pôde consolidar sua posição, expulsou os militantes marxistas do Kuomintang e expulsou da China os "camaradas" do Komintern, a começar por Borodin.

Paralelamente a essa guinada à direita, ele também tentou reduzir a influência dos "senhores da guerra" – uma tarefa hercúlea que ele realizou com sucesso moderado. Embora nunca tenha conseguido submetê-los completamente à sua autoridade, ele havia conseguido adquirir uma certa primazia em relação a eles. A imprensa internacional passara a chamá-lo de "o generalíssimo".

Desde 1928, ele havia se tornado o homem-forte da China e era tratado como tal por todas as potências, inclusive pela União Soviética. Stálin, que havia prevalecido sobre seus rivais na mesma época, não sentia por ele nenhuma hostilidade particular. Ele certamente não imaginava uma China comunista em um futuro próximo e estava disposto a lidar com um líder nacionalista, desde que este não fosse subserviente a japoneses, britânicos ou norte-americanos.

No entanto, a posição de Chiang não era confortável. Embora tenha conseguido afirmar sua legitimidade e fortalecer sua autoridade, ele continuava a despertar grande desconfiança em alguns. Ao longo de toda a sua carreira seriam formuladas dúvidas a respeito de sua personalidade, tanto por aqueles que ele combateu quanto por aqueles que deveriam apoiá-lo. Como o general americano Joseph Stilwell, que havia sido enviado para aconselhá-lo e auxiliá-lo, e que chegou a chamá-lo, em sua correspondência, de um apelido bastante desagradável, "The Peanut", "o Amendoim", e às vezes até de "The Rattlesnake", "a Cascavel". Entre as acusações feitas contra ele por Stilwell e alguns outros estavam a "indecisão", a "astúcia", a "inconsistência" e a "corrupção"; até se falou de ligações com a máfia de Xangai, conhecida como "Gangue Verde"...

Apesar de toda a hostilidade, justificada ou não, que o homem suscitava, ele parecia estar bem encaminhado para se impor como o mestre incontestável da China, e poderia ter conseguido se um obstáculo difícil de superar não tivesse surgido em seu caminho, freando seu progresso e interrompendo seu ímpeto. Estou me referindo às ambições japonesas. Latentes por várias décadas, elas tinham se tornado mais urgentes, agressivas e excessivas. Chiang Kai-shek se mostrou incapaz de enfrentá-las, e acabou pagando um preço muito alto por isso.

O arquipélago nipônico estava, mais do que nunca, sob o domínio de seus demônios expansionistas. No início dos anos 1930, os legítimos dirigentes do país não dirigiam mais nada. Grupos de militares extremistas aterrorizavam os sucessivos governos, com ameaças e mesmo assassinatos, para ditar a política a ser seguida.

Como mencionei anteriormente, foi na noite de 18 de setembro de 1931 que dois oficiais determinados a envolver seu país em uma nova guerra de conquista provocaram um incidente de fronteira que serviu de pretexto para a invasão do território chinês. Com uma esmagadora superioridade militar, o exército japonês conseguiu tomar a Manchúria em cinco meses. Ele estabeleceu um Estado-fantoche chamado Manchukuo, comandado pelo antigo imperador-criança da China, Pu Yi, que parecia adequado para o papel, já que era da linhagem imperial e de ascendência manchu.

Essa invasão, acompanhada de uma cínica encenação, aumentou consideravelmente o isolamento internacional de Tóquio e preparou o terreno para sua futura aliança com a Alemanha nazista. Na China, ela minou a credibilidade e a estatura de Chiang Kai-shek. Percebendo que a relação de forças não estava a seu favor e não querendo correr o risco de uma derrota, ele simplesmente optou por não enfrentar os japoneses; e chegou a assinar um tratado com eles, reconhecendo a autoridade japonesa sobre a Manchúria. O que era compreensível do ponto de vista militar, mas indefensável do ponto de vista político. Seus compatriotas, que tantas vezes tinham sido prejudicados pela complacência de seus governantes diante das invasões de potências estrangeiras, não estavam dispostos a aceitar que o generalíssimo demonstrasse a mesma complacência. E eles não apreciaram de forma alguma a justificativa que ele dera para sua deserção, alegando que era necessário "arrumar a casa" antes de enfrentar o inimigo externo.

Confiando em sua estratégia e subestimando a hostilidade que ela gerava na população, Chiang se lançou imediatamente em uma campanha abrangente para acabar de uma vez por todas com os comunistas. E ele conseguiu enfraquecê-los. Expulsos das principais cidades, especialmente de Xangai, onde sofreram uma repressão violenta, eles tiveram que se retirar para as áreas rurais, onde também foram submetidos a quatro "campanhas de cerco" sucessivas que os enfraqueceram significativamente.

Seu último bastião de certa envergadura estava localizado nas proximidades da pequena cidade de Ruijin, a "capital" da chamada "República Soviética Chinesa", uma entidade nebulosa proclamada pelos comunistas para conferir um estatuto legal às áreas dispersas para onde eles tinham se retirado. Mas o exército do generalíssimo lançou contra eles uma "quinta campanha de cerco", que prometia ser a última.

*

Foi nesse contexto que ocorreu um dos acontecimentos mais emblemáticos da história moderna da China: a Longa Marcha. Os comunistas estavam acuados. Deveriam eles manter sua "capital" até o fim, depois cair, de armas em punho, ao fim de uma resistência heroica? Eles optaram por uma solução diferente, que à primeira vista poderia parecer menos gloriosa, mas que acabaria se revelando vitoriosa: partir pelo campo em uma longa marcha de nove mil quilômetros, que duraria um ano, de outubro de 1934 a outubro de 1935. Mao Zedong e seus camaradas conseguiram sair de maneira magistral de uma situação que parecia sem saída e que poderia tê-los levado à aniquilação, transformando a derrota em vitória.

O Grande Timoneiro era, acima de tudo, um gênio da comunicação. Ele tinha consciência disso e às vezes se vangloriava, em pequenos grupos, de suas habilidades como "propagandista". Para se convencer disso, basta lembrar das expressões lapidares que ele criou ou popularizou e que sobreviveram a ele, como o "Grande Salto Adiante", "Desabrochar de Cem Flores", "Revolução Cultural", "O poder nasce da ponta do fuzil", "O imperialismo é um tigre de papel" ou "O vento do leste predomina sobre o vento do oeste". Mesmo que a ideia fosse duvidosa ou desastrosa, sua invenção verbal era brilhante. A "Longa Marcha" foi, em termos cronológicos, uma das primeiras, e se destacou imediatamente. Pela simplicidade desarmante da expressão e também pela eficácia da estratégia que ela descrevia.

Na verdade, o que os comunistas escolheram fazer diante de Chiang Kai-shek não diferia muito do que este último havia escolhido fazer diante dos japoneses: evitar o confronto para não serem destruídos por uma força superior. No entanto, enquanto a decisão do "generalíssimo" resultou em um desastre político, o caminho escolhido por seu rival era visto como um gesto épico.

Quando Mao contava essa história, ele destacava o fato de que seu exército havia atravessado muitas províncias e estado direta ou indiretamente em contato com duzentos milhões de camponeses, que tinham aprendido a respeitar, ouvir e ajudar os comunistas, e a se reconhecerem neles. "Nós éramos, no meio da população, como peixes na água", ele dizia — uma frase que também ficaria nas memórias.

A verdade estatística é que, dos oitenta e seis mil homens que iniciaram a Longa Marcha, apenas dez mil chegaram a seu destino sãos e salvos. Mas os dados brutos não têm muito peso na História. O que mais importa é a percepção dos fatos, sua narrativa e sua organização.

No entanto, é preciso acrescentar que, se a Longa Marcha foi um notável "golpe" de propaganda, ela foi em primeiro lugar uma manobra estratégica incrivelmente habilidosa. Ao negar a Chiang Kai-shek o combate decisivo que ele esperava e a vitória que ele provavelmente teria alcançado, os comunistas conseguiram desestabilizá-lo de uma vez por todas. Ele não havia prometido resolver as contas com o "inimigo interno" para poder preparar calmamente o combate contra os invasores? A partir do momento em que o adversário literalmente "desapareceu", o generalíssimo não soube mais onde ele estava. Era como se ele estivesse prestes a dar um "xeque-mate" e o tabuleiro tivesse sido subitamente roubado. Como ele deveria reagir? Continuar perseguindo os "marchadores" pela vastidão das áreas rurais? Mas eles estavam dispersos, inatingíveis, levaria anos para aniquilá-los! Ou ele deveria deixá-los correr, e voltar sua atenção para os japoneses? Mas seria arriscado demais deixar seus adversários crescerem e se fortalecerem tranquilamente no coração das províncias!

Depois de muita hesitação, Chiang escolheu seguir sua estratégia original: a erradicação dos comunistas.

Em dezembro de 1936, a vitória parecia, mais uma vez, a seu alcance. Os sobreviventes da Longa Marcha ainda estavam tentando recuperar o fôlego e, de certo modo, se reorganizar. Os principais líderes estavam nas proximidades da pequena cidade de Yan'an, que eles se preparavam para tomar e que se tornaria sua capital provisória por treze anos. Foi lá que muitos visitantes estrangeiros, que tinham acabado de ouvir o nome de Mao, o conheceram pela primeira vez.

Yan'an está localizada em Shaanxi, uma província rica em história e que é, frequentemente, considerada a representação da China mais profunda. É lá que se encontra o incrível "Exército de Terracota", de dois mil anos de idade, mas que ainda não havia sido descoberto.

Nesse local, perto da antiga cidade de Xian, estava estacionado um dos melhores exércitos chineses, comandado por um jovem "senhor da guerra" chamado Zhang Xueliang, apelidado de "jovem marechal". Se ele pudesse lançar um ataque contra os comunistas, derrotar suas fileiras antes que pudessem se reorganizar, o destino estaria selado. Essa era, ao menos, a expectativa de Chiang Kai-shek.

O único problema é que o "jovem marechal" não queria fazer uma expedição desse tipo. Originário da Manchúria, ele não entendia por que os chineses continuavam lutando uns contra os outros em vez de unirem forças contra o invasor. O generalíssimo se sentia capaz de convencê-lo se pudesse encontrá-lo pessoalmente para dizer, face a face: "Ajude-me a acabar com os comunistas, depois lutaremos juntos contra os japoneses!". Chiang Kai-shek, portanto, foi a Xian. Mas sua estadia não correu nem um pouco como ele havia previsto.

Ele estava instalado em um antigo pavilhão, perto de uma fonte termal, quando, nas primeiras horas da manhã, uma tropa armada atacou o local, atirando em tudo o que se movia. Seus guardas foram mortos, e ele próprio teve que fugir de camisola pela janela do quarto, escalar um muro e correr na escuridão. Ele caiu, se machucou e foi capturado por seus perseguidores, que o levaram para uma caserna. Ele foi trancado em um quarto escuro, onde seu "anfitrião" foi visitá-lo. O generalíssimo estava furioso, ele praguejava, ameaçava e insultava. Com muito sangue-frio e coragem também. "Se você é um homem, me mate! Caso contrário, peça desculpas e me deixe ir!"

Mas seu sequestrador tinha outros planos. Ele não tinha a intenção de matá-lo e estava disposto a deixá-lo partir. Com uma condição: ele deveria assinar uma trégua com os comunistas, para que eles unissem suas forças contra os japoneses. O jovem marechal inclusive já havia enviado uma mensagem a Mao, para lhe dizer que detinha seu adversário e lhe pedir que viesse a seu encontro. Para ganhar tempo, ele lhe enviara um pequeno avião.

Mao não quis ir pessoalmente e preferiu enviar Zhou Enlai, o homem das missões delicadas, em seu lugar. Zhou havia sido comissário político na escola militar, cujo comandante era ninguém menos que Chiang Kai-shek. Quando eles se encontraram face a face, Zhou disse cortesmente ao mais velho: "Você não envelheceu muito desde a última vez que nos vimos". O outro respondeu: "Enlai, você foi meu subordinado, deveria me obedecer". Zhou retrucou que, se Chiang decidisse encerrar a guerra civil e convocar a resistência contra os japoneses, todos os comunistas estariam dispostos a se colocar sob seu comando.

Depois de algumas objeções puramente formais, o generalíssimo eventualmente aceitou tudo o que lhe foi pedido. Ele prometeu encerrar a campanha contra os comunistas e convidar todas as forças vitais do país a se unirem contra o inimigo externo. O rocambolesco "Incidente de Xian" produziu os resultados esperados. As duas grandes facções chinesas, a nacionalista e a comunista, estavam agora coalizadas.

A guerra civil estava em pausa; outra guerra, ainda mais mortal, estava prestes a começar.

8

COM A PASSAGEM DO TEMPO e a revelação do que estava por vir, a coalizão obtida à força pelo "jovem marechal", em dezembro de 1936, parece ser uma prefiguração do que aconteceria em escala global a partir de 1941: uma aliança paradoxal entre as democracias ocidentais e os comunistas contra as potências do Eixo. Para alguns historiadores, aliás, a Segunda Guerra Mundial começou na verdade em 7 de julho de 1937, quando o exército japonês, que já ocupava a Manchúria, se lançou à conquista da imensa China.

Assim como os nazistas fariam dois anos depois ao invadir a Polônia, os "prussianos da Ásia" haviam precedido a invasão com um incidente fictício. Na Europa, haveria simulação de um ataque polonês a um transmissor de rádio localizado em solo alemão; na China, o pretexto foi ainda mais risível: um soldado japonês não havia retornado à base, então um exército inteiro foi enviado para procurá-lo do outro lado da fronteira, o que provocou trocas de tiros. Quando o soldado voltou algumas horas depois, alegando ter se perdido, a guerra já havia começado. Ela duraria oito anos e causaria, de acordo com as estimativas mais verossímeis, quase vinte milhões de mortes.

O incidente fatídico ocorreu perto de uma ponte muito antiga, que Marco Polo havia cruzado no final do século XIII e mencionado em suas memórias. A estrutura tem vários nomes locais, mas muitos a chamam, em homenagem ao ilustre viajante, de "Ponte Marco Polo". Ela está localizada nos subúrbios de Pequim, e as forças japonesas rapidamente tomaram a cidade. É verdade que ela era pouco defendida desde que Chiang Kai-shek escolhera outra capital histórica, Nanquim, mais ao sul, para seu governo.

Nas semanas seguintes ao início das hostilidades, os japoneses atacaram Xangai, principal porto da China e sua capital econômica. Depois de três meses de combates intensos, o exército invasor, que havia mobilizado quase trezentos mil homens, quinhentos aviões, trezentos tanques e cento e trinta navios de guerra, finalmente obteve a vantagem, em parte devido a seu domínio nos céus e a um desembarque maciço nas praias ao sul da cidade.

As perdas foram muito pesadas de ambos os lados – claramente maiores entre os defensores do que entre os atacantes –, o que estes últimos não esperavam. Confiantes na excelência de seu armamento e de seu comando, e baseados nos resultados das guerras anteriores, os japoneses estavam convencidos de que as coisas seriam mais fáceis, e a obstinação da resistência chinesa os traumatizou.

Se menciono esse fato, é porque o estado de espírito reinante depois desse sangrento confronto foi invocado por alguns historiadores para explicar o comportamento insano dos invasores nas semanas seguintes.

Seu objetivo, após Xangai, era Nanquim. Os conselheiros de Chiang Kai-shek explicaram que ele deveria abandonar sua capital. Tendo lançado a maior parte de suas forças na batalha anterior, ele já não tinha os recursos necessários para mantê-la. Ele tinha consciência disso, mas a decisão era difícil de tomar. Ele prometera a si mesmo transformar essa antiga cidade imperial em um símbolo da nova China, abrira amplas avenidas, construíra edifícios modernos e um imponente mausoléu em homenagem a Sun Yat-sen.

Ele ainda hesitava sobre o que fazer quando as tropas inimigas chegaram. Os defensores se dispersaram rapidamente, e o generalíssimo teve que fugir às pressas. Ele estabeleceu uma nova capital provisória, que lhe pareceu menos ameaçada porque mais longe da costa: Chongqing.

Na cidade que ele havia deixado, a tragédia estava apenas começando. Para distingui-la de outros crimes de guerra e massacres, falou-se em "Estupro de Nanquim", palavra que, aplicada a toda uma cidade, confere ao fato uma qualidade apocalíptica.

Os relatos diferem a respeito das circunstâncias dos primeiros incidentes, mas as testemunhas concordam no essencial: em 13 de dezembro de 1937, os ocupantes atacaram os habitantes, civis ou militares, mulheres ou homens, com uma ferocidade inimaginável. Dia e noite, eles decapitaram, evisceraram, estupraram, destruíram, saquearam e incendiaram. Houve até uma competição macabra entre dois oficiais japoneses sobre o número de pessoas que cada um mataria com seu sabre: o vencedor seria aquele que fizesse primeiro cem vítimas.

Essa orgia assassina continuou por seis semanas e causou, segundo algumas estimativas, mais de duzentas mil vítimas. O que pode ter motivado esse episódio insano? Um desejo de vingança, para fazer os chineses pagarem pela resistência em Xangai? Essa foi a impressão de alguns contemporâneos, mas ela não explica a magnitude do acontecimento. Outra explicação que às vezes se ouve é que os militares quiseram deliberadamente aterrorizar a população, para desencorajá-la de lutar e incentivá-la a fugir em massa para o interior, deixando as áreas costeiras para os japoneses. Essa combinação de crueldade e cinismo não é sem precedentes na história das guerras. Às vezes, infelizmente, ela prova ser eficaz. Outras vezes, porém, ela produz o efeito contrário, galvanizando os atacados e os incentivando a lutar com a energia do desespero.

No caso presente, o comportamento dos invasores não provocou uma reação imediata, mas a tragédia de Nanquim favoreceu o surgimento de um patriotismo militante e ardente, no qual um dos componentes era um rancor tenaz em relação ao Japão, agora percebido como um inimigo natural.

Uma atitude que as gerações mais jovens adotariam como óbvia e mesmo como uma verdade eterna. No entanto, para muitos de seus predecessores, ela vinha acompanhada de desilusão, incredulidade e amargura. Tantos chineses tinham visto na modernização empreendida durante a Era Meiji um exemplo a seguir!

Mencionei várias vezes a admiração e até o amor de Sun Yat-sen, "pai" da República, pelo arquipélago vizinho, e o mesmo era verdade para seu "herdeiro", Chiang Kai-shek. Foi no Japão, na cidade histórica de Kamakura, que ele pediu a mão de sua esposa, e no Japão que ele estudou a arte militar. Mesmo depois de chegar ao poder, ele às vezes visitava seu instrutor, o general Nagaoka, um dos heróis da Guerra Russo-Japonesa. Não é impossível, aliás, que esses laços estreitos tenham afetado seu julgamento quando ele foi forçado a escolher seu inimigo principal: os japoneses ou os comunistas.

O capital de simpatia que o Arquipélago tinha na China foi dilapidado pouco a pouco, com as arrogantes "Vinte e Uma Exigências", a ocupação de Tsingtao, a invasão da Manchúria, para citar apenas os marcos mais significativos da deterioração. E, enquanto isso, alguns admiradores, e não os menos importantes, ainda encontravam desculpas para esse turbulento "irmão mais novo", pensando que ele talvez amadurecesse com o tempo.

Mas não depois de Nanquim. Não depois do "estupro". Eles tinham cometido o impensável, o imperdoável. No momento em que escrevo estas linhas, tantos anos depois, o ressentimento ainda está muito presente e não parece estar desaparecendo.

Na época, o terrível massacre causou espanto, incredulidade, repugnância e horror. No entanto, teve pouco efeito no curso da guerra. Se o crime não beneficiou o agressor, também não o prejudicou muito no plano militar. Não foi nesse palco de operações que o Japão foi derrotado, mas no Pacífico, diante dos Estados Unidos.

Quando o país capitulou, em agosto de 1945, depois do lançamento das bombas atômicas sobre Hiroshima e Nagasaki, seus exércitos na China não haviam sido derrotados, e nenhuma das grandes cidades que ele ocupava havia sido libertada, nem pelas tropas de Chiang nem pelas de Mao.

Isso significa que a luta dos resistentes foi inútil? Certamente não. Eles "pregaram" milhões de soldados no lugar, impedindo-os de lutar em outras regiões, e, com isso, contribuíram indiretamente para todos os reveses infligidos ao Japão e, consequentemente, para sua derrota final. Mas não podemos deixar de pensar que as facções chinesas pensavam constantemente no "dia seguinte". Mais importantes do que as batalhas que estavam sendo travadas eram as que eles se preparavam para travar mais tarde, quando essa guerra tivesse terminado e a seguinte começado, entre comunistas e nacionalistas.

Outra consequência não negligenciável da luta contra o invasor foi que a China recuperou, pela primeira vez em séculos, o status de grande potência. Enquanto chefe de Estado, o generalíssimo conheceu, por certo tempo, uma espécie de apoteose.

Como esquecer a fotografia da conferência realizada no Cairo em novembro de 1943, onde se vê Winston Churchill, Franklin D. Roosevelt e Chiang Kai-shek lado a lado? Este último estava certamente maravilhado. Ele se encontrava entre os "grandes", e essa era, inegavelmente, uma revanche para seu país, que havia sido tão maltratado após a Primeira Guerra Mundial. Aliás, uma das decisões da cúpula tripartite foi reconhecer a soberania da China sobre todos os territórios que os japoneses haviam tomado, a começar por Taiwan e pela Manchúria.

Inebriado de estar nessas alturas, o generalíssimo não percebeu que seus homólogos estavam bastante céticos em relação a ele. Depois de uma reunião privada com Roosevelt, ele anotou em seu caderno que tudo havia corrido perfeitamente bem. Enquanto isso, Elliott, filho do presidente norte-americano, que havia perguntado ao pai quais tinham sido suas impressões, ouvia a resposta: "Ainda não entendi por que os homens de Chiang nunca lutam contra os japoneses, nem por que ele mantém suas melhores tropas contra os comunistas". Deve-se notar que, enquanto ouvia o visitante e sua encantadora esposa, Meiling, que era perfeitamente fluente em inglês e lhe servia de intérprete, Roosevelt tinha em mente os relatórios que recebia de seu representante militar na China, o general Stilwell, o mesmo que chamava Chiang de "Amendoim" e nunca perdia a ocasião de desacreditá-lo.

Em parte devido a esse trabalho de minar sua reputação, o generalíssimo não seria convidado para as conferências posteriores, realizadas em Teerã, Ialta e Potsdam. No entanto, o breve momento de glória, que deu a seu país a sensação de recuperar a grandeza passada, teve consequências. Quando as Nações Unidas foram criadas, em 1945, e os cinco principais vencedores da Segunda Guerra Mundial obtiveram assentos permanentes no Conselho de Segurança, a China foi incluída, ao lado de Estados Unidos, União Soviética, Grã-Bretanha e França.

Embora o gigante asiático ainda não tivesse os meios econômicos, políticos ou militares para desempenhar um papel de liderança, sua ascensão ao status de grande potência, mesmo que puramente simbólico, parece, com o tempo, um marco em seu caminho de ascensão.

*

Para voltar aos combates que ocorriam na China, é verdade que Chiang, como dissera Roosevelt, não estava lutando seriamente contra os japoneses. Mas seria justo acrescentar que nenhum dos protagonistas estava comprometendo todas as suas forças nessa batalha.

No entanto, Mao e seus camaradas conseguiram atravessar esse período delicado e ambíguo com mais habilidade que seu rival.

A impressão que prevaleceu na época entre a população foi que os comunistas lutavam corajosamente contra o ocupante e que seus combatentes se portavam com decência no territórios por onde passavam, respeitando os habitantes e pagando com justiça por tudo o que levavam. Como resultado, suas fileiras não paravam de crescer. O "Exército Vermelho", renomeado como "Exército Popular de Libertação", viu seus efetivos passarem de oitenta mil homens para mais de novecentos mil ao longo dos oito anos de guerra contra os japoneses.

Independentemente de essa imagem dos comunistas ter sido precisa ou exagerada, é inegável que ela foi amplamente compartilhada e contribuiu para pender a balança a seu favor. Paralelamente, a imagem do generalíssimo continuava a se deteriorar. As acusações de condescendência com o ocupante, indecisão ou oportunismo, que sempre estiveram associadas a seu nome, se tornavam mais intensas.

Portanto, ele se encontrava em uma posição bastante frágil quando a Segunda Guerra Mundial terminou, as tropas japonesas capitularam e a China passou, quase sem transição, da resistência ao ocupante para uma guerra civil.

Em um primeiro momento, cada um dos dois rivais queria mostrar que estava a favor da paz e disposto a fazer concessões para evitar ao país os horrores de um novo conflito. Quando o embaixador dos Estados Unidos, Patrick Hurley, propôs a Mao visitar o generalíssimo em sua capital provisória, Chongqing, para discutir um acordo, o líder comunista respondeu positivamente e fez sua primeira viagem de avião.

O encontro entre os dois líderes prometia ser glacial. Eles tinham se conhecido brevemente vinte anos antes e não gostavam muito um do outro. Seu primeiro aperto de mão, sob o olhar do embaixador, foi de fato apenas cortês. Mas quando o generalíssimo ofereceu uma recepção em homenagem aos delegados, Mao, que todos esperavam ver taciturno e sombrio, mostrou-se charmoso e expansivo. Ele até levantou seu copo para brindar à saúde de seu anfitrião, pronunciando a fórmula usada antigamente para saudar os imperadores da China: "Ao presidente Chiang Kai-shek, dez mil anos!". Duas semanas depois, ele foi ainda mais longe, declarando em um discurso público: "Deveríamos encerrar nossos conflitos e nos reunir sob a autoridade do presidente Chiang, a fim de construir a China moderna".

Decididamente, a relação entre eles dava sinais de reaquecimento. O líder comunista parecia determinado a lançar uma ofensiva de charme. Depois de um mês e meio de negociações, um acordo foi assinado, para grande satisfação do embaixador. Ele estipulava que o Kuomintang e o Partido Comunista formariam juntos um governo de unidade nacional, que a China se tornaria uma democracia pluralista e que as forças armadas estariam sob a autoridade do generalíssimo, exceto por algumas unidades que teriam, por um período transitório, um status à parte.

Se os dois adversários concordaram em assinar o documento, foi porque ambos sabiam que ele permaneceria letra morta. Mao não tinha nenhuma intenção de colocar seu Exército Popular sob o comando de Chiang, e este não tinha a menor intenção de compartilhar o poder com os comunistas. Cada um queria mostrar ao mundo, e acima de tudo aos mediadores norte-americanos, que estava a favor da paz e disposto a fazer concessões para alcançá-la. Era claramente um jogo de enganos. E, mais uma vez, um dos dois, sempre o mesmo, provou ser mais habilidoso do que o outro.

As negociações em Chongqing começaram em setembro de 1945, no exato momento em que as tropas japonesas se renderam e começaram a se retirar. Chiang Kai-shek decidiu preencher imediatamente esse vazio. Ele enviou tropas para tomar posse, em seu nome, das principais cidades liberadas, como Pequim, Nanquim e Xangai. Os mediadores temiam a reação de Mao, mas este os tranquilizou. Ele não via nenhum problema, disse a eles, na iniciativa de seu rival. Ele enviou diretrizes a seus partidários pedindo-lhes para não intervir e se retirar sem demora para os campos vizinhos.

À primeira vista, isso pareceu um recuo do líder comunista, e mesmo uma derrota. No entanto, logo se revelaria um golpe de gênio. "Os campos cercam as cidades", ele costumava dizer. Um preceito que ele um dia transformaria em estratégia global. No contexto da queda de braço militar que se desenrolava na China à época, isso significava, acima de tudo, que, mantendo o controle das áreas rurais circundantes, se controlava o abastecimento das populações urbanas e também as comunicações entre as cidades por estradas e ferrovias.

Mas a principal vantagem dessa estratégia não havia sido prevista por ninguém. Somente Mao, com seu notável instinto político, a havia pressentido: manter as grandes cidades, que o generalíssimo considerava um trunfo significativo, se revelaria catastrófico para ele. E mesmo fatal.

A saída precipitada dos japoneses, depois de anos de ocupação, deixou para trás um caos indescritível. A título de exemplo, os ocupantes haviam estabelecido uma moeda especial que circulava em sua zona; comumente chamada de "iene militar", ela não era conversível em ienes normais. Quando eles partiram, essa moeda perdeu todo o valor, e as pessoas que foram obrigadas a utilizá-la durante oito anos se viram na posse de retângulos de papel sem valor. Soluções poderiam ter sido encontradas, como a troca pela moeda chinesa, a uma taxa estabelecida pelas autoridades. Mas isso teria exigido preparativos minuciosos, um sistema a ser estabelecido, algo que Chiang, ansioso para avançar suas peças, não havia considerado.

Outro exemplo: os japoneses ocuparam milhares de edifícios, para uso residencial e administrativo, que da noite para o dia ficaram abandonados. Como administrar um conjunto tão extenso? Os funcionários militares e civis enviados pelo generalíssimo não tinham a menor ideia do que fazer. Além disso, muitos desses personagens não tinham outra ambição senão enriquecer imediatamente.

O país era percorrido por milhares de rumores sobre as proezas, reais ou imaginárias, desses predadores. Tal general teria se apropriado de oitocentas casas; outro, de trinta fábricas desativadas; outro, ainda, teria chegado com um avião cheio de dinheiro para comprar tudo que encontrasse pela frente a preços irrisórios. Quando os proprietários eram chineses, a maneira mais eficaz de persuadi-los a vender era acusá-los de colaboração com o ocupante. Em oito longos anos, qualquer pessoa envolvida em atividades econômicas inevitavelmente havia tido algum tipo de contato com os japoneses e poderia ser suspeita de colaboração.

Os habitantes das cidades costeiras, que aguardavam com impaciência a partida dos ocupantes, ficaram consternados. À sua volta, eles só viam caos, desapropriações e saques. E logo a inflação galopante tornou a moeda chinesa nacional tão insignificante quanto o iene militar. No final de 1941, um dólar valia 19 iuanes; no final de 1945, valia 1.220; e, em maio de 1949, mais de 23 milhões de iuanes! Ainda se conta em Xangai a história de um empresário que, por despeito, transformou uma carga de notas bancárias em papel virgem; pelo menos, se poderia escrever nelas, ele teria observado.

A essa falência, somava-se o temor da escassez e mesmo da fome, pois produtos essenciais desapareciam dos mercados urbanos devido à especulação, à insegurança das estradas e à desorganização das redes comerciais.

Em questão de meses, tornou-se evidente que Mao havia agido com sabedoria ao evitar assumir a responsabilidade por tal situação. Ele e seus camaradas não teriam sido capazes de lidar com ela. No máximo, teriam conseguido controlar melhor o apetite dos predadores. Mas os problemas não teriam sido resolvidos e os comunistas teriam sido alvo de todas as críticas. Assim, o generalíssimo se tornou o culpado, a ponto de perder todo o crédito que a participação chinesa na vitória dos aliados poderia ter lhe valido.

Portanto, quando a guerra civil recomeçou, alguns meses depois do idílico acordo de Chongqing, os comunistas estavam em uma posição muito melhor do que antes. Ainda que suas tropas estivessem em desvantagem numérica, sua determinação era maior, a população rural lhes era favorável e a população urbana detestava seus adversários.

O emblemático ponto de virada foi, paradoxalmente, a queda de sua "capital" provisória, Yan'an. Chiang nunca se conformara por não tê-la tomado em dezembro de 1936, quando o "jovem marechal" interviera, embaralhando as cartas. Em março de 1947, as condições pareciam favoráveis a uma revanche. Os nacionalistas cercaram a cidade e o generalíssimo pôde enfim anunciar, com solenidade, que seus homens haviam capturado a capital dos "vermelhos" e que essa vitória marcaria o início de seu fim.

No entanto, ele havia capturado apenas uma casca vazia. Os comunistas já a haviam evacuado. Aos camaradas que lamentaram ter que deixar seu quartel-general, Mao disse: "Vamos dar Yan'an a Chiang, e ele nos dará a China". De fato, o período que se seguiu foi, para o Exército Popular, uma longa marcha triunfal, em que as cidades caíam uma após a outra, frequentemente sem combate. Para seu adversário, por outro lado, foi uma descida aos infernos. Nenhuma vitória mais, apenas retiradas, debandadas, fugas. E cada vez menos batalhas reais. Quando havia confrontos, regimentos inteiros mudavam de lado, com seus soldados, seus oficiais e suas armas.

Isso aconteceu de maneira notável em 31 de janeiro de 1949, quando a guarnição nacionalista de Pequim, com duzentos e cinquenta mil homens, decidiu desertar em massa, com seu comandante à frente, para se unir aos "vermelhos". A cidade caiu sem um único tiro. À entrada da Cidade Proibida, um grande retrato de Mao Zedong foi pendurado no lugar do retrato de Chiang Kai-shek. Este último havia renunciado alguns dias antes em favor de seu vice-presidente, Li Zongren. Este, que não apreciou de modo algum esse presente envenenado, ordenou-lhe que devolvesse, antes de partir, o ouro do Tesouro público, do qual indevidamente se apropriara.

A partir desse momento, o resultado da batalha não deixou dúvidas, mas muitos ainda se perguntavam se o exército do Kuomintang, que ainda era o mais numeroso, não faria uma última grande batalha, para salvar a honra.

Isso foi dito quando as tropas comunistas atravessaram o Rio Yangtzé em direção à sua margem sul, perto de Nanquim. Quinhentos mil soldados nacionalistas haviam sido reunidos para defender a cidade, mas muitas unidades desertaram, e a cidade caiu em 23 de abril, sem verdadeiro combate. Alguns previram então que a última batalha aconteceria em Xangai; um diplomata norte-americano chegou a escrever uma nota prevendo que as ruas do porto seriam inundadas de sangue. No entanto, a única coisa que aconteceu foi uma gigantesca confusão, com dezenas de milhares de pessoas se empurrando nos cais, com suas bagagens, para subir em qualquer embarcação que estivesse indo para Taiwan.

O generalíssimo também seguiu para a ilha, sem se apressar. Ele parou por algumas semanas em sua aldeia natal, depois visitou vários lugares e até assistiu a alguns espetáculos. Aqueles que o acompanharam na época o descrevem relaxado, sorridente, sereno, como se estivesse convencido de que tudo acabaria bem.

Isso não aconteceu, é claro, mas entre os grandes perdedores da História recente, ele está entre os que saíram menos mal. Em seu refúgio taiwanês, ele se manteria até sua morte, aos 87 anos, como "generalíssimo", como "presidente da República", com o apoio dos Estados Unidos, que por quase um quarto de século conseguiriam mantê-lo no assento permanente da China no Conselho de Segurança.

Em sua retirada, ele levou consigo a família, os colaboradores mais leais, um imponente tesouro de guerra e um estranho troféu:

Zhang Xueliang. O "jovem marechal", que o havia sequestrado em 1936 e forçado a fazer um pacto com os comunistas nunca havia sido perdoado. O generalíssimo o deteve na primeira oportunidade e nunca mais o soltou. Quando decidiu partir para Taiwan, ele o enviou na frente e mandou prendê-lo, junto com sua concubina, sob guarda rigorosa. Convencido de que o incidente de Xian havia descarrilado seu destino e o da China, ele jurou nunca mais libertá-lo.

Zhang Xueliang ficou preso por cinquenta e quatro anos, só sendo libertado muito tempo depois da morte do vingativo generalíssimo. Ele deixou então Taiwan para passar seus últimos anos no Havaí, onde morreu de pneumonia em outubro de 2001, alguns meses depois de seu centésimo aniversário.

9

DE PÉ EM UM PALANQUE, na Praça Tiananmen, não muito longe de seu retrato, Mao Zedong proclamou, em 1º de outubro de 1949, o nascimento da República Popular da China, com Pequim como capital. Era o fim de um longo século de humilhação nacional, mas certamente não foi o fim das tragédias; algumas seriam causadas pelos inimigos do país e de seu regime, outras pelos excessos do próprio fundador.

As discussões sobre o legado ambíguo que Mao deixou a seus compatriotas continuarão por muito tempo. Ele pôs um fim ao caos reinante ou ele próprio instaurou o caos? Ele alçou seu país à condição de grande potência ou retardou sua ascensão? Não é fácil decidir, e a avaliação é ainda mais complicada devido ao fato de que alguns dos dramas que a China conheceu nesses anos estavam inseridos em um contexto global que ela não podia controlar, o do confronto generalizado – político, ideológico, econômico e militar – entre o comunismo e o capitalismo.

Em certo sentido, a guerra civil que acabara de terminar com a vitória do Exército Popular havia sido um episódio precoce da Guerra Fria. E o mesmo se pode dizer da guerra externa mais mortal e perigosa em que o regime se envolveu durante sua existência, o conflito ocorrido na Coreia de 1950 a 1953.

O "país da manhã calma" havia estado por muito tempo no epicentro das rivalidades entre Japão, China e Rússia; mais tarde, com os Estados Unidos. Portanto, era de se esperar que fosse de alguma forma arrastado para os conflitos que se seguiram à Segunda Guerra Mundial. No entanto, é estranho que Stálin tenha aprovado a ofensiva planejada por Kim Il-sung contra a metade sul da Península. E, acima de tudo, que Mao tenha concordado em se envolver.

Seria realmente o momento certo de embarcar em uma nova aventura militar, quando o país acabava de emergir de sua própria guerra civil? Inicialmente, o líder chinês pareceu hesitante. Se ele finalmente concordou com ela, em maio de 1950, foi porque considerou essencial consolidar sua aliança com Moscou em um momento em que suas relações com Washington estavam no ponto mais baixo. Um cálculo compreensível, mas que, em retrospecto, parece arriscado.

Do ponto de vista de Stálin, a grande vantagem da Guerra da Coreia era justamente criar um fosso quase intransponível entre os Estados Unidos e a China, forçando esta a se ancorar à União Soviética. Era esse o interesse de Mao? Era-lhe impossível voltar a estabelecer relações normais com Washington depois de sua vitória sobre Chiang Kai-shek? Ao que tudo indica, foi o que ele pensou na época, e seria tedioso discutir, muitos anos depois, as consequências que outra escolha de sua parte teria tido. O que é certo, em contrapartida, é que o conflito coreano estabeleceu uma desconfiança duradoura entre os Estados Unidos e "a China vermelha", que, por vezes, se atenuou ao longo dos anos, mas que nunca foi completamente superada.

Em mais de um aspecto, aliás, essa guerra foi uma iniciativa cara e desnecessária. Para os coreanos, acima de tudo, mas também para seus vizinhos chineses. E especificamente para o novo regime, que estava apenas começando a se estabelecer. Entre os "voluntários" enviados ao outro lado da fronteira, houve centenas de milhares de mortos, e o custo econômico também foi muito elevado, especialmente para um país em plena reconstrução. Além disso, as tensões com Washington impediram uma solução rápida da disputa em relação a Taiwan. Não seria um preço alto demais a pagar por um conflito que, depois de três anos de invasões e contrainvasões, com ameaças de uso de armas nucleares, terminou com um retorno à linha de demarcação original, em torno do paralelo 38?

Toda guerra é absurda e cruel, mas algumas são um pouco mais do que outras.

Enquanto esse conflito ocorria em suas fronteiras, a China enfrentava, internamente, uma luta completamente diferente. Mais uma vez, com muito sofrimento, crueldade e uma boa dose de absurdo. Ela se inscrevia no contexto, eminentemente marxista, da luta de classes, mas levando sua lógica ao extremo.

O que Mao e seus camaradas pretendiam realizar era uma transformação profunda e irreversível da sociedade chinesa. O método adotado foi uma reforma agrária destinada a redistribuir as terras de forma mais equitativa. Para determinar quem deveria cedê-las e quem deveria recebê-las, eles começaram a examinar de perto a condição dos habitantes, com a ideia central de que os camponeses pobres teriam interesse na redistribuição, portanto no sucesso da reforma e, por consequência, na revolução liderada pelo partido comunista, enquanto as camadas sociais mais prósperas inevitavelmente teriam interesses opostos.

O método já havia sido testado, em menor escala, durante a guerra civil, nas áreas "liberadas", e havia demonstrado sua eficácia. Os camponeses classificados como "pobres" ou "médios", que representavam mais de 80% da população, tinham visto sua situação econômica e seu estatuto social melhorar significativamente, e por nada no mundo teriam desejado voltar à situação anterior. Por outro lado, os "proprietários", vistos como inimigos naturais da revolução, tinham sido literalmente rebaixados.

Depois do estabelecimento da República Popular, realizaram-se reuniões públicas durante as quais os títulos de propriedade eram transferidos dos ricos para os pobres, e os proprietários eram confrontados pelos camponeses que haviam sofrido sob seu domínio ou sob o domínio de suas famílias. Milhões desses "inimigos do povo" foram presos, maltratados, difamados, e dezenas de milhares teriam sido mortos, muitos espancados até a morte. Estima-se que, em três anos, a classe de proprietários de terras foi praticamente aniquilada.

*

Essa abordagem musculosa e voluntarista que Mao usou para "remodelar" a sociedade chinesa se tornaria sua "marca registrada" ao longo de toda a sua vida. Ela lhe garantiu um lugar único na História e marcou uma ruptura clara com o passado. No entanto, ela submeteu seus compatriotas a experiências traumáticas que levariam várias gerações para serem superadas.

Entre seus muitos desvios, um dos mais emblemáticos foi o "Grande Salto Adiante". Concebido, como o nome sugere, para fazer o país avançar "em um salto", e não em pequenos passos, partiu da ideia – muito atraente, mas que se revelaria enganosa – de que bastaria "ir com tudo" para realizar milagres. Os grandes países industrializados não se gabavam de produzir milhões de toneladas de aço? A China também poderia fazer o mesmo! Se dezenas de milhões de famílias construíssem pequenos fornos e reunissem todo o metal que encontrassem... De fato, grandes quantidades de aço foram produzidas. Só que de baixa qualidade e, em alguns casos, completamente inutilizável. Muito esforço por nada!

Houve outras extravagâncias da mesma ordem. Uma das campanhas realizadas durante o "Grande Salto" visava exterminar as "quatro pragas" que propagavam doenças e prejudicavam a produção: ratos, moscas, mosquitos e pardais. Por que os pardais? Porque eles comiam grandes quantidades de frutas e sementes, diminuindo a colheita. O principal "culpado" era o pardal-montês, muito pequeno, que supostamente consumia quatro quilos de produtos agrícolas por ano.

Como essas aves eram contadas em centenas de milhões, elas poderiam por si só consumir uma grande parte da colheita. Um dos métodos mais originais e eficazes para combatê-los era o barulho. Os moradores se postavam nos campos e, quando os pardais tentavam se aproximar, eles os assustavam batendo tambores, panelas ou simplesmente pedaços de metal para impedi-los de pousar. Esgotados e famintos, eles acabavam caindo no chão, mortos. O método era original, envolvia toda a população, inclusive as crianças, às vezes em um clima festivo, e o sucesso foi impressionante. Os pardais, e todos os outros pássaros, estavam a caminho da erradicação.

O que não se previu foi que essas "pragas" não se alimentavam apenas de sementes e frutas, mas também de insetos. Com a diminuição de seu predador, os insetos começaram a se proliferar e se alimentar das plantas com avidez. Logo, nuvens de gafanhotos migratórios surgiram, atacando as colheitas e devorando tudo ao passar; a perturbação foi tão devastadora que o país conheceu uma das maiores fomes dos tempos modernos, entre 1958 e 1962, com um saldo de cerca de trinta milhões de mortos, segundo algumas estimativas.

Um exemplo clássico do que pode acontecer quando se perturbam os delicados equilíbrios da natureza sem poder controlar as consequências da perturbação.

A enorme tragédia humana causada pelos vários caprichos voluntaristas do "Grande Salto Adiante" acabou gerando uma revolta dentro do partido. Já em 1959, começaram a surgir vozes pedindo responsabilização dos líderes. Hábil tático, Mao percebeu que seria melhor se afastar. Mantendo apenas a presidência do partido para si mesmo, ele deixou a presidência da República para um de seus aliados, natural como ele da província de Hunan: Liu Shaoqi.

Nos três anos seguintes, a extensão do desastre ficou ainda mais evidente. Muitos camaradas descobriram, durante viagens a suas províncias natais, os estragos causados pelo Grande Salto Adiante e ouviram as queixas de suas próprias famílias. Uma irmã, um amigo de infância ou uma sobrinha querida podiam lhes contar coisas sobre o sofrimento das pessoas comuns que ninguém se atrevia a mencionar nos bastidores do poder. Isso aconteceu com o ministro da Defesa, o marechal Peng Dehuai, um dos mais antigos companheiros de Mao, um herói da Longa Marcha e da resistência contra os japoneses. Ele ficou profundamente abalado com o que viu em sua província natal e escreveu ao Grande Timoneiro uma carta pungente para denunciar os erros do partido. No entanto, esse valente soldado era um péssimo estrategista político, e Mao, o hábil manobrista, não teve dificuldades em desarmar a bomba. Acusado de desvio para a direita, Peng foi destituído de suas funções e substituído por outro marechal, Lin Biao.

Na primavera de 1961, foi a vez do presidente Liu Shaoqi, durante uma viagem à sua região natal, fazer a mesma "descoberta" sobre o sofrimento das pessoas comuns, o que o abalou profundamente. Ele era prudente demais para fazer um escândalo, mas começou a dizer, em algumas reuniões, que o Grande Salto Adiante, que ele havia apoiado no início, havia sido um erro e deveria ser interrompido.

Até então, Liu era considerado o herdeiro presumido de Mao. Os dois homens pareciam complementares. Um era ardente, audacioso, encantador; o outro era pacífico, ponderado, sensato e considerado um bom administrador. Esse binômio dos dois presidentes, o revolucionário e o administrador, parecia destinado a durar muitos anos. Mas as críticas de Liu ao Grande Salto, ainda que prudentes e ponderadas, ainda que acompanhadas de elogios a Mao, foram percebidas por este último como ataques insidiosos, o que deu origem a uma inimizade persistente entre os dois homens.

Enquanto isso, na União Soviética, o processo de desestalinização liderado por Nikita Khrushchov atingia seu paroxismo; Stalingrado, a cidade heroica, foi renomeada Volgogrado em novembro de 1961, e os restos mortais do "pai dos povos" foram retirados do mausoléu de Lênin na Praça Vermelha. Esses desenvolvimentos foram observados de perto pelo Partido Comunista Chinês, onde os desastres causados pelo Grande Salto Adiante tinham destacado os efeitos nocivos da versão local do "culto à personalidade". Mao foi obrigado a abrir mão de parte de seu poder em favor de camaradas menos proeminentes, mas mais pragmáticos e melhores administradores.

Ele inclusive pareceu, naquele momento, estar sendo marginalizado dentro do regime que ele próprio havia fundado. Em todo caso, o partido já não o obedecia tão cegamente. Continuavam a lhe prestar homenagens educadas, mas o poder real não estava mais em suas mãos. Alguns de seus camaradas até pensavam que ele deveria ser afastado. Mas seu nome estava tão intimamente ligado ao do regime que sua remoção teria manchado inevitavelmente a imagem do país. Liu Shaoqi e seu braço direito, Deng Xiaoping, julgaram mais sensato mantê-lo "em seu pedestal", por assim dizer, como uma figura emblemática, enquanto "travavam" os órgãos do partido para conter seus excessos. Eles não pensavam que Mao fosse questionar esse acordo; se ele tentasse, seria colocado em minoria e poderia perder tudo. Por que ele correria esse risco?

Mas os adversários do Timoneiro não previram que ele estava disposto a correr todos os riscos para recuperar o poder, quaisquer que fossem as consequências. E que se ele se encontrasse em minoria dentro do Partido, ele dispensaria o Partido. Melhor ainda: ele lutaria *contra* o Partido.

Em todo caso, ele estava determinado a não se deixar vencer. Mas, como na época da Longa Marcha, ele queria escolher o momento certo para o confronto e o terreno que melhor lhe conviesse.

10

A CIRCUNSTÂNCIA QUE Mao escolheu para iniciar sua reconquista do poder foi a estreia de uma peça de teatro intitulada *A destituição de Hai Rui*, que retratava as desventuras de um personagem famoso na história da China. Alto funcionário da dinastia Ming, Hai Rui teve a coragem de dizer abertamente ao imperador que seus comportamentos estavam prejudicando o país. Ele foi destituído de suas funções, preso e exilado. Seu nome se tornou sinônimo de coragem e integridade moral.

A esposa de Mao, Jiang Qing, convenceu o marido de que essa peça, que o público aplaudia muito, era na verdade uma alegoria dirigida contra ele. No personagem de Hai Rui, a plateia via o marechal Peng Dehuai, que ousou protestar contra os desvios do Grande Salto Adiante, o que levou à sua queda; e, no soberano caprichoso e perseguidor, o próprio Grande Timoneiro era retratado.

O autor, um historiador que usava o pseudônimo "Wu Han", era um protegido do prefeito da capital, Peng Zhen, um pilar do "bando" de Liu Shaoqi e Deng Xiaoping. Mao entendeu na hora a vantagem que poderia tirar dessa situação. Ele deixou Pequim, controlada por seus opositores, e se estabeleceu em uma *villa* que possuía em Hangzhou, perto da foz do Rio Yangtzé, não muito longe de Xangai. Lá, ele reuniu, em grande segredo, um grupo muito pequeno, seis pessoas no total, dentre as quais sua esposa.

Os dois não viviam juntos há muito tempo. Mao tinha o hábito de cortejar todas as mulheres que via, mesmo quando eram muito jovens, e Jiang não suportava que isso acontecesse sob seu teto. No entanto, eles não tinham se divorciado, mas cada um tinha sua casa, seus círculos sociais e suas ambições.

Na juventude, Jiang Qing havia interpretado o papel de Nora na peça de Henrik Ibsen, *Casa de bonecas*. Nora sofria por ser tratada pelo marido como uma boneca, bonita e simplória; ela sonhava em ser uma verdadeira parceira a seu lado. Jiang nunca escondeu que, entre todos os personagens que interpretou em sua carreira de atriz, era com o de Nora que mais se identificava. Seu sonho era desempenhar um papel político de destaque. Nas altas esferas do Partido, porém, não se queria ouvir falar sobre isso. Haviam inclusive pedido a seu marido que refreasse suas ambições, e ele concordara. Isso também afastou o casal.

Em 1965, a atitude de Mao em relação a essa questão mudou completamente. Ele estava determinado a acertar as contas com seus camaradas, e as ambições de sua esposa poderiam ajudá-lo a alcançar esse objetivo. Ele decidiu associá-la diretamente a seus projetos, e ela ficou encantada com isso. Uma das primeiras tarefas que ele lhe confiou foi fazer com que alguém de seu círculo escrevesse um artigo denunciando a "dissimulação" contida em *A destituição de Hai Rui*. Jiang encontrou entre seus amigos um jovem escritor com uma pluma afiada, que preparou um rascunho do artigo. Ela o apresentou a Mao, que não queria deixar nada ao acaso e fez várias modificações, a ponto de se tornar praticamente coautor do artigo. O artigo foi publicado em 10 de novembro de 1965 em um jornal de Xangai.

A tática política adotada por Mao nessa batalha foi tão simples quanto eficaz. Ele a havia usado mais de uma vez em sua carreira e verificara sua eficácia. Ele começava direcionando ataques ferrenhos a um dos protegidos da pessoa que ele queria derrubar. Se o protetor se posicionasse a favor da pessoa atacada, ele próprio se tornava um alvo; se abandonasse seu protegido, perdia toda a credibilidade e seus aliados se afastavam dele.

Neste caso específico, o procedimento teria uma segunda etapa, por assim dizer. Ao atacar o autor da peça, acusado de "lesa-majestade", eles atingiriam seu protetor, Peng Zhen; e, ao atacar Peng Zhen, atingiriam seu próprio mentor, Liu Shaoqi.

O "crime" cometido por Wu Han, de insultar e ridicularizar o presidente Mao, não era algo que pudesse ser ignorado ou perdoado. Depois de tergiversar e tentar ganhar tempo, o prefeito de Pequim escolheu se distanciar de seu protegido. Ele o aconselhou a fazer uma autocrítica, que foi julgada insuficiente. As cabeças começaram a rolar. Wu Han foi preso e torturado. Seus amigos políticos, muitos dos quais eram escritores e jornalistas, foram perseguidos.

Naturalmente, o prefeito não conseguiu salvar a própria pele. Ao demonstrar sua incapacidade de proteger os seus, ele se viu completamente isolado, e, quando foi atacado por sua vez, ninguém ousou defendê-lo. Seus próprios amigos foram os que o acusaram com mais veemência, na esperança de serem poupados. Liu Shaoqi foi incumbido da humilhante tarefa de ler o relatório contra seu amigo Peng Zhen e anunciar sua desgraça.

Ao longo da mesma reunião, realizada na capital na ausência de Mao, um texto escrito pelo próprio Mao foi apresentado aos participantes. Ele dizia: "Os representantes da burguesia que se infiltraram no partido, no governo, no exército e em várias esferas da cultura são uma gangue de revisionistas contrarrevolucionários. Quando as condições estiverem maduras, eles tomarão o poder político e transformarão a ditadura do proletariado em uma ditadura da burguesia. Já conhecemos alguns; outros ainda se escondem. Alguns conquistaram nossa confiança e se prepararam para se tornar nossos sucessores; à maneira de Khrushchov, eles se esconderam bem perto de nós".

Em breve, o mundo inteiro conheceria a identidade do "representante da burguesia" que se preparava para assumir o lugar de Mao e que estava "escondido bem perto" dele, assim como Khrushchov estava no círculo íntimo de Stálin. O apelido de "Khrushchov chinês" seria associado ao nome do presidente da República Popular, Liu Shaoqi, por muito tempo. No entanto, os participantes dessa reunião, realizada em maio de 1966, afirmaram em seus depoimentos posteriores que ninguém, nem mesmo Liu, havia percebido, na hora, que a "notificação" recebida se referia a uma pessoa em particular.

De sua distante *villa*, "o marionetista" observava esse jogo com grande satisfação. A batalha que ele travou contra aqueles que sonhavam substituí-lo foi facilmente vencida. Seus opositores, sem dúvida, não eram páreo para ele! Eles acreditavam que poderiam cortar suas asas e confiná-lo no papel de "ancestral fundador", petrificado em vida sobre um pedestal. Mas ele é que os enterraria!

Para mostrar que ainda não era um cadáver nem apenas uma estátua, Mao decidiu dar um golpe impressionante. Ele, que estava recuado em sua *villa* há meses, longe dos olhos do público, foi para a cidade de Wuhan, onde todos os anos ocorria uma competição em que milhares de nadadores de várias províncias chinesas e também de outros países se atiravam na água para atravessar o Rio Yangtzé.

Para surpresa geral, Mao se juntou aos cinco mil participantes e mergulhou no grande rio turbulento; sete de seus acompanhantes mergulharam atrás dele para garantir sua segurança. No dia seguinte, todos os jornais anunciaram, com fotos, que o Grande Timoneiro havia nadado por uma hora e cinco minutos, percorrendo mais de quinze quilômetros.

Muitos observadores zombaram, com razão, da credulidade daqueles que foram persuadidos de que um homem de 72 anos poderia nadar três vezes mais rápido do que o campeão mundial da modalidade, o australiano Bob Windle. Mas o feito de Mao se situava no âmbito da comunicação política, não do esporte. A mensagem que ele queria passar, tanto para seus admiradores quanto para seus oponentes, era que estava em forma, que não recuaria diante de nada e que estava de volta.

Ele de fato retornou imediatamente à capital, depois de oito meses de ausência. A cidade estava agitada, assim como o Yangtzé, e ele estava pronto para mergulhar novamente.

*

Nos dias seguintes à destituição do prefeito, a Universidade de Pequim enfrentou agitações que estavam destinadas a se amplificar e até mesmo a se propagar por todo o país.

As mudanças na liderança ainda não eram conhecidas. O Partido Comunista tinha o costume de anunciar suas decisões na imprensa depois de várias semanas, às vezes vários meses. Assim, a ordem ainda prevalecia na universidade, onde as autoridades, que estavam subordinadas ao prefeito, ainda não sabiam que ele estava em desgraça, e onde os estudantes e professores associados à ala "radical" hesitavam em agir.

Para encorajá-los, uma "mensageira" foi enviada até eles para dizer, essencialmente: "Não tenham medo de Peng Zhen, ele está acabado! Não falem disso ainda, mas ajam em conformidade. Seus apoiadores, a começar pelo presidente da universidade, em breve cairão com ele. Agora é a vez de vocês agirem! Se os revisionistas os atacarem, nós os defenderemos".

De fato, uma ação inicial foi realizada pela líder do Partido no Departamento de Filosofia, uma jovem professora chamada Nie Yuanzi. Encorajada pelo que acabava de descobrir, ela reuniu um pequeno grupo de jovens com opiniões semelhantes e escreveu com eles um jornal mural em caracteres grandes, que foi afixado no muro da cantina em 25 de maio. Criticando o presidente da universidade e seus colaboradores, acusando-os de obstruir a luta contra as tendências de direita, esse "dazibao" exigia que os estudantes fossem autorizados a realizar reuniões públicas e a se expressar por meio de dazibaos, justamente.

Nas horas e dias seguintes, centenas desses jornais murais foram afixados em meio a grande efervescência. Enquanto os líderes do país, especialmente o primeiro-ministro, Zhou Enlai, ainda tentavam apagar o incêndio, Mao pediu que o texto incriminado fosse publicado na íntegra pela agência de notícias oficial, a Xinhua, e também pelo *Diário do Povo*, que o acompanhou de um artigo que acusava o presidente da universidade e seus colaboradores de revisionistas e "falsos comunistas". Logo depois, Mao publicou um artigo intitulado "Meu primeiro dazibao", no qual convocava a "abrir fogo contra o quartel-general", sem rodeios.

Para marcar ainda mais profundamente as mentes, o Grande Timoneiro escreveu diretamente a estudantes que tinham escolhido se autodenominar "Guardas Vermelhos". "Temos razão de nos revoltar", ele lhes disse, frase que se tornou seu grito de guerra. E um dia ele se juntou a eles na Praça Tiananmen. Uma jovem tirou sua braçadeira e a colocou no braço de Mao, tornando-o honorificamente o líder supremo da Guarda Vermelha.

Nessa altura, as autoridades estavam completamente sobrecarregadas. Tanto as da universidade quanto as do partido. Elas poderiam ter enfrentado um movimento de protesto dos estudantes, buscando acordos ou prendendo os líderes. Mas não depois que o líder histórico da Revolução tomou o partido dos manifestantes e os encorajou a avançar.

Quando os estudantes, cada vez mais audaciosos, assumiram o controle da Universidade de Pequim, Mao disse que eles não deveriam se limitar à capital, mas se espalhar por todo o país. Sua missão era lutar contra os "Quatro Velhos" que "envenenavam as mentes há milênios". O número quatro é frequentemente usado na China em campanhas de difamação, pois é pronunciado mais ou menos como a palavra que significa "morte" e, portanto, é visto como funesto. A nova campanha visava os velhos hábitos, as velhas ideias, a velha cultura e as velhas tradições. Um dos alvos preferidos de Mao e da Guarda Vermelha era Confúcio, símbolo milenar da civilização chinesa. O túmulo onde ele estava enterrado foi profanado e o corpo de um de seus descendentes foi desenterrado e enforcado por estudantes vindos da capital. Uma estátua do imperador Yongle, protetor do almirante Zheng He, também foi demolida, e muitos manuscritos antigos foram queimados.

Não havia uma diretriz específica para essas depredações, exceto um ódio geral por tudo que fosse antigo e, portanto, visto como um obstáculo para a emergência de um novo mundo.

Outro ódio característico da Guarda Vermelha era contra os professores. Como acontece em todos os lugares, alguns estudantes sentiam antipatia por seus professores. Na China da Revolução Cultural, porém, os jovens perderam todas as inibições. Eles começaram por insultar professores considerados próximos à linha "revisionista" de Liu Shaoqi, que depois foram amarrados, expostos, humilhados e espancados.

Essa revolta contra os "mandarins" inspiraria emuladores em outras partes do mundo e, nos anos seguintes, desencadearia "revoltas estudantis" em muitos países, como França, México e Estados Unidos.

Em nenhum lugar, porém, os eventos atingiram o nível de violência que a China conheceu durante a Revolução Cultural. Tendo começado nas universidades da capital, o movimento se espalharia por todas as províncias, em todos os setores, e assumiria formas variadas, algumas extremamente violentas e destrutivas, outras simplesmente absurdas e mesmo risíveis. Como quando a Guarda Vermelha decretou que os semáforos vermelhos não poderiam mais indicar a obrigação de parar, já que essa era a cor da revolução. Agora, as pessoas parariam no sinal verde e seguiriam no sinal vermelho! Houve, mais uma vez, um caos indescritível, felizmente atenuado pelo fato de que os carros ainda eram pouco numerosos nas cidades chinesas...

Mas nem todos os excessos tiveram um efeito cômico. Em um dia de abril de 1967, a esposa de Liu Shaoqi, Wang Guangmei, recebeu um telefonema angustiante: sua filha, estudante da universidade, havia sido espancada e estava em estado crítico no hospital. Os dois cônjuges não saíam mais de casa, mas a mãe não pôde deixar de ir ao encontro da filha. Ela não suspeitava que era uma armadilha para atraí-la para fora de casa.

Quando chegou ao hospital, ela foi presa por um grupo de Guardas Vermelhos, que a insultaram, ofenderam e a arrastaram pelas ruas depois de vesti-la de maneira grotesca. Uma foto dela havia sido publicada na imprensa algum tempo antes, em traje de gala durante uma visita oficial do casal presidencial à Indonésia. Ela foi obrigada a usar um vestido semelhante, com um chapéu, meias de seda e saltos altos, além de um enorme "colar de pérolas" enrolado no pescoço, na realidade formado por bolas de pingue-pongue... Vestida dessa forma, ela foi exibida nas ruas sob zombarias.

Teoricamente, Wang ainda era a esposa do chefe de Estado, mas isso não impediu que a jogassem na prisão, onde ela passaria doze anos. Seu marido, que sofreu o mesmo destino, não sobreviveria às provações. Diabético e sem receber cuidados, ele morreu depois de dois anos e meio.

O marechal Peng Dehuai, que se tornou o símbolo da resistência às extravagâncias do Grande Timoneiro, foi submetido a uma perseguição ainda pior. Preso durante os últimos oito anos de sua vida, ele foi torturado, humilhado e espancado continuamente. Seus torturadores queriam que ele "confessasse seus erros", mas ele se recusou até o fim, com a dignidade de um verdadeiro herói.

Se a intenção de Mao era punir aqueles que haviam ousado desafiá-lo e acabar com as instituições que ele não mais controlava, seu sucesso foi impecável.

Mas a que custo! O país estava mergulhado no caos. Bandos rivais de Guardas Vermelhos lutavam pelo controle de cidades, bairros, estações de trem e aeroportos. "Bandos", aliás, não seria o termo adequado. Às vezes eram verdadeiros exércitos, com dezenas de milhares de homens. Os relatos dessa época insana falam de batalhas campais e de execuções sumárias. As autoridades locais, tanto do Estado quanto do Partido, haviam deixado de funcionar. O mesmo aconteceu com as fábricas e os transportes públicos. Sem falar das escolas, algumas das quais permaneceram fechadas por mais de dois anos.

Raras vezes na História se viu tal instrumentalização da desordem! Hábil, deliberada e cínica.

MAO HAVIA ESCRITO PARA A esposa logo antes do início da Revolução Cultural: "Haverá uma grande convulsão sob os céus. Depois, as coisas voltarão ao normal". Foi ao longo do verão de 1968 que lhe pareceu necessário começar a acalmar as coisas.

Querendo de certa forma "secar" o reservatório humano da Guarda Vermelha, ele enviou milhões de jovens urbanos para o campo. Na aparência, eles tinham a missão de espalhar as ideias revolucionárias pelas áreas remotas da China; na realidade, eles estavam sendo afastados para reduzir seu impacto prejudicial. Muitos deles nunca mais voltariam à cidade nem continuariam seus estudos. Eles seriam chamados de "geração perdida".

Para levar a cabo essa retomada de controle, o Grande Timoneiro só podia contar com o Exército Popular de Libertação, que acabava de desempenhar um papel decisivo na Revolução Cultural. Ele havia garantido a publicação e a disseminação de *O livro vermelho*, uma coletânea de citações do presidente Mao que serviu de breviário e emblema da Guarda Vermelha; e também havia permitido que essa guarda se armasse e se espalhasse pelas províncias. Em um primeiro momento, aliás, o Exército Popular de Libertação havia recebido ordens expressas de não se opor à Guarda Vermelha, não importasse o que ela fizesse.

O artífice desse posicionamento ideológico e político da instituição militar foi o ministro da Defesa, Lin Biao. Ele fazia parte do círculo restrito daqueles que lançaram e "pilotaram" a agitação revolucionária. Não foi surpresa, portanto, vê-lo oficialmente designado como sucessor de Mao em 1969. Nas fotografias e nas pinturas realistas da época, o fundador da República Popular e "seu mais fiel companheiro de armas" estavam sempre lado a lado. Tanto na China quanto no resto do mundo, acreditava-se que o advento de Lin Biao era inevitável e iminente.

Mas Mao ainda estava muito vivo e sem nenhuma pressa de ceder seu lugar a qualquer sucessor. Ele sentia inclusive uma aversão espontânea por quem quer que aparecesse, em algum momento, como seu herdeiro.

Em torno do "companheiro de armas", todo um grupo restrito começou a se impacientar. Especialmente sua esposa e seu filho, que insistiam que o momento era propício para agir e que, se ele esperasse demais, o Grande Timoneiro sem dúvida encontraria um pretexto para afastá-lo.

Em setembro de 1971, o mundo inteiro ficou chocado ao descobrir, de repente, que Lin Biao havia morrido com sua família em um acidente de avião, que ele havia tentado assassinar Mao e que estava tentando fugir em direção à União Soviética quando sua aeronave caiu.

Com exceção, talvez, de um punhado de iniciados, ninguém poderia ter previsto essas estranhas reviravoltas. Depois do incidente, diversas explicações foram apresentadas. Segundo uma delas, o marechal teria se ressentido da aproximação com Washington, iniciada pela visita secreta de Henry Kissinger a Pequim algumas semanas antes.

A morte do "herdeiro" foi seguida por um reequilíbrio do poder. Para acalmar a ala esquerda do regime, Mao promoveu um jovem protegido de sua esposa, Wang Hongwen, líder da Guarda Vermelha de Xangai, que, aos 37 anos, chegou ao topo da hierarquia, cercado por respeitáveis anciãos que poderiam ser seus pais e mesmo avós.

Na imprensa mundial, todos se maravilhavam com o destino do jovem prodígio, nascido depois da Longa Marcha, que tivera uma ascensão "meteórica" e prometia se tornar o novo rosto da China. Pouca atenção foi dada ao fato de que, ao mesmo tempo, Mao havia chamado de volta ao poder alguns veteranos conhecidos por serem bons administradores, e que tinham sido acusados, não muito tempo antes, de "desvio direitista". O mais eminente desses "retornados" era, sem dúvida, Deng Xiaoping.

Nos piores momentos da Revolução Cultural, enquanto Liu Shaoqi era cruelmente maltratado, seu braço direito conseguiu se refugiar discretamente em uma comunidade rural, onde trabalhou como operário em uma fábrica de tratores. Ele também teve sua parcela de infortúnios, pois seu filho ficou paralisado para o resto da vida ao pular da janela de um prédio universitário para fugir de uma turba de Guardas Vermelhos que o perseguia. No entanto, ele próprio passaria ileso por essa fase sombria da história de seu país.

Atribui-se a Lao Tzu um sábio conselho: "Não busque vingança! Sente-se à beira do rio e logo verá passar o cadáver daquele que o ofendeu!". Deng Xiaoping teve de fato a sorte de sobreviver e ver a morte daqueles que o ofenderam.

Sua "sorte", na verdade, se devia sobretudo ao fato de ele sempre ter tido um protetor benevolente e atento na pessoa de Zhou Enlai. Foi Zhou quem conseguiu evitar os maus-tratos que seus adversários queriam lhe impor.

Os dois homens tinham se conhecido na França nos anos 1920. Deng fora para a França aos 16 anos no âmbito de um programa concebido durante a Primeira Guerra Mundial. A ideia era enviar trabalhadores chineses para substituir os trabalhadores franceses que estavam no front; em troca, esses jovens imigrantes poderiam estudar gratuitamente nas escolas francesas. A oferta era tentadora, mas quando Deng chegou à França, em outubro de 1920, muitos soldados já haviam sido desmobilizados, e a necessidade da indústria local por mão de obra estrangeira havia diminuído. Em pouco tempo, o programa foi desativado, e o jovem precisou pagar por sua própria educação com seu magro salário de operário. Ele logo desistiu dos estudos para se dedicar à atividade política, sob a orientação de um compatriota mais velho e mais politizado: Zhou Enlai, justamente.

O futuro primeiro-ministro havia chegado à França na mesma época, mas em circunstâncias muito diferentes. Ele era seis anos mais velho que Deng, e seus estudos eram financiados por um amigo rico, enquanto ele ganhava dinheiro extra escrevendo artigos para um jornal de Tientsin. Ele dedicava a maior parte do tempo às atividades militantes e, para manter seus compatriotas exilados informados sobre o que acontecia na China, ele publicava um boletim chamado *Chiguang* (Luz vermelha), impresso por mimeografia, um processo às vezes chamado de "reprodução por estêncil", então usado para folhetos. Deng cuidava do aspecto técnico, ao que tudo indica com grande habilidade, já que seus camaradas o apelidaram de "Doutor Mimeógrafo".

Com relação a esse jovem pequeno, pobre, perspicaz, dedicado e que nunca havia viajado para fora de sua Sichuan natal, Zhou se comportava como um irmão mais velho. Essa atitude perdurou ao longo de suas vidas. Suas carreiras às vezes os separavam, mas eles nunca se perderiam de vista. E Zhou nunca se desinteressaria pelo destino de seu protegido.

Deng Xiaoping permaneceu na França por mais de cinco anos, como aluno em uma escola de Bayeux, na Normandia, depois em Châtillon-sur-Seine; como operário da Schneider, em Le Creusot, da Hutchinson, em Châlette, perto de Montargis, e da Renault, em Billancourt; mas acima de tudo como militante e líder em formação. Sua primeira responsabilidade dentro do Partido Comunista Chinês foi organizar uma célula em Lyon...

Pelo resto da vida, ele lembraria com carinho desse período. Seu conhecimento da língua francesa permaneceria rudimentar, em parte porque ele passava a maior parte do tempo com seus compatriotas emigrados. Também é preciso dizer que ele tinha pouco talento para línguas e só conseguia se expressar em chinês, com um forte sotaque de Sichuan. No entanto, ele desenvolveu um gosto pronunciado por croissants frescos, café, vinho tinto e bons queijos.

Embora a proteção fornecida por Zhou fosse indispensável, ela não teria tido efeito se Mao não tivesse dado seu consentimento. Durante a Revolução Cultural, o próprio primeiro-ministro enfrentou grandes dificuldades, constantemente atacado pela Guarda Vermelha. Ele nunca foi destituído de suas funções, mas houve períodos em que sua influência esteve limitada. Em certo ponto, sua própria filha adotiva foi presa e morreu sob tortura sem que ele pudesse salvá-la. Para proteger o amigo, ele precisou várias vezes obter o aval de Mao.

Claramente, o Grande Timoneiro não queria a morte de Deng. Isso revela um aspecto importante de sua personalidade. Mao era um manipulador cínico, um calculista frio, insensível ao sofrimento dos outros e podia ser terrivelmente vingativo. Mas ele não era Stálin. Aqueles que se opunham a ele não eram alinhados contra uma parede e fuzilados, como aconteceu com Zinoviev, Bukharin e tantos outros. Em 1969, no momento em que designou Lin Biao como sucessor, Mao permitiu que Zhou Enlai protegesse Deng Xiaoping, para que este pudesse ser chamado de volta se ele algum dia decidisse se livrar de Lin.

Depois da morte violenta do "marechal traidor", Deng voltou de fato a ser promovido às altas esferas do poder. Uma das primeiras missões que lhe foram atribuídas foi representar o país em uma Assembleia Geral especial das Nações Unidas, convocada para a primavera de 1974, na esteira da crise do petróleo. Era estranho que um homem até então banido fosse encarregado de falar pela

China perante o mundo. Mao enviou uma mensagem escrita à esposa pedindo-lhe que não criticasse essa escolha, já que ele mesmo a havia feito.

Depois de proferir seu discurso em Nova York, Deng decidiu passar por Paris pela primeira vez em meio século. Ele não se encontrou com ninguém e pouco saiu às ruas. Mas, antes de pegar o avião, ele comprou duzentos croissants e vários queijos, que distribuiu, assim que retornou, entre seus "antigos camaradas de França", começando por Zhou Enlai.

Se Mao temia as reações da esposa à nomeação de Deng, era porque tinha outros planos para ele. Devido ao "grande tumulto" que ele havia orquestrado, nada mais funcionava no país e havia chegado a hora de colocar tudo em ordem. Mas sempre que Mao pensava em um problema e se perguntava quem poderia resolvê-lo, um único nome vinha à sua mente: Deng Xiaoping.

Nas forças armadas, por exemplo, Lin Biao havia imposto a ideia de que o profissionalismo era uma noção burguesa e retrógrada, e que o fervor revolucionário era a única coisa que contava. As promoções eram baseadas em citações de *O livro vermelho*. A maioria dos oficiais sofria com isso, mas eles não tinham escolha a não ser ficar calados e fazer o que lhes era ordenado.

Quando Deng foi encarregado por Mao de lidar com essa questão delicada, ele se apresentou ao estado-maior levando apenas sua frase favorita: "Não importa se o gato é preto ou branco, desde que cace os ratos!". Era uma piada, mas ela queria dizer que o profissionalismo estava novamente em alta, em detrimento da cor política. Para os militares, foi um antídoto para tudo o que Lin Biao havia pregado ao longo dos anos. Quantas humilhações eles haviam sofrido! Eles viam fanáticos invadirem seus quartéis para saquear armas, e tinham ordens expressas para não impedi-los! Deng não teve dificuldade para conquistar sua confiança, e a atmosfera nas forças armadas mudou da noite para o dia.

O antigo proscrito foi logo encarregado de resolver outros problemas – fábricas paradas ou trens que não funcionavam mais. E ele sempre conseguia desbloquear situações que pareciam insolúveis, privilegiando a competência, a experiência, a decência e o bom senso. Tanto que, poucos meses depois de seu retorno ao poder, ele se tornou uma espécie de superministro da Indústria, dos Transportes, da Defesa e das Relações Exteriores. E quando Zhou Enlai foi diagnosticado com câncer de bexiga, o que o obrigou a reduzir muito suas atividades, na prática Deng se tornou o primeiro-ministro, sem precisar ser formalmente nomeado para o cargo.

Ele parecia inclusive bem posicionado para suceder a Mao, cuja saúde estava em declínio. Mas este último, em uma reviravolta final, decidiu mais uma vez destituí-lo.

*

Aqueles que estiveram próximos do Grande Timoneiro em seus últimos anos relatam que ele estava muito preocupado com a imagem que seria projetada de sua pessoa depois da morte. Em particular, ele temia que uma "desmaoização" fosse empreendida, devido ao papel que ele havia desempenhado no Grande Salto Adiante e na Revolução Cultural. Ele se perguntava o tempo todo se Deng não se tornaria seu "Khrushchov". Foi isso que o impediu de nomeá-lo como seu herdeiro, embora o considerasse o mais apto para sucedê-lo.

Como também não queria confiar seu legado aos amigos de sua esposa, que considerava pueris e incompetentes, ele acabou nomeando um personagem de segundo plano, Hua Guofeng, que não pertencia a nenhum grupo e devia sua ascensão apenas a Mao, e que, portanto, não tinha interesse algum em desacreditar sua gestão.

No entanto, rapidamente e sem ter que travar batalhas políticas ferrenhas, Deng Xiaoping se impôs como o líder natural do país. O herdeiro oficial foi marginalizado, depois afastado.

O "retornado" estava tão seguro de sua própria supremacia que nem sequer tentou ocupar os principais cargos do regime, como costumavam fazer os líderes comunistas na China e em outros lugares. Nem chefe de Estado, nem primeiro-ministro, nem secretário-geral do Partido, ele foi apenas vice-presidente e, mais tarde, presidente da Comissão Militar Central... No outono de 1978, porém, dois anos depois da morte de Mao, ele já tinha bem firmes em suas mãos as rédeas do país.

No entanto, o pesadelo do fundador do regime não se concretizou. O antigo braço direito de Liu Shaoqi não buscou a "desmaoização", tampouco seus sucessores. A estátua do Grande Timoneiro permanece de pé na Praça Tiananmen, e nada sugere que ela possa ser derrubada em um futuro próximo.

Foi Deng quem deliberadamente fez a escolha da continuidade, e as consequências disso foram determinantes para a evolução política e intelectual de seu país.

Quando, nas semanas seguintes à morte de Mao, sua viúva foi presa junto com os três principais aliados e o "Bando dos Quatro" foi acusado de todas as atrocidades cometidas durante a Revolução Cultural, todos sabiam que também havia, acima deles, um marionetista sem o qual eles não teriam conseguido fazer nada. Um velho amigo de Deng contou que, quando o visitou naquela época e falou sobre o "Bando dos Quatro", seu anfitrião ergueu a palma da mão aberta para indicar que eles não eram quatro, mas cinco. Sem dizer uma palavra, mas com um sorriso no canto dos lábios.

A principal razão para sua recusa em condenar publicamente Mao parece estar relacionada ao que aconteceu na União Soviética. Todos os líderes chineses estavam convencidos de que a desestalinização havia sido desastrosa. Não porque eles estivessem apegados a Stálin; apesar das aparências, todos ficaram aliviados de ver seu fim e inicialmente felizes de ver um novo líder com quem poderiam negociar de igual para igual. Mas a maneira como o caso foi tratado lhes parecera confusa.

Khrushchov os havia desapontado. No início, ele fora à China todo sorrisos e, quando Mao lhe pedira ajuda para obter a bomba atômica, ele havia dito "sim!", ao passo que Stálin não quisera ouvir falar disso. Em 1958, porém, o novo líder voltara atrás. A ideia de transmitir aos chineses essa tecnologia de ponta despertou a resistência dos militares soviéticos e também dos diplomatas, que temiam complicar as negociações estratégicas com os norte-americanos – negociações que incluíam um projeto de acordo sobre a não proliferação de armas nucleares. Mao e todos os seus camaradas ficaram furiosos. Eles decidiram enfrentar o desafio fabricando sua própria bomba, sem ajuda externa. O homem encarregado do programa foi um engenheiro formado na Bélgica e na França, um "companheiro de exílio" de Zhou Enlai e Deng Xiaoping, o marechal Nie Rongzhen. Ele foi admiravelmente bem-sucedido em sua missão, e em 16 de outubro de 1964 a primeira bomba atômica chinesa foi testada em Xinjiang. Segundo várias fontes, foi ao saber por meio de seus serviços de inteligência que o teste nuclear estava iminente que os líderes soviéticos decidiram destituir Khrushchov.

Sua queda foi saudada pelos chineses como uma revanche. A seus olhos, ele havia se tornado o exemplo perfeito de um líder desorientado, que havia traído a confiança de seu chefe e dilapidado sua herança. Seu nome passou a ser odiado, enquanto o de Stálin foi elevado ainda mais, por insolência. Isso para dizer que a "desestalinização" tinha uma conotação altamente negativa na China. E a conexão constante que Mao fazia entre seus adversários e Khrushchov, durante a Revolução Cultural, deixou uma marca. Ninguém queria ser chamado de "Khrushchov". Ninguém queria empunhar a bandeira de uma "desestalinização chinesa".

A essa dimensão simbólica se somava outra, mais imediata, mais pragmática. À morte de Mao, uma boa parte dos líderes da Revolução Cultural ainda estava no poder. Eles se autodenominavam herdeiros do Grande Timoneiro, às vezes de maneira obscena.

"Eu era a cadela de Mao. Quando ele me mandava morder, eu mordia", gritava a viúva durante seu julgamento. Ela teria recebido um grande presente se tivessem decidido julgar o fundador da República Popular junto com o "Bando dos Quatro". A sabedoria e a habilidade exigiam que não se colocasse a estátua do comandante no banco dos réus.

Para Deng Xiaoping, a prioridade era se livrar dos "fanáticos" e colocar o país de volta nos trilhos. Não era hora de fazer balanços históricos, nem de condenar Mao, nem de absolvê-lo. Segundo Deng, o Grande Timoneiro tinha "70% de aspectos positivos e 30% de aspectos negativos"; os aspectos positivos eram, essencialmente, ter assegurado a vitória da Revolução e o estabelecimento da República Popular, enquanto os aspectos negativos se resumiam ao Grande Salto Adiante e à Revolução Cultural. Isso não necessariamente fechava a porta para avaliações posteriores, mais aprofundadas e refinadas. Mas, até então, havia outras prioridades.

Essa era sua análise da situação. Ele havia pensado muito nisso quando estava exilado no campo, ou, para retomar sua expressão, "no jardim dos pêssegos". O que o país precisava, nessa etapa de sua evolução, não era de um grande debate ideológico ou histórico sobre os méritos e defeitos de Mao. Era desenvolver a economia. Enquanto a China não se modernizasse, ela correria o risco de enfrentar muitas outras experiências traumáticas. Até aquele momento, apesar de tudo o que havia sido tentado por gerações, apesar de todos os discursos triunfalistas que tinham sido ouvidos, o país permanecia pobre e atrasado. A prioridade era tirá-lo do subdesenvolvimento, a qualquer custo.

Na busca por esse objetivo, Deng Xiaoping seria espetacularmente bem-sucedido. Mas os problemas que ele havia deixado em suspenso voltariam para assombrá-lo, e assombrar seus sucessores.

12

PODE-SE DIZER QUE a China conheceu, na Era Moderna, três grandes iniciativas: em 1912, com Sun Yat-sen, mas de modo sobretudo simbólico; em 1949, com Mao Zedong, mas de modo sobretudo turbulento; e, a partir de 1978, com Deng Xiaoping.

É sempre arriscado atribuir a transformação profunda de um país a uma única pessoa, especialmente quando esse país é tão vasto. Mas, quando um líder possui a visão, a vontade, a autoridade e a habilidade necessárias, seu papel na História se torna determinante, e mesmo insubstituível.

Esse foi, inegavelmente, o caso de Deng. No tortuoso percurso do Império do Meio, que caiu com estrondo de seu pedestal e levou séculos para acordar e se reerguer, a intervenção do homem de Sichuan fez toda a diferença. Embora tenha sido relativamente breve, sua presença à frente do país mudou a situação de forma irreversível.

Tais episódios não precisam ser longos. Às vezes, dez ou vinte anos são suficientes para corrigir os estragos causados por um ou dois milênios. O que deveria conferir aos povos maltratados ao longo da História uma razão formidável para ter esperança. Eles não precisam sofrer por séculos para sair do marasmo. Com líderes habilidosos, dedicados e que saibam em que direção avançar, tudo pode mudar em uma geração. Foi o caso do Japão no início da Era Meiji. E foi o caso da China na era de Deng Xiaoping.

Ele mesmo tinha plena consciência da grande esperança que a aceleração da História deveria gerar. Graças aos avanços incríveis da ciência e da tecnologia, ele dizia, "um ano hoje equivale a várias décadas do passado, talvez até a um século".

Os herdeiros de Deng às vezes falam de sua "doutrina", de sua "teoria", de seu "pensamento". Ele próprio desconfiava dessas designações. O que o caracterizava, e o distinguia de Mao, era justamente sua recusa de ser enclausurado em uma ideologia. Em sua visão, uma ação deveria ser julgada com base em seus resultados, e nada mais. "Devemos nos deixar guiar pelos fatos e pela experiência", ele insistia.

Quando quis injetar dinamismo na economia rural – que, na China, envolve centenas de milhões de pessoas –, ele não se deixou levar para um debate estéril sobre as vantagens e desvantagens da coletivização. Ele simplesmente propôs fazer um experimento. Até então, os camponeses a quem eram confiadas terras agrícolas tinham a obrigação de entregar às autoridades uma certa quantidade de produtos, a um preço fixado por instâncias superiores. Deng propôs que aqueles que produzissem mais do que lhes era exigido pudessem dispor desses excedentes. Para isso, ele incentivou a criação de mercados rurais para a venda desses excedentes. Quando alguns camaradas observaram que isso estava desafiando práticas estabelecidas pela Revolução em suas origens, Deng respondeu: "Vocês podem estar certos, não iremos com muita pressa, vamos tentar em alguns lugares e ver o que acontece". Em pouquíssimo tempo, os mercados começaram a prosperar, a economia rural ganhou vida. A aceitação foi tão unânime, tão entusiasmada, que a experiência foi imediatamente estendida a todo o país.

Outro exemplo revelador aconteceu quando Deng visitou uma região próxima a Hong Kong, quando esta ainda era uma colônia britânica e atraía milhares de jovens chineses a cada ano.

Ele perguntou aos líderes locais: "Em sua opinião, o que deveríamos fazer para que nossos compatriotas não sintam mais a necessidade de ir trabalhar do outro lado da fronteira?".

A resposta não era simples de formular. Havia tantos obstáculos de todos os tipos que não se sabia por onde começar. Deng não podia superar todas as complicações de uma só vez. Ele avaliou que um início de solução seria criar "zonas econômicas especiais", onde as regras poderiam ser flexibilizadas para se adequarem à realidade local.

Começou-se por estabelecer quatro dessas "zonas", a principal delas ficando justamente nas proximidades da colônia britânica. Ela foi batizada com o nome de uma pequena cidade, pouco maior do que uma vila de pescadores: Shenzhen. Em poucos anos, essa cidade se transformou em uma metrópole gigantesca. No momento em que estas linhas são escritas, ela conta com mais de dezessete milhões de habitantes – ou vinte e quatro milhões contando a região metropolitana –, sua produção superou a de seu modelo, Hong Kong, e seu porto é o quarto maior do mundo em volume de mercadorias movimentadas.

Avanços tão rápidos inevitavelmente despertariam o que alguns sociólogos chamam de "revolução das expectativas". Isso significa que os habitantes, ao verem a riqueza fluir, ficam impacientes e às vezes se revoltam quando percebem que não estão sendo beneficiados. O levante contra a monarquia iraniana no final dos anos 1970, logo depois da chegada de uma grande receita petrolífera, pode ser explicado dessa maneira. Deng, ciente disso, não parava de repetir que "alguns ficarão ricos antes dos outros", sugerindo que todos acabariam recebendo sua parte.

No entanto, as "expectativas" em questão não se limitavam apenas ao enriquecimento. Também havia, em uma parte significativa da população, esperanças de outro tipo. Quando as pessoas vivem melhor, protegidas das necessidades imediatas, quando elas têm mais instrução e acesso a instrumentos modernos de conhecimento e comunicação, elas se tornam menos crédulas, menos dóceis e menos resignadas.

Os líderes costumam subestimar a magnitude e a virulência dessas aspirações. Isso certamente aconteceu com Deng. Durante o ano de 1989, enquanto o mundo comunista europeu passava por uma crise importante que se revelaria fatal, a China também vivia um aumento das tensões. Milhares de jovens, encorajados pelas mudanças promovidas por Gorbatchov na União Soviética, exigiam mais transparência, mais liberdade de expressão e mais democracia. Paralelamente, a velha guarda, já abalada pelas transformações econômicas desde a morte de Mao e assustada com o que acontecia em outros países comunistas, pedia mais firmeza. Deng não soube gerenciar essa crise. O movimento dos jovens ganhou força, suas demandas se tornaram mais radicais e, quando as autoridades tentaram reprimi-lo em 4 de junho, na emblemática Praça Tiananmen, houve um terrível massacre.

Deng perdeu nas duas frentes. Aos olhos dos reformistas, ele se tornou o "carrasco de Tiananmen", o que manchou profundamente sua imagem. E, aos olhos da velha guarda, ele foi considerado responsável pelo "relaxamento" que levou ao descontrole.

Ele logo percebeu e, mesmo que não pudesse admitir publicamente que estava errado, renunciou cinco meses depois ao único cargo que ocupava, o de presidente da Comissão Militar Central. É verdade que ele tinha acabado de completar 85 anos, mas a idade não explica tudo. Sua saída foi, inegavelmente, uma admissão de fracasso, e também foi, para esse virtuose da sobrevivência, uma habilidade final. Em vez de se tornar um alvo para todos aqueles que tinham motivos para ficar ressentidos, ele deixou seus herdeiros se virarem sozinhos, discutindo ou se reconciliando, avançando em alguns assuntos e recuando em outros.

Aos que, com sinceridade ou simplesmente por cortesia, lhe pediram que continuasse a participar de certos órgãos, ele respondeu: "O que um velho surdo faria em suas reuniões?".

*

Deng Xiaoping de fato não ocupou mais nenhum cargo. Mas aqueles que acreditavam que tinham terminado com ele estavam muito enganados. Em seu octogésimo oitavo ano, quando seus aliados e adversários o consideravam à beira da morte, ele realizou o que provavelmente será considerado seu ato político mais significativo. Esse momento mítico na história da China moderna é chamado de "Viagem ao Sul".

Em janeiro de 1992, ele pegou o trem com a mulher e a filha, para o que parecia ser uma tranquila viagem em família. Seu primeiro destino: Shenzhen. Naturalmente, os líderes locais, ao verem o pai fundador de sua prosperidade, vieram cumprimentá-lo com entusiasmo. Então ele começou a falar. Ele se dirigia sobretudo a seus anfitriões, é claro, mas sabia que outros ouvidos também estavam atentos. "Vocês deveriam ser mais audaciosos nas reformas e na abertura, em vez de avançarem como mulheres com os pés enfaixados", disse ele, usando uma metáfora clássica na China para descrever um comportamento excessivamente cauteloso e até mesmo medroso. "A coisa mais importante, na experiência de Shenzhen, é se mostrar corajoso, é ousar explorar novos caminhos. É assim que se acaba encontrando o caminho certo."

Pouco a pouco, durante as visitas, ele começou a subir o tom: "Os líderes que se mostram incapazes de introduzir reformas deveriam ser destituídos de suas funções". A mensagem era tão dura e direta que as autoridades do país ficaram assustadas e inicialmente proibiram a imprensa nacional de relatar tais declarações. Mas elas circulavam mesmo assim, graças a alguns jornalistas que cobriam a "Viagem ao Sul", alguns deles vindos de Hong Kong.

Os dirigentes ficaram perplexos. O homem-forte naquele momento, Jiang Zemin, que o próprio Deng havia nomeado, mas que tentava agradar às facções conservadoras do regime, começou a enviar mensagens a seu mentor para saber se ele estava chateado com sua pessoa e se o considerava entre aqueles que gostaria de ver "destituídos de suas funções" por serem incapazes de reformar.

O mestre deixou claro para seu discípulo que, para reconquistar sua total confiança, ele deveria parar de tentar agradar todas as facções e se comprometer firmemente com o caminho das reformas.

Na opinião pública, as palavras do antigo líder foram recebidas com tanta aprovação que mudaram a atmosfera do país em poucos dias. Os apoiadores das reformas começaram a recuperar a confiança, enquanto os conservadores se tornavam cada vez mais apagados. A marcha rumo à modernização e ao desenvolvimento, cujo ritmo havia diminuído depois da tragédia de Tiananmen, poderia recomeçar.

Um notável crescimento econômico de fato se produziu nos anos seguintes. Embora o crescimento tivesse caído para cerca de 4% em 1989 e 1990, ele subiu espetacularmente, permanecendo acima de 10% ao ano por cerca de trinta anos e às vezes chegando a 14%. Um milagre estava acontecendo, e o mundo inteiro o observava com fascínio e às vezes preocupação. Em 1990, a economia chinesa não estava nem entre as dez maiores do mundo, que eram Estados Unidos, Japão, União Soviética, Alemanha, França, Itália, Grã-Bretanha, México, Brasil e Canadá; uma década depois, a China havia subido para a sexta posição, logo atrás da França; em 2010, já era a segunda maior do mundo, superada apenas pelos Estados Unidos.

Depois de uma longa, longuíssima marcha, o Império do Meio havia virado a página do isolamento, da cegueira e do subdesenvolvimento. Pela primeira vez em séculos, sua imagem de si mesmo já não estava desconectada da realidade. Ele se tornara, se não *o* centro do mundo, ao menos um de seus centros mais dinâmicos e admirados. Ele tinha boas razões, portanto, para se sentir satisfeito, e até mesmo jubilante.

Mas não muito, como Deng disse a seus camaradas em sua mensagem final, que de certa forma constituía seu testamento. "Mantenham a cabeça fria, a discrição, não se coloquem em evidência e nunca percam de vista as grandes coisas que ainda precisam ser feitas!" Ele teria gostado que essas últimas recomendações permanecessem em sigilo, mas não demoraram a vazar.

Suas palavras podem parecer conselhos de puro bom senso de um pai de família em seu leito de morte. Mas Deng Xiaoping nunca falava levianamente, e suas "últimas vontades" tinham um significado estratégico específico: a China sendo um colosso, bastaria que ela se movesse ou tossisse para que o mundo inteiro ficasse com medo; portanto, ela deveria cuidar, muito mais do que os outros, para nunca se exibir demais e nunca assustar os outros.

Deng nunca perdia de vista esse preceito de modéstia. Nem para si mesmo, nem para seu país. Durante o período fundador de seu governo, ele se sentira obrigado a ver o que outros países da Ásia, grandes ou pequenos, haviam feito, tentando entender os segredos de seu sucesso.

A começar pelo Japão, é claro. E sem se deter em recriminações ou ressentimentos. De seu ponto de vista, um verdadeiro patriota chinês não é aquele que quer fazer os japoneses pagarem pelo "estupro" de Nanquim; é aquele que quer realizar na China o que os japoneses realizaram em seu próprio país, ou seja, uma modernização integral e irreversível. A revanche na História, a única a que uma grande nação deve aspirar, é acabar de uma vez por todas com a pobreza, a ignorância e as humilhações. E, quando um de seus anfitriões ocasionalmente o elogiava pelos progressos alcançados na China, ele imediatamente o repreendia: "Somos um país pobre e atrasado, e precisamos aprender com aqueles que tiveram mais sucesso do que nós".

Como Deng Xiaoping teria reagido ao ouvir seus sucessores anunciarem que a China se tornaria a principal potência global em 2049? Provavelmente com preocupação, e com irritação. Qual a necessidade de tais proclamações?, ele teria perguntado. E por que multiplicar as demonstrações de poder? Elas assustam nossos vizinhos, dão argumentos para nossos adversários nos combaterem e nos afastam de nossos objetivos, em vez de nos aproximar deles.

Seu país teria despertado menos hostilidade dos norte-americanos, dos europeus ou dos japoneses se ele tivesse mantido mais a discrição, como o velho Deng recomendava? De minha parte, eu hesitaria em afirmar que sim. Porque existem realidades objetivas que ninguém pode ignorar e que não dependem muito de posturas ou comportamentos. Se os ocidentais desconfiam da China, é principalmente porque ela agora é capaz de desafiar sua supremacia secular. Seus comportamentos – em questões tão diversas quanto direitos humanos, Taiwan, uigures, pandemia ou espionagem industrial – são destacados porque oferecem um alvo conveniente. Mas a verdadeira razão para a desconfiança e a hostilidade de seus adversários é que o gigante da Ásia se tornou, por seu próprio crescimento, por sua modernização acelerada, uma ameaça objetiva para sua supremacia.

O que acabo de dizer não é novidade para aqueles que acompanham essas questões estratégicas nas chancelarias ou nos institutos de pesquisa de Washington, Pequim, Londres, Tóquio, Estocolmo ou de outros lugares. Mas essa verdade contribui para reforçar a impressão, entre os líderes políticos, de que o confronto é inevitável, e que é imperativo se preparar para ele. E isso provoca, de ambos os lados, reações de endurecimento.

Na China, sob o governo de Xi Jinping, que começou em 2012, o discurso sobre o Ocidente imperialista cada vez mais se assemelha ao da Era Maoísta; paralelamente, o discurso sobre a China, conforme o ouvimos na Europa e nos Estados Unidos, é caracterizado por uma difamação sistemática. Para o observador atento e equilibrado que tento ser, a deriva se acelera dos dois lados, e parece difícil que não resulte em um confronto colossal.

Mas não farei prognósticos sobre o assunto. Quando nos debruçamos, como faço neste livro, sobre séculos de história tumultuada entre o Ocidente e a Ásia, não adianta nada especular sobre o que acontecerá em um, dez ou trinta anos. É melhor se limitar humildemente a aprender, observar e refletir, esperando que a sabedoria acabe prevalecendo e dissuadindo a todos de seguir na direção do abismo.

IV

O baluarte do Ocidente

"Admirável posição do Novo Mundo,
que faz com que o homem não tenha
outros inimigos além de si mesmo!
Para ser feliz e livre, basta-lhe querer."

Alexis de Tocqueville (1805-1859),
A democracia na América

1

O PONTO COMUM AOS TRÊS PRINCIPAIS desafios lançados à supremacia do Ocidente desde o início do século XX é a identidade do país que os enfrentou: os Estados Unidos da América. Eles venceram militarmente o Japão, saíram vitoriosos da Guerra Fria contra a União Soviética e agora estão na linha de frente para fazer face à ascensão da China. No processo, eles conseguiram marginalizar as antigas potências europeias e se tornar líderes, protetores e quase suseranos em relação a elas. Sua influência se estende agora por todo o planeta e em todas as áreas – uma preeminência nunca antes alcançada por outra nação.

As treze colônias norte-americanas, que em 1776 rejeitaram a autoridade da Coroa britânica, tiveram um crescimento impressionante. Ao relatar a surpreendente incursão do comodoro Perry, que obrigou o Japão a se abrir e assim desencadeou os tumultos que conhecemos, não é inútil destacar que o visitante sentiu a necessidade de explicar às autoridades do Arquipélago o que era seu país.

A carta do presidente Millard Fillmore é reveladora a esse respeito. Ela presume que seus destinatários talvez nunca tenham ouvido falar dos Estados Unidos, ou mesmo do continente em que estes se encontram. Nela, está escrito: "A América, às vezes chamada de Novo Mundo, foi descoberta e colonizada primeiro pelos europeus.

Por muito tempo, havia poucos habitantes, e eles eram pobres. Agora eles se tornaram bastante numerosos; seu comércio se expandiu muito; e eles acreditam que, se Sua Majestade Imperial mudasse as leis antigas para permitir o livre-comércio entre os dois países, isso seria extremamente vantajoso para todos".

A futura superpotência ainda dava seus primeiros passos na cena mundial. Mas algumas de suas características já eram perceptíveis no comportamento de Perry. Audácia, impudência, pragmatismo. E, acima de tudo, espírito de iniciativa. Os alicerces dos Estados Unidos foram estabelecidos, essencialmente, em uma geração, por um punhado de cidadãos que se reuniam entre si, debatiam, às vezes brigavam e até duelavam, mas que acabavam tomando as decisões que consideravam sensatas.

Para outros países que desempenharam um papel importante na história do mundo, o nascimento raramente esteve associado a um único momento fundador. No caso da França, que por muito tempo serviu de exemplo para aqueles que aspiravam a construir uma nação, não se pode contar sua ascensão sem voltar à Revolução, a Luís XIV, a Richelieu, a Luís XI, a Joana d'Arc, a Carlos Magno, a Clóvis e até a Vercingetórix, visto que o sentimento nacional se construiu, século após século, em torno de uma longa sucessão de personagens emblemáticos. Na Itália, houve o grande momento da unificação, no século XIX, mas já havia todo um passado milenar que remontava à Roma antiga. Para outros países, como China, Japão ou Índia, o mito das origens se perde na noite dos tempos.

Foi uma vantagem para os Estados Unidos terem nascido em uma data específica, sob a égide de um pequeno número de pais fundadores; todos eles, na época, tinham origens europeias, mas todos eram extremamente desconfiados das disputas europeias que suas famílias haviam deixado para trás a fim de recomeçar suas vidas sem restrições em um novo país.

Outra vantagem decisiva para esses pioneiros: aqueles que os precediam no continente eram povos frágeis, desprovidos, fragmentados, mal preparados para enfrentar um invasor tão determinado e bem armado. A conquista do território que se estendia do Atlântico ao Pacífico pelos colonos nem sempre foi fácil. Mas o resultado da batalha nunca foi uma dúvida, o que permitiu à jovem nação se aguerrir sem que sua sobrevivência ou triunfo final fossem seriamente comprometidos.

No entanto, os Estados Unidos começaram como um ator muito pequeno na cena global. Nos primeiros tempos, eles navegavam com dificuldade entre as potências europeias.

Uma das primeiras divergências dos pais fundadores ocorreu entre aqueles que queriam lutar, por uma questão de princípio, contra todas as monarquias europeias, e aqueles que preconizavam uma aliança tática com o rei da França para combater o rei da Inglaterra. Prevaleceu a atitude pragmática. O líder dos insurgentes, George Washington, recebeu em seu estado-maior o marquês de Lafayette; e adquiriu abundância de armas francesas por meio de alguns intermediários aprovados por Luís XVI, dos quais o mais famoso era Beaumarchais.

Logo veio a tomada da Bastilha, na qual alguns norte-americanos viram, a princípio, um prolongamento em direção à Europa de sua própria revolta. Mas quando o Terror se instalou e começaram a guilhotinar a torto e a direito, o entusiasmo dos admiradores da Revolução, como Thomas Jefferson, esfriou. Como se aliar a assassinos sanguinários apenas porque eles tinham substituído uma monarquia por uma república? Os que sempre preferiram uma acomodação com a Inglaterra, mas que até então haviam sido obrigados a ficar em silêncio, puderam finalmente erguer a cabeça. Um acordo de paz foi assinado em Londres, em 1794. Os franceses imediatamente protestaram contra a traição e começaram a interceptar navios com a bandeira estrelada.

Não era fácil para uma nação emergente preservar sua neutralidade diante dos poderosos impérios europeus, que haviam se acostumado a obter, por bem ou por mal, tudo o que desejavam.

*

Quando Robespierre caiu e a página do Terror foi virada, e o poder passou a um regime mais moderado, o Diretório, os Estados Unidos enviaram uma delegação a Paris para iniciar uma reconciliação. No entanto, quando a imprensa revelou que Talleyrand, o ministro francês das Relações Exteriores, exigiu um substancial suborno dos emissários norte-americanos para recebê-los, a jovem nação se sentiu insultada, e alguns pediram que a afronta fosse lavada com sangue. Os dois países se viram às portas de um conflito armado. Centenas de navios foram apreendidos pelos dois lados e ocorreram algumas escaramuças, que resultaram em cerca de vinte mortes do lado francês e quatro vezes mais do lado norte-americano. Esse episódio ficou conhecido como a "quase-guerra"...

Somente com a ascensão de Napoleão Bonaparte a concórdia voltou a reinar entre os dois antigos aliados. Já em 1800, um tratado foi assinado, encerrando o "mal-entendido" causado por Talleyrand. Três anos depois, a França cedeu aos Estados Unidos, por quinze milhões de dólares, um imenso território, chamado Louisiane, que se estendia muito além do estado que hoje leva esse nome, indo de Nova Orleans até Montana e praticamente duplicando a área da União.

Para muitos norte-americanos que avaliavam que a principal ameaça à sua independência vinha de Londres, as vitórias do Imperador na Europa foram recebidas com entusiasmo. E às vezes até com exaltação. Alguns as viram como uma oportunidade única de acabar de uma vez por todas com as aspirações de revanche da antiga potência colonial. Uma vez que Napoleão estava determinado a arruinar a Inglaterra, submetendo-a a um severo "Bloqueio Continental", por que não aproveitar a oportunidade para conquistar os vastos territórios norte-americanos ainda leais à Coroa? Em junho de 1812, quando o Imperador, já mestre do Velho Mundo, lançou seu Grande Exército ao assalto da Rússia para forçá-la a interromper todo comércio com as ilhas britânicas, alguns "falcões" nos Estados Unidos acreditaram que aquele era o momento certo para entrar em guerra com Londres também. O Senado e a Câmara dos Representantes votaram resoluções nesse sentido, e um clima de fervor nacionalista se espalhou, levando multidões a destruir os escritórios de jornais contrários à guerra.

Cedendo à pressão dos belicistas, o quarto presidente da União, James Madison, declarou formalmente guerra ao Reino Unido. O jovem exército norte-americano atravessou imediatamente a fronteira, determinado a expulsar os ingleses do Novo Mundo.

Mas o velho império provou ser resiliente. O que para alguns parecia uma segunda guerra de independência não foi um simples passeio no parque. As tropas norte-americanas precisaram bater em retirada e assistir impotentes à invasão de seu próprio território.

A humilhação atingiu seu ápice quando, em 1814, depois da derrota de Napoleão e de sua primeira abdicação, os britânicos conseguiram enviar à América novas tropas, que tomaram a capital, Washington, incendiaram a Casa Branca, o Capitólio e vários outros prédios.

O presidente Madison nunca mais voltou a viver em sua antiga residência.

Esse revés foi pouco a pouco esquecido, mas os Estados Unidos desistiram definitivamente de anexar a vasta região britânica localizada em sua fronteira norte, que um dia se tornaria o Canadá independente. Sua expansão territorial continuaria em outras direções: para o sul e para o oeste, até o Texas e o oceano Pacífico, arrancando amplos territórios de seu infeliz vizinho ao sul, o México, e despojando os vários povos que habitavam a região antes da chegada dos europeus.

Essa conquista, ao mesmo tempo épica e impiedosa, é evidenciada pelos inúmeros nomes de origem espanhola que cobrem o território dos Estados Unidos, de El Paso a Las Vegas e Los Angeles, bem como pelos muitos toponímicos utilizados por comanches, cheyennes, iowas, sioux ou navajos.

Um dos momentos marcantes dessa expansão foi a corrida do ouro. Iniciada com a descoberta de algumas pepitas em uma fazenda da Califórnia em janeiro de 1848, ela se transformou em um espetacular deslocamento populacional.

Atraídos pela perspectiva de enriquecimento fácil, centenas de milhares de homens acorreram do leste dos Estados Unidos e de todo o mundo. Nunca antes o sonho americano se concretizara dessa forma, nem mesmo na época em que fabulosas histórias sobre o "Eldorado" se espalharam, no século XVI.

É verdade que, muito antes desse episódio, a Califórnia já era objeto de um mito. Seu nome, em referência aos opulentos califas do Oriente, havia sido retirado de um romance popular publicado nos tempos dos conquistadores, que fascinara Hernán Cortés, conquistador do Império Asteca. Nessa ficção, a "ilha da Califórnia" era habitada por temíveis guerreiras negras, comandadas por uma rainha fabulosamente rica que havia proibido homens em seu reino por medo de que eles o saqueassem.

Quando o comodoro Perry partiu para o Japão com a carta assinada por Fillmore, a febre do ouro ainda estava em alta: "Nosso grande estado da Califórnia produz cerca de sessenta milhões de dólares em ouro a cada ano, além de prata, mercúrio, pedras preciosas e muitos outros objetos de valor", gabou-se o presidente. Claro que apenas um número muito pequeno daqueles que "correram" acabaria enriquecendo com a coleta de pepitas. O metal precioso foi apenas um chamariz, por assim dizer; mas inegavelmente trouxe prosperidade ao país.

Os recém-chegados afluíram à Califórnia para que ela os enriquecesse, mas sua chegada é que enriqueceria a Califórnia.

Uma das primeiras localidades a se beneficiar foi San Francisco. Em janeiro de 1848, ela era apenas uma vila costeira de algumas centenas de habitantes e ainda nominalmente pertencente ao México; no ano seguinte, já era um próspero porto de vinte e cinco mil habitantes.

Foi nessa cidade, por exemplo, que um jovem imigrante recém-chegado da Baviera, Levi Strauss, fundou uma loja de tecidos e começou, alguns anos depois, a fabricar, para atender às necessidades dos garimpeiros, seus famosos "blue jeans". Um produto mítico cujo sucesso de forma alguma seria interrompido pelo fim da corrida do ouro.

2

A EXPANSÃO TERRITORIAL CONTINUARIA até meados do século XIX, multiplicando por sete a área inicial das treze colônias e tornando os Estados Unidos um dos países mais extensos do planeta. No entanto, ela também exacerbaria as tensões dentro da jovem nação, a ponto de causar uma secessão e uma guerra civil sangrenta – a única vez, em dois séculos e meio de existência, em que a própria sobrevivência da União pareceu ameaçada.

É verdade que havia, dentro do país, dois modelos de sociedade difíceis de conciliar e que inevitavelmente se confrontariam em algum momento. Nos estados do Sul, a economia era baseada em plantações de algodão, tabaco e cana-de-açúcar, que empregavam mão de obra escrava, por muito tempo fornecida pelo tráfico negreiro; enquanto no Norte a indústria manufatureira estava se desenvolvendo usando mão de obra assalariada, garantida pela imigração.

Uma divergência fundamental, que no entanto era em grande parte ignorada nos primeiros tempos da independência. Mesmo aqueles que tinham consciência de suas implicações morais e institucionais preferiam se ater a outras prioridades. Sem dúvida, a prática da escravidão estava em desacordo com a Declaração de Independência, que afirmava que "todos os homens são criados iguais" e "dotados pelo Criador de certos direitos inalienáveis, entre os quais a vida, a liberdade e a busca da felicidade". Mas nenhum dos pais fundadores tinha pressa de acabar com essa incoerência. Nem mesmo Thomas Jefferson, o principal redator do texto. Defensor das Luzes e grande admirador da Revolução Francesa, ele se dizia revoltado com o tráfico negreiro, embora ele próprio tivesse seiscentos escravos em sua propriedade em Monticello.

E ele não era o único, entre os líderes, a conduzir uma política e uma vida que entravam em contradição flagrante com as crenças que professava. Nenhum combate parecia ser mais prioritário a esses homens do que a luta contra a Coroa Britânica. Mesmo aqueles que desejavam a abolição da escravidão se conformavam com sua manutenção nos estados do Sul, considerando que o momento ainda não era propício para abordar a questão.

A expansão territorial é que veio abalar essas contemporizações, trazendo constantemente à tona a questão da escravidão para todos aqueles que se esforçavam por ignorá-la. Já não se tratava de saber por quanto tempo o status quo seria tolerado na Virgínia ou no Alabama; era preciso decidir se aquela odiosa incongruência se espalharia pelo restante do país – para o Nebraska, o Kansas ou o Novo México.

O debate fervilhava sempre que a União se expandia e considerava integrar um novo estado. Este deveria ser um "free state" ou um "slave state"? Outra questão crucial: como lidar com um escravo que fugisse da propriedade de seu mestre? Aos olhos dos sulistas, ele era um criminoso. Mas isso significava que, se ele se refugiasse em um estado do Norte, deveria ser devolvido, como se fosse um assassino ou um ladrão? Isso parece monstruoso. No entanto, era o que estipulava a *Fugitive Slave Law*, aprovada pelo Congresso em 1850, segundo a qual qualquer pessoa que protegesse ou ajudasse um escravo fugitivo, *em qualquer lugar do território dos Estados Unidos*, estava cometendo um crime federal passível de seis meses de prisão e mil dólares de multa.

Um dos artífices dessa legislação abominável foi ninguém menos que o presidente Millard Fillmore; é verdade que os sulistas, que conheciam seu fascínio pelo ouro da Califórnia, haviam ameaçado bloquear a entrada da Califórnia na União se a *Fugitive Slave Law* não fosse aprovada.

De crise a crise, de chantagem a queda de braço, ficou claro para muitos norte-americanos que seria necessário resolver a questão de uma vez por todas.

Um homem se tornou porta-voz desse sentimento: Abraham Lincoln. Um político combativo a quem poucos previam um destino nacional, mas que soube encontrar as palavras certas que seus concidadãos precisavam ouvir: "Uma casa dividida contra si mesma não pode se sustentar. Este país não pode ser governado metade para a escravidão e metade para a liberdade. Não espero que a casa desmorone. Mas ela deve deixar de ser dividida". Ele repetia incansavelmente que era chegado o momento de escolher, de uma vez por todas, entre os dois modelos de sociedade.

Suas palavras tiveram o efeito desejado, embora não fossem unânimes. Na eleição presidencial de novembro de 1860, em que concorreu em nome do jovem Partido Republicano, ele obteve menos de 40% dos votos; mas estes estavam distribuídos de maneira ideal: quase nada no Sul e uma clara maioria em todos os estados do Norte, especialmente nos que tinham mais peso no colégio eleitoral, como Nova York, Ohio e Pensilvânia, o que lhe garantiu a vitória.

Em reação a esse resultado, sete estados escravistas, entre os quais a Carolina do Sul, a Virgínia e o Texas, proclamaram sua separação da União e a intenção de fundar uma Confederação separada. A Guerra Civil começou formalmente em abril de 1861. O exército norte-americano se dividiu contra si mesmo e ocorreram grandes movimentações de tropas, que se estenderam por milhares de quilômetros, e batalhas memoráveis, como a de Gettysburg, em julho de 1863.

O grande temor de Lincoln era ver as potências europeias apoiando os sulistas. A Inglaterra estava tentada a fazê-lo, não por simpatia por suas teses, uma vez que ela mesma havia abolido a escravidão e proibido o tráfico em seu império em 1833, mas para enfraquecer seus antigos súditos norte-americanos, que tinham se tornado rivais irritantes e até mesmo adversários. Se ela pudesse aproveitar a secessão dos sulistas para desmembrar a União, por que não o faria?

Consciente desse perigo, Lincoln habilmente despachou para Londres, enquanto "ministro dos Estados Unidos", como os embaixadores eram chamados na época, Charles Adams, filho e neto de presidentes, herdeiro de uma dinastia política conhecida por sempre defender uma reconciliação com a Coroa.

Mais de uma vez, o emissário enviou a Lincoln relatórios alarmantes, anunciando que o Gabinete britânico estava prestes a reconhecer a Confederação sulista como um estado soberano. Foi somente quando a balança de poder se inclinou decididamente a favor dos nortistas que os ingleses desistiram de se envolver.

A França de Napoleão III também quis aproveitar a grave crise nos Estados Unidos para se estabelecer – ou melhor, restabelecer – do outro lado do Atlântico. Com um projeto audacioso: instaurar um império no México, com o arquiduque Maximiliano de Habsburgo-Lorena no trono. Irmão do imperador da Áustria, genro do rei dos belgas, protegido do imperador francês, reconhecido pelo czar e abençoado pelo papa, ele era, além disso, descendente da dinastia em nome da qual o México havia sido conquistado. Portanto, ele parecia ter o perfil ideal para representar um retorno simbólico das potências europeias ao Novo Mundo.

Em abril de 1864, Maximiliano se autoproclamou imperador e atravessou o oceano em uma fragata até Veracruz, instalando-se em "sua" capital, México, em junho. Embora lhe tivessem prometido uma recepção triunfal, ela não aconteceu. Poucos mexicanos se identificaram com ele, e ele só conseguiu controlar uma ínfima parte do território sobre o qual deveria reinar.

Depois, seus aliados o abandonaram, um a um, aconselhando-o a desistir. Mas ele persistiu, esperando por um milagre ou uma saída honrosa. Nada disso aconteceu, e o patético imperador terminou sua vida diante de um pelotão de fuzilamento, em Santiago de Querétaro, em 19 de junho de 1867. Ele não tinha nem 35 anos.

Não há dúvida de que a paisagem política das Américas, e também a do resto do mundo, teria sido completamente alterada se esse império bastante anacrônico tivesse conseguido se estabelecer enquanto os Estados Unidos se dividiam em duas potências rivais...

Mas não foi assim que as coisas aconteceram. Nem no México, nem em seu vizinho do norte – cuja guerra civil foi feroz, mas efêmera. As forças da União conseguiram acabar com a secessão, embora as batalhas com frequência tenham sido inconclusivas e extremamente mortais. Segundo as estimativas mais confiáveis, teria havido quase oitocentos mil mortos, entre civis e militares.

Um dos últimos a cair foi o próprio presidente Lincoln, assassinado em abril de 1865 em um teatro de Washington por John Wilkes Booth, um ator shakespeariano favorável aos sulistas, que se recusava a aceitar a derrota.

*

Quando se observa a trajetória dos Estados Unidos da América com a perspectiva que o passar dos anos proporciona, não se pode deixar de constatar que a Guerra de Secessão marcou para eles um avanço formidável, mas também um lamentável fracasso.

No que diz respeito ao avanço, ele foi espetacular e continua sem igual. Com o fim do conflito, o país embarcou com fervor em sua escalada rumo às maiores alturas. Ele, sem dúvida, precisava se livrar das amarras que sua debilitante divisão entre "free states" e "slave states" impunha para se expandir plenamente e alçar voo. Vinte e cinco anos depois do término dessa guerra civil, a economia norte-americana já havia se alçado à posição número um no mundo, onde permanece até hoje.

Uma segunda Revolução Industrial estava em andamento, impulsionada pelo desenvolvimento da eletricidade, do petróleo e do gás, e estava centrada sobretudo nos Estados Unidos, assim como a primeira se centrara na Grã-Bretanha. Era a época dos Rockefeller, dos Carnegie, dos Pullman, dos Edison e dos Graham Bell, a época do fonógrafo, do cinematógrafo, da telegrafia sem fio, entre mil outras inovações que mudariam o mundo. Muitas delas começaram na Europa – na Alemanha, na França, na Inglaterra, na Itália e em outros lugares –, mas muitas vezes foi do outro lado do Atlântico que conseguiram se expandir e alcançar um grande número de pessoas em vez de apenas um punhado de privilegiados.

Como o automóvel, produzido em massa nas fábricas de Henry Ford, e a fotografia, popularizada por George Eastman. Inventores que queriam realizar seus sonhos se voltavam cada vez mais para a América. Era lá que suas ideias seriam melhor acolhidas e poderiam prosperar. Um formidável movimento migratório atraiu para os Estados Unidos milhões de pessoas, que a princípio buscavam escapar da opressão, da perseguição e da miséria, trazendo consigo seu conhecimento, sua engenhosidade e sua audácia... A população, que era de trinta e cinco milhões ao término da Guerra Civil, ultrapassou a marca dos cem milhões meio século depois.

De acordo com todos os indicadores pelos quais normalmente se avalia a importância de um país – área, população, riqueza, poder ou influência –, os Estados Unidos agora pertenciam ao grupo de líderes. E eles continuavam a crescer, prosperar e demonstrar seu poder.

Em 1867, eles compraram o Alasca da Rússia por sete milhões de dólares, concluindo assim sua expansão territorial na América do Norte. Em seguida, apoiando-se na revolta dos cubanos que buscavam independência, entraram em guerra contra a Espanha em abril de 1898, derrotaram facilmente seus exércitos e suas frotas e se apoderaram dos restos de seu império. Não apenas de suas últimas possessões no Novo Mundo, Cuba e Porto Rico, mas também de suas colônias no Pacífico, em especial as Filipinas.

O espetáculo do antigo império europeu, que havia sido o maior e mais rico do planeta, humilhado pela jovem nação norte-americana, era um sinal dos tempos. Essa reviravolta histórica não deixava de evocar o que vinha acontecendo na mesma época no Extremo Oriente, onde dois veneráveis impérios também foram humilhados pelo jovem Japão da Era Meiji: a China, em 1894-1895, e a Rússia, em 1904-1905.

O mais aventureiro dos líderes norte-americanos da época, o presidente Theodore Roosevelt, era, aliás, um grande admirador do Japão, de sua cultura e, acima de tudo, de suas artes marciais. Ele havia dedicado uma grande sala da Casa Branca a essas artes, onde treinava três tardes por semana, junto com os filhos, o secretário particular, os ministros da Defesa e do Interior, e o adido militar japonês. Ele dizia, a quem quisesse ouvir, que o jiu-jitsu era "superior, em todos os aspectos, ao atletismo de nosso país".

3

OS ESTADOS UNIDOS TIVERAM, portanto, um desenvolvimento fulgurante nas décadas que se seguiram à Guerra de Secessão. Em muito pouco tempo, eles conseguiram se tornar uma grande potência econômica, diplomática e militar. Eles já não corriam o risco de ser invadidos, boicotados ou humilhados pelos impérios europeus que antes temiam. Em "seu" continente, eles não tinham mais nenhum rival, e no cenário mundial sua influência não parava de crescer, em todas as áreas.

No entanto, esse notável sucesso veio acompanhado de um fracasso igualmente notável, que ainda hoje é para os Estados Unidos uma mancha, e mesmo um defeito: sua dolorosa incapacidade de resolver a questão racial.

Ao proclamar solenemente a abolição da escravidão, Lincoln tinha consciência da necessidade de elevar as pessoas emancipadas ao status de cidadãos de pleno direito. Cerca de quatro milhões de negros, que até então não tinham nenhum direito, peso político, riqueza, respeitabilidade social, experiência na vida pública e autoconfiança.

O processo de integração seria complicado e repleto de obstáculos, especialmente porque os perdedores da Guerra Civil não tinham a menor intenção de renunciar a seus privilégios ou facilitar o trabalho dos vencedores. Alguma lentidão era previsível, portanto. Mas o que aconteceu não se limitou à lentidão. Depois de alguns esforços iniciais, no rescaldo do conflito, o projeto de integração dos libertos foi, em sua maior parte, abandonado. As autoridades simplesmente desistiram.

Haveria muitas maneiras de contar como se chegou a esse ponto, mas o resultado é incontestável: o problema racial nunca foi resolvido de maneira adequada. Cento e sessenta anos depois da Guerra de Secessão, ele continua a assombrar a sociedade norte-americana, e poderíamos inclusive dizer que se torna cada vez pior e mais tenso.

Esse colossal fracasso merece que lhe dediquem volumes inteiros, como muitos historiadores fizeram no passado e continuarão fazendo no futuro. Mesmo em um trabalho como este, que oferece apenas um rápido vislumbre de uma humanidade à deriva, devemos fazer uma pausa para refletir sobre isso. Afinal, estamos falando da nação mais poderosa da História, que teve um sucesso admirável em tantos campos diferentes. Portanto, é inevitável nos perguntarmos como ela pôde fracassar de maneira tão lamentável na gestão desse assunto crucial, a ponto de colocar em perigo sua democracia, seu modelo de sociedade, sua integridade moral e sua posição no mundo.

Depois da Guerra Civil, duas noções, ao mesmo tempo rivais e complementares, voltavam constantemente aos debates: reconciliação e reconstrução. Uma vez que a luta fratricida havia terminado com a indiscutível vitória de alguns e a capitulação de outros, era preciso acalmar os ânimos, amalgamar a União e reconstruir o que havia sido destruído.

Os seguidores de Lincoln insistiam na reconstrução, que, em sua visão, tinha um objetivo específico: permitir que os negros se tornassem cidadãos de pleno direito em um futuro próximo e, acima de tudo, que pudessem exercer seu direito de voto sem restrições. Um círculo virtuoso se criaria; como eleitores, os ex-escravizados naturalmente seriam cortejados por candidatos em busca de seus votos, tanto em nível nacional quanto local, o que resultaria em uma melhora progressiva de sua situação econômica, de seu status social e de sua imagem.

No início, a reconstrução funcionou razoavelmente bem e teve efeitos positivos. Em 1870, pela primeira vez na história dos Estados Unidos, um negro foi eleito para o Senado e outro para a Câmara dos Representantes, o primeiro representando o Mississippi e o segundo a Carolina do Sul. Não é absurdo supor que, se esse caminho tivesse sido seguido por algumas décadas, novas realidades teriam surgido nos estados do Sul e o problema racial teria sido gradualmente resolvido.

Mas o espírito de Lincoln não prevaleceu por muito tempo. Seu vice-presidente, Andrew Johnson, que o sucedeu após sua morte, não via as coisas da mesma forma. É verdade que ele não tinha o perfil adequado para essa tarefa. O presidente não o havia escolhido como seu companheiro de chapa, em 1864, para ser seu herdeiro. Com a vitória praticamente assegurada e a garantia de ser facilmente reeleito para um segundo mandato, Lincoln quisera apenas curar simbolicamente as feridas, por assim dizer, escolhendo o ex-governador do Tennessee para a vice-presidência. Tratava-se de um personagem sem grande envergadura e que não fazia parte de seus círculos íntimos, mas que tinha sido um dos poucos políticos do Sul a se opor à secessão.

Subitamente tornado presidente devido à "reviravolta" que todos conhecem, o obscuro companheiro de chapa se encontrou em uma posição que ninguém havia previsto: sucessor de um gigante da história norte-americana, encarregado de resolver no lugar dele, sem preparo algum, o problema mais espinhoso que a nação já havia enfrentado. Sua reação instintiva foi dar prioridade absoluta à reconciliação. Uma atitude absolutamente respeitável, sobretudo depois de um conflito fratricida, mas também uma atitude bastante ambígua, "escorregadia" e que acabaria se revelando perversa.

Sim, é claro, a reconciliação era necessária. Quem poderia dizer o contrário? No entanto, era importante saber com base em que princípios essa reconciliação ocorreria.

Eles deviam simplesmente dizer aos perdedores: vamos virar a página e ser irmãos novamente? Não havia mudanças a serem feitas na forma como os sulistas governavam sua "ala" da "casa comum"?

Não era necessário garantir que os antigos escravizados pudessem viver no Sul como cidadãos verdadeiramente livres?

Levando em conta essas preocupações, os que se inspiravam no legado de Lincoln davam prioridade à reconstrução. Não como um substituto para a reconciliação, mas como um pré-requisito sem o qual a reconciliação seria uma traição, e até mesmo uma covardia.

A longo prazo, porém, eles não conseguiram prevalecer. Isso ocorreu porque, além das opiniões, das convicções e dos cálculos políticos de líderes individuais, havia uma realidade objetiva que se revelou determinante. A realidade de que as diferentes componentes da nação não tinham, depois da Guerra Civil, o mesmo grau de motivação.

Do ponto de vista dos habitantes do Sul, sem exceção, a questão era existencial. Para os brancos, tratava-se de saber se eles conservariam seus privilégios e permaneceriam como os donos da região, mantendo seus antigos escravos em um estado de submissão. Para os negros, a questão era saber se eles realmente se tornariam cidadãos de pleno direito ou se continuariam, de um modo ou de outro, sob o domínio de seus opressores.

Comparada a essas questões, as mais cruciais que se possa conceber, a motivação dos habitantes do Norte não era da mesma ordem. Sem dúvida havia pessoas excepcionais, dotadas de uma visão lúcida e comprometidas com valores universais. Mas a população em geral não podia permanecer mobilizada permanentemente, ano após ano, década após década. As preocupações mudam ao longo do tempo, as prioridades se alteram, a atenção se dispersa e as pessoas acabam ficando cansadas das intermináveis disputas raciais no "Sul profundo". E começam a pensar que talvez seja melhor deixar brancos e negros resolverem sozinhos seus próprios conflitos.

É claro que essa "neutralidade" não teve as mesmas consequências para as duas comunidades raciais. Os brancos já estavam no poder em todas as áreas e há várias gerações. Eles controlavam firmemente a administração, a economia, as escolas, os tribunais, os jornais, as forças de segurança e todo o resto. Os negros, embora igualmente motivados para lutar, não tinham meios para isso.

Era como se, em um ringue, o árbitro anunciasse que todos os golpes seriam permitidos, sem se importar com o fato de que um dos dois boxeadores estivesse com as mãos e os pés amarrados.

*

O envolvimento dos nortistas na reconstrução durou, para o bem e para o mal, cerca de uma dúzia de anos. Depois, eles perderam o interesse. Esse abandono resultou em um acordo informal que entrou para a História como o "Compromisso de 1877".

Os Estados Unidos viviam um impasse político inextricável naquele ano. Eles tinham acabado de passar pela eleição presidencial mais acirrada de sua história. Nem os republicanos nem os democratas conseguiram obter a maioria absoluta no colégio eleitoral. Um novo presidente deveria assumir o cargo em 4 de março, mas quarenta e oito horas antes da cerimônia nenhum dos dois candidatos em disputa havia sido declarado vencedor. Nunca o processo eleitoral havia enfrentado uma paralisação desse tipo.

O motivo desse impasse era que Louisiana, Flórida e Carolina do Sul tinham "retido" seus votos até que fossem aceitas suas condições, que incluíam o fim da reconstrução, a retirada das tropas nortistas que ainda estavam estacionadas nos estados sulistas e o reconhecimento do direito destes últimos de gerir "seus" assuntos sem a intervenção do governo federal.

E a chantagem funcionou. Para acabar com a obstrução e permitir a eleição de um presidente, chegou-se a um "compromisso", que, na verdade, foi uma capitulação. As autoridades se submeteram a todas as exigências dos antigos "confederados".

Da noite para o dia, os perdedores da Guerra de Secessão se transformaram em vencedores. O Sul lhes foi entregue de corpo e alma; eles poderiam agir como bem entendessem.

E eles não se acanharam. Fizeram de tudo, principalmente, para encontrar várias artimanhas para impedir os negros de votar. Um exemplo entre muitos outros: vários estados exigiram que aqueles que desejassem se registrar para votar pagassem uma certa quantia ou passassem em um teste de leitura e compreensão; e, para garantir que esses requisitos impedissem apenas o voto dos negros, não dos brancos pobres e analfabetos, foi introduzida uma "cláusula do avô", que estabelecia que as novas regras não se aplicariam àqueles cujos ancestrais já votavam.

Quando esses métodos não eram suficientes para desencorajar os antigos escravizados, e alguns ainda insistissem em votar, eles eram tratados com ainda mais brutalidade. Os locais de votação eram monitorados para identificar os mais obstinados, que eram espancados por gangues de arruaceiros ao sair. Alguns desses infelizes acabavam enforcados por qualquer pretexto. Como resultado, o voto dos negros nos estados do Sul foi reduzido a praticamente zero.

O território da antiga Confederação se tornou uma zona sem direitos, onde uma parte significativa da população estava privada dos atributos da cidadania e de todos os seus direitos civis. Uma segregação racial sistemática foi imposta em escolas, repartições, locais de moradia, transporte público etc. Hordas de brancos praticavam linchamentos com total impunidade, enquanto um pequeno delito cometido por um garoto "de cor" poderia levá-lo à cadeira elétrica.

Se o voto dos negros deveria estabelecer um círculo virtuoso, a efetiva supressão desse direito desencadeou, ao contrário, um círculo vicioso de marginalização, humilhação, miséria, violência e ódio, do qual o país nunca conseguiu sair. Sem dúvida havia, na época da reconstrução, uma "janela de lançamento" que permitia implementar uma verdadeira integração, de forma resoluta e irreversível. Ao deixarem essa janela se fechar, o país foi condenado a medidas de recuperação sempre parciais, sempre incompletas e em uma atmosfera insalubre, dominada pela desconfiança, pela suspeição e pelo ressentimento.

Assim, a questão racial nunca foi verdadeiramente resolvida. Mesmo a eleição, em 2008, de um presidente de ascendência africana, Barack Obama, não foi suficiente para superá-la.

Se por vezes nos perguntamos por que os negros manifestam tanta raiva, por que eles falam em "racismo sistêmico" e denunciam a hipocrisia de uma "suposta neutralidade" dos poderes públicos, devemos nos imaginar no lugar do boxeador mencionado anteriormente, com as mãos e os pés amarrados, recebendo golpes da manhã à noite, a vida toda, sem nunca poder se defender ou revidar.

É verdade que os comportamentos discriminatórios mais odiosos agora estão no passado. No entanto, eles duraram tanto tempo que deixaram marcas indeléveis na sociedade norte-americana como um todo. Entre os perseguidos, é claro, mas também entre seus perseguidores.

O Sul dos Estados Unidos, por exemplo, se tornou ao longo do tempo um reduto de conservadorismo radical, às vezes violento, frequentemente retrógrado e até mesmo obscurantista, que continua a exercer uma forte influência na vida política norte-americana.

Em uma estranha reviravolta da História, esse conservadorismo é hoje representado pelo Partido Republicano, que no século XIX foi o partido de Abraham Lincoln, muito antes de se tornar o partido de Nixon, de Reagan, dos dois Bush e de Trump. Enquanto o Partido Democrata, que agora recebe os votos das minorias étnicas, e especialmente dos negros, foi por muito tempo o bastião do supremacismo branco.

Essa transformação não ocorreu da noite para o dia. Em certos momentos, os democratas abrigavam, lado a lado, os elementos mais progressistas da sociedade norte-americana e os mais retrógrados. Às vezes, essas atitudes contraditórias eram encontradas na mesma pessoa, causando mal-entendidos duradouros.

Um caso merece ser destacado, o do presidente Wilson, cujas convicções sobre a questão racial tiveram consequências desastrosas muito além das fronteiras de seu próprio país.

4

O SÉCULO XX FICARÁ NA História como aquele em que os Estados Unidos se impuseram, ao longo de conflitos e tumultos, como a potência dominante do planeta. E o primeiro de seus líderes a personificar essa supremacia foi, indiscutivelmente, Woodrow Wilson. As ideias que ele levou consigo para Paris, em 1919, pareciam na época os alicerces adequados para a construção de uma nova ordem mundial.

Em particular, dois princípios formulados pelo presidente norte-americano suscitaram esperança em várias regiões do mundo: a autodeterminação dos povos e a transparência nas relações internacionais.

Este último ponto tinha uma conotação específica para aqueles que acabavam de passar pelos horrores da Primeira Guerra Mundial. Porque, se o assassinato do arquiduque Francisco Ferdinando e de sua esposa em Sarajevo, em junho de 1914, deveria necessariamente ter graves repercussões, ele nunca deveria ter precipitado a Europa e o resto do mundo em uma orgia mortífera que ceifaria milhões de vidas humanas. Mas, uma vez acionada a engrenagem, ela nunca mais parou. A Alemanha estava ligada à Áustria por um tratado de defesa mútua; a Rússia se comprometera a proteger os sérvios; os franceses tinham um pacto com a Rússia; os otomanos tinham um com a Alemanha... Em poucas semanas, as potências europeias se viram no inferno da guerra, não porque quisessem, mas porque se sentiam "contratualmente" obrigadas a tanto.

A maioria desses acordos era conhecida por todos, portanto não se tratava, a bem dizer, de alguma "diplomacia secreta"; no entanto, esse era o termo que Wilson e outros usavam, especialmente para caracterizar o absurdo sistema de alianças e contra-alianças que havia levado os povos à terrível carnificina das trincheiras.

O presidente dos Estados Unidos tinha a credibilidade necessária para falar sobre esse assunto e ser ouvido. Seu país não se envolvera na guerra tão rapidamente quanto os outros beligerantes. Em novembro de 1916, quando o conflito já estava em andamento há mais de dois anos, Wilson se dirigiu aos eleitores em busca de um segundo mandato com o slogan "Ele nos manteve fora da guerra". Foi somente quando os submarinos alemães começaram a atacar sua marinha mercante que os Estados Unidos finalmente renunciaram à sua neutralidade e, pela primeira vez em sua história, enviou seus próprios soldados para lutar em solo europeu. Eles só desembarcaram em junho de 1917, aliás, quando o conflito se aproximava de seu fim. Na ocasião, Wilson fez questão de enfatizar que seu país não tinha, ao contrário de outros, nenhuma reivindicação territorial.

Essa última afirmação também dava credibilidade ao outro grande princípio defendido pelo presidente, o da autodeterminação.

Tantos povos tinham sido anexados ou colonizados por potências mais ricas, mais ambiciosas e melhor armadas; outros tinham sido sujeitos a vários graus de dependência – tutorias, protetorados, concessões, capitulações e outros tratados desiguais. Todos sonhavam com o dia em que poderiam tomar ou retomar o controle de seus destinos, e a Primeira Guerra parecia fornecer a oportunidade perfeita para começar de novo. Os impérios europeus, que até então haviam dado lições de civilização ao resto do mundo, acabavam de demonstrar sua própria selvageria, o que afetou consideravelmente sua credibilidade moral. Além disso, eles estavam exangues e arruinados. Não seria esse o momento adequado para repensar o mundo e reconstruí-lo de maneira diferente?

Da Índia ao norte da África, dos Bálcãs ao Extremo Oriente, patriotas até então ignorados começaram a se manifestar. Muitas vezes educados em escolas fundadas por ocidentais, eles diziam que havia chegado o momento de suas nações, por tanto tempo desrespeitadas, saírem da letargia, recuperarem a dignidade e estabelecerem relações menos desiguais com aqueles que as tinham subjugado. Naquela época, seu estado de espírito não era caracterizado pela agressividade ou pelo rancor, mas sim por um profundo desejo de justiça, liberdade e modernidade.

A humanidade parecia prestes a entrar em uma era de reconciliação e harmonia, e tudo levava a crer que essa mudança ocorreria sob a autoridade moral dos Estados Unidos da América. Eles simbolizavam, melhor do que qualquer outro país, a nova visão de mundo que estava surgindo. Eles eram, por sua história, uma extensão da Europa; no entanto, também haviam lutado contra os impérios europeus para conquistar sua independência. E eles tinham conseguido construir em pouco tempo uma nação moderna, industrializada, poderosa, dinâmica e próspera.

Portanto, eles representavam um exemplo, uma inspiração, um modelo a ser seguido e um potencial aliado para todos os povos que começavam a despertar.

Da noite para o dia, o presidente Wilson se tornou a pessoa mais respeitada do planeta. Ele foi ouvido como se fosse não o líder político de um país entre outros, mas um profeta que anunciava ao mundo o nascimento de uma ordem global mais justa, mais moral, mais humana. "Nenhuma paz pode durar ou merece durar", ele dizia, "se não reconhecer e aceitar o princípio de que os governantes recebem todo o seu poder legítimo do consentimento dos governados, e que ninguém, em nenhum lugar, tem o direito de transferir

povos de uma soberania para outra como se fossem propriedades";
e ele enfatizava que esses povos deveriam ser capazes de tomar suas
decisões "sem serem coagidos, ameaçados ou aterrorizados; tanto
os menores quanto os maiores e mais poderosos".

Portanto, a era maldita em que os territórios eram redistribuídos
no segredo das chancelarias sem levar em conta os desejos de quem
os habitava havia terminado! A partir de agora, o consentimento
dos povos afetados será necessário, Woodrow Wilson repetia incessantemente – e suas palavras soavam como a mais bela música aos
ouvidos dos oprimidos.

Para chineses, indianos, coreanos, egípcios e muitos outros, o
presidente dos Estados Unidos surgia, no final da Primeira Guerra
Mundial, como o padrinho e o garantidor do futuro que eles esperavam. Ele era o único que parecia capaz de estabelecer os alicerces
de uma nova ordem global e impô-la aos recalcitrantes.

No entanto, seus discursos revelavam algumas "omissões", que
muitos de seus compatriotas adivinhavam com facilidade, mas que
os estrangeiros não percebiam: quando Wilson falava do direito à
autodeterminação, ele estava pensando nas nações da Europa Central
e Oriental, que não toleravam mais a autoridade dos russos, austría-
cos ou turcos; ele nunca considerava os "povos de cor" capazes de
governar a si próprios, exceto talvez em três ou quatro gerações, e
apenas se fossem guiados até lá por um tutor de raça branca.

Na época, tais convicções eram amplamente difundidas.
Discutia-se sem pudor sobre "civilizados" e "não civilizados", "superiores" e "inferiores", indígenas "evoluídos" ou "atrasados". Na
maioria das pessoas, letradas ou analfabetas, progressistas ou conservadoras, havia uma visão hierarquizada das raças, e Wilson não
era exceção. Ele era inclusive um exemplo eloquente.

Quando de sua eleição, em novembro de 1912, ele com certeza era o homem mais instruído a chegar à Casa Branca. Não
era ele o autor da monumental *A History of the American People*,

em cinco volumes? E ele não havia sido, por oito anos, presidente da Universidade de Princeton, uma das mais prestigiosas do país? No entanto, sobre a questão das raças, de suas supostas características e de sua "hierarquia natural", as convicções de Wilson não eram melhores do que as de seus contemporâneos. Na verdade, eram ainda piores.

Porque havia, na personalidade do presidente, um componente adicional – um fator agravante, indiscutível, que teria consequências devastadoras nesse momento crucial da História.

*

Nascido em dezembro de 1856, Woodrow Wilson tinha 8 anos no final da Guerra de Secessão e cresceu na Geórgia em uma família que viu a derrota dos sulistas como uma tragédia. Quando ele falava sobre o direito dos povos e argumentava que eles não deveriam passar de mão em mão como se fossem uma simples propriedade, seus ouvintes poderiam pensar que ele estava fazendo um paralelo com a escravidão e que se mostrava horrorizado com ela. Mas isso seria lhe atribuir indignações que não eram suas.

Wilson podia ser progressista em relação à condição dos trabalhadores ou ao direito de voto das mulheres, e ele podia fazer discursos poéticos sobre as nações oprimidas. Mas quando examinamos mais de perto suas palavras, percebemos que os exemplos que ele dava sempre vinham dos poloneses, dos tchecos ou de outras nações europeias. Ele nunca mencionava os indianos, os chineses, os coreanos, os etíopes ou os egípcios. Povos que, no entanto, ouviam suas palavras com entusiasmo e recitavam seus "Catorze Pontos" como se fossem dirigidos diretamente a eles.

Havia, obviamente, um grave mal-entendido nisso tudo, mas as pessoas não queriam vê-lo. Depois da Primeira Guerra Mundial, a humanidade como um todo fervilhava de sonhos, ideais e esperanças, e ninguém queria abrir os olhos ou perder as ilusões.

No Egito, o líder indiscutível dos patriotas, Saad Zaghloul, elogiava o "dr. Wilson" e planejava ir sem demora a seu encontro para apresentar as queixas de seu povo. Somente o presidente dos Estados Unidos poderia explicar firmemente aos ingleses que a nação que construiu as pirâmides não precisava de um tutor para governar a si mesma.

Assim que o armistício foi anunciado, em novembro de 1918, Zaghloul solicitou uma audiência com o alto-comissário britânico, Sir Reginald Wingate, para parabenizá-lo pela vitória de seu país, lembrar que o protetorado britânico havia sido imposto, em 1914, apenas "até o final das hostilidades", e confirmar que o Egito agora almejava sua total independência. Ele também o informou de seu desejo de ir a Paris, acompanhado de uma delegação, para se encontrar com os líderes das potências que lá se reuniriam. O funcionário respondeu que estava tomando nota do que lhe fora dito, mas que o governo de Sua Majestade tinha questões mais urgentes a serem resolvidas no momento e precisava de tempo para fornecer respostas. Alguns dias depois, Zaghloul foi informado de que não estava autorizado a viajar para a França.

Quando a notícia se espalhou, os egípcios desceram espontaneamente às ruas do Cairo, de Alexandria e de outras cidades do país, aos milhares, para protestar contra essa medida vexatória e exigir o fim imediato do protetorado. Todos os segmentos da nação estavam unidos nesse protesto, como nunca antes haviam estado. Desde os xeiques de turbante de al-Azhar até os líderes das comunidades coptas e judaicas, passando por burgueses, professores, camponeses, trabalhadores e, coisa inédita, muitas mulheres, entre as quais se destacava a esposa de Saad Zaghloul, Safiya, que era instruída e eloquente, próxima do povo e, ao mesmo tempo, melhor amiga da rainha. Ela entraria para a História como "Om-El-Masriyyin", que significa "a mãe dos egípcios".

O movimento de protesto cresceu tanto que as autoridades britânicas, determinadas a não perder o Egito, muito menos o Canal de Suez, que consideravam indispensável para controlar a rota para as Índias, decidiram tomar medidas rigorosas. Zaghloul foi preso no início de março e exilado em Malta com seus companheiros mais próximos.

Convencido de que a sanção que o atingira era apenas um episódio passageiro, um último ato de autoridade de uma potência colonial em crise, o líder independente decidiu aproveitar a estadia forçada na ilha mediterrânea para melhorar seu conhecimento da língua inglesa, a fim de poder falar diretamente com o presidente Wilson quando chegasse o momento. Para isso, ele contratou um professor que lhe deu aulas aceleradas. Zaghloul havia estudado direito em francês, língua em que se expressava com precisão e elegância, como boa parte da elite egípcia, mas sempre tivera dificuldade com o inglês. Dessa vez, sua motivação era grande, mas ele não teve tempo de progredir, pois seu exílio foi ainda mais curto do que ele havia imaginado: pouco mais de um mês e meio.

A situação no Egito se deteriorou rapidamente. A inflexibilidade do alto-comissário provocou um verdadeiro levante, conhecido na História como a "Revolução de 1919". Manifestações massivas e tumultuadas ocorreram, às quais os militares britânicos responderam com severidade, fazendo várias centenas de mortes.

Embora a repressão não tenha acalmado os ânimos, ela permitiu ao ocupante afirmar que não estava lidando com uma agitação patriótica, mas com uma revolução violenta organizada pelos bolcheviques, com o objetivo de incitar uma guerra santa contra o Ocidente – nada menos que isso! No Egito, essa tese parecia absurda; todos conheciam Saad Zaghloul, um notável liberal e modernista, fervoroso admirador da França e, havia pouco, dos Estados Unidos. Em Washington, porém, e entre a delegação norte-americana na Conferência de Paris, essas acusações foram levadas a sério. Os conselheiros de Wilson recomendaram que ele se alinhasse imediatamente com a posição de Londres. Essa era, aliás, sua inclinação natural, e não foi necessário um grande esforço para convencê-lo.

Quando as autoridades britânicas foram informadas da iminência de um posicionamento norte-americano a seu favor, elas libertaram Zaghloul na mesma hora e permitiram que ele fosse para a França. Esse gesto de aparente conciliação já não representava mais nenhum risco para elas.

Na realidade, quando o exilado e seus companheiros desembarcaram no porto de Marselha, ainda cheios de esperança, em 19 de abril de 1919, eles ficaram horrorizados de saber que os Estados Unidos haviam oficialmente reconhecido, em um comunicado, a necessidade de manter o protetorado britânico sobre o Egito.

Alguns patriotas ficaram atordoados e atônitos, mas o próprio Zaghloul já esperava tal desfecho. Em seu diário pessoal, ele havia registrado, dez dias antes: "A voz do presidente Wilson continua a enfraquecer. Contávamos com suas palavras e o víamos como um profeta de nossa época, mas agora seus próprios compatriotas o acusam de ceder aos desejos dos ingleses. Só Deus sabe o que pode acontecer!".

Não querendo sucumbir ao desânimo, os patriotas egípcios continuaram sua jornada para Paris, onde solicitaram uma reunião com Wilson. Eles não foram recebidos nem pelo presidente nem por nenhum membro de seu círculo íntimo.

✳

Muitos outros ativistas, em todos os cantos do mundo, experimentariam, na mesma época, as mesmas esperanças, seguidas das mesmas desilusões.

O jovem Ho Chi Minh, que estava em Paris na época, redigiu um pequeno texto intitulado *Reivindicações do povo anamita*, alugou um traje para a ocasião e foi entregar uma cópia na sede das principais delegações, em especial a dos Estados Unidos. Ninguém se dignou a responder. Pouco tempo depois, ele se juntou ao Partido Comunista Francês e partiu para Moscou. Nos anos e décadas seguintes, ele se tornaria um membro ativo do Komintern e um adversário implacável da França e, mais tarde, dos Estados Unidos.

Entre as muitas pessoas que foram brevemente seduzidas pelos princípios wilsonianos estava o jovem Mao Zedong. Em um texto escrito em julho de 1919, ele parecia convencido de que o presidente norte-americano tinha boas intenções, mas que sua voz havia sido abafada pelos outros participantes da Conferência de Paris. "Pobre Wilson!", dizia o futuro líder chinês. "Cercado de ladrões, como Clemenceau ou Lloyd George", e sempre em reuniões onde só se falava em anexação de territórios e reparações financeiras, "ele não conseguia se fazer ouvir".

Assim como Saad Zaghloul, Mao parecia convencido de que se Wilson tivesse conseguido "seguir seu coração", sem ser pressionado pelos ingleses e outros "ladrões", ele nunca teria permitido tamanhas injustiças.

As promessas de Woodrow Wilson haviam feito o mundo sonhar por um tempo. Nos Estados Unidos, ele conseguiu conquistar até mesmo os mais destacados defensores da causa negra. Durante sua primeira campanha eleitoral, em 1912, o candidato prometeu dar grande destaque à comunidade negra, o que levou vários deles, como W. E. B. Du Bois, a fazer campanha a seu favor. Assim que eleito, porém, Wilson deu uma guinada vergonhosa. Não apenas desistiu de nomear negros para cargos significativos, mas também questionou as raras nomeações feitas por seus antecessores. Ele chegou a instituir a segregação racial no coração da administração federal, algo que nenhum presidente havia feito até então.

Um dos momentos mais chocantes de seu mandato foi quando o recém-adquirido filme *O nascimento de uma nação*, uma apologia fervorosa da Ku Klux Klan, foi exibido na Casa Branca para um grupo de convidados. Isso aconteceu em fevereiro de 1915, e as críticas não vieram apenas da comunidade negra.

A tese promovida pelo cineasta D. W. Griffith era a de que a Guerra de Secessão era o resultado de uma agressão do Norte contra o Sul, contra "sua civilização" e seu modo de vida. Wilson não expressava uma visão muito diferente em seu livro, já mencionado, *A história do povo americano*. Ele dizia, por exemplo, que a Reconstrução havia "colocado os homens brancos do Sul sob a autoridade opressiva de governos apoiados por negros ignorantes" e que a KKK havia sido formada "para proteger o Sul" desses perigos. O filme se baseava explicitamente nessas palavras de Wilson, que eram projetadas em letreiros na tela, como era comum no cinema mudo.

Esse episódio ilustrou, de maneira grotesca, a que ponto o presidente Wilson era a personificação de tudo o que havia sido negligenciado depois da Guerra de Secessão, quando, buscando uma rápida reconciliação, se renunciara à reconstrução profunda das sociedades sulinas, construídas sobre a supremacia de uma raça e determinadas a perpetuá-la.

Em 26 de junho de 2020, a Universidade de Princeton anunciou em um comunicado que renomearia sua Woodrow Wilson School for Public and International Affairs, a fim de suprimir a referência ao antigo presidente, alegando que "seu pensamento e suas políticas racistas" tornavam seu nome "inapropriado para uma escola ou faculdade cujos professores, alunos e ex-alunos devem se opor firmemente ao racismo, em todas as suas formas".

5

SE O COMPORTAMENTO DOS VENCEDORES, logo depois da Primeira Guerra Mundial, provou ser desastroso – e é justo dizer que o Tratado de Versalhes fez muito mais vítimas do que o conflito que pretendia encerrar! –, seria excessivo atribuir apenas ao presidente Wilson a responsabilidade por esse monumental fracasso. O lamentável, tratando-se de Wilson, é que ele havia gerado enormes esperanças e as havia frustrado. Em parte, por culpa dos líderes das outras nações, suas ganâncias e seus medos; e em parte também por causa de sua própria personalidade, do ambiente sulista em que cresceu e dos preconceitos arraigados em sua pessoa.

Portanto, não seria descabido afirmar que a abordagem incoerente da questão racial depois da Guerra de Secessão teve consequências trágicas para a humanidade como um todo, não apenas para os Estados Unidos.

No caso do Egito, por exemplo, é preciso reconhecer que a "janela de oportunidade" que se entreabriu para o país com o fim da Primeira Guerra Mundial, e que se fechou com a "traição" de Wilson, nunca mais voltou a se abrir.

A Revolução de 1919 poderia ter levado o país, sob a liderança de Saad Zaghloul, pelo caminho de uma modernidade esclarecida e socialmente liberal. Esse caminho foi definitivamente bloqueado nas décadas seguintes. Aqueles que o defendiam perderam toda a credibilidade e tiveram que sair de cena sob vaias, dando lugar a movimentos radicais, sectários, intolerantes, às vezes hostis ao Ocidente e às vezes submissos à sua vontade, e quase sempre autoritários.

Mais uma vez, seria injusto culpar um homem, mesmo ele sendo o ocupante da Casa Branca, por todos os dramas decorrentes de seus atos, que ele não poderia humanamente prever. Mas para aqueles que cresceram, como eu, em países devastados, onde a aspiração ao progresso, ao desenvolvimento, à democracia e à dignidade foi constantemente obstruída, as oportunidades perdidas não são simples infortúnios passageiros. A História nem sempre oferece uma "segunda chance", e se não reagirmos no momento certo e da maneira certa, países podem ser aniquilados, civilizações inteiras podem regredir e populações incontáveis acabam imersas em desespero, ressentimento, ódio aos outros e a si mesmas.

Ao dizer isso, estou apenas descrevendo uma realidade que venho contemplando com tristeza desde que abri os olhos para o mundo. Em muitas regiões do planeta, da Europa Central à Ásia Oriental, passando por meu Levante natal, os danos causados pelos tratados assinados depois da Primeira Guerra foram maciços, duradouros e com frequência impossíveis de reparar.

Por outro lado, é preciso observar que nem essa paz apressada nem as inconsistências do presidente Wilson afetaram o percurso dos Estados Unidos, que continuaram a avançar incessantemente. Mesmo a Grande Depressão, que começou em Nova York em outubro de 1929 e se espalhou para o resto do mundo, não conseguiu, no fim das contas, desacelerar sua ascensão. Menos de quinze anos após a terrível "Terça-feira Negra" de Wall Street, que quase solapou os fundamentos de sua prosperidade, eles tinham se tornado a primeira superpotência da História.

Um dos fatores determinantes de sua ascensão à supremacia foi que eles escolheram adotar, depois da Segunda Guerra Mundial, uma atitude muito diferente daquela que tiveram depois do conflito anterior. Em vez das promessas não cumpridas que caracterizaram a presidência de Wilson, houve um engajamento maciço, que inclusive foi além das expectativas dos beneficiários. Com resultados incontestavelmente espetaculares: sem o Plano Marshall, a Europa Ocidental teria levado várias décadas para se recuperar da devastação; e o Japão, sem a "terapia de choque" aplicada pelos norte-americanos, provavelmente não teria encontrado em si mesmo a força para mudar de rumo e realizar o milagre econômico que alcançou.

Desnecessário dizer que essa generosidade não era desinteressada. Por que deveria ser? Se Washington quis, ao ajudar a recuperação da Europa, combater a influência do comunismo, isso não diminui em nada seu mérito. Quando, após um conflito, é possível encontrar convergências entre os próprios interesses e os dos outros, mesmo que eles sejam inimigos recentes, essa é uma abordagem legítima e totalmente respeitável.

De meu ponto de vista, em todo caso, a atitude dos Estados Unidos nesse ponto crucial da História permanecerá como um modelo da maneira como um vencedor deve se comportar. Se eles tivessem adotado a mesma linha de conduta em seus outros dois triunfos no século XX – em 1919, depois a Primeira Guerra Mundial, e em 1989, depois da Guerra Fria –, teriam evitado para si e para a humanidade muitas tragédias.

Não se corrigem os erros do passado, mas não é proibido sonhar com o que teria sido o nosso mundo se os povos colonizados e oprimidos – egípcios, chineses, indianos, iranianos e tantos outros – tivessem encontrado nos Estados Unidos uma aliada e uma inspiração, em vez de terem que recorrer a outros modelos; como o da União Soviética, que não conseguiu lhes proporcionar nem democracia nem prosperidade e muitas vezes os levou à ruína.

Da mesma forma, pode-se lamentar que os Estados Unidos, ao saírem vitoriosos da Guerra Fria, não tenham tido a coragem moral de se empenhar na reconstrução e na democratização da Rússia, como desejava Mikhail Gorbatchov, em vez de permitir que esse grande país caísse nas garras do nacionalismo, do militarismo e do revanchismo.

É fácil, eu sei, "corrigir o rumo" a posteriori, quando já se conhece as consequências dos erros cometidos. No entanto, não é inútil refletir sobre esses trágicos desvios se quisermos evitar cair constantemente nos mesmos equívocos. Não é para isso, mais do que qualquer outra coisa, que o conhecimento do passado deveria servir?

Mas encerro o parêntese para continuar minha breve história da ascensão dos Estados Unidos, que conseguiram se elevar, em cinco ou seis gerações, da condição de "colônias rebeldes" para a de principal potência global. E para me deter por um momento naquilo que permanecerá, a meu ver, como uma das páginas mais belas dessa epopeia.

*

Os norte-americanos demonstraram tão pouco entusiasmo em relação à Segunda Guerra Mundial quanto haviam demonstrado em relação à Primeira. A grande maioria ficou decepcionada com o desempenho do presidente Wilson, a ponto de o Congresso ter rejeitado o Tratado de Versalhes e recusado a adesão à Liga das Nações. Desde então, a opinião pública se mostrava firmemente isolacionista. Para ser eleito e reeleito, Franklin D. Roosevelt precisou jurar solenemente que nunca envolveria seu país em outra guerra.

No entanto, o cenário mundial certamente não o incentivou a ficar de braços cruzados. Na Ásia, o Japão continuava sua expansão, e as relações com os Estados Unidos tinham se deteriorado muito. Estava longe a época em que o primeiro Roosevelt, "Teddy", parente distante de "FDR", praticava jiu-jitsu na Casa Branca e aconselhava seus compatriotas a fazer o mesmo.

Lisonjeados com a admiração que o presidente lhes demonstrava, os japoneses tinham pedido a ele que mediasse as negociações que se seguiram à vitória sobre a Rússia em 1905. Ele se saíra razoavelmente bem na tarefa, o que lhe valera o Prêmio Nobel da Paz no ano seguinte – a primeira vez que essa distinção era concedida a um estadista e não a organismos internacionais ou ativistas pacifistas. No Japão, porém, os círculos nacionalistas estavam furiosos. Eles queriam que o czar fosse obrigado a pagar reparações financeiras, o que o presidente não desejava. Foram organizadas manifestações ruidosas, acusando Washington de ter poupado os russos por "solidariedade entre brancos".

Assim, a mediação norte-americana, que deveria construir relações de confiança entre as duas nações, acabara alimentando uma suspeição mútua, com os japoneses acusando os Estados Unidos de preconceito racial e os norte-americanos se tornando cada vez mais desconfiados das ambições territoriais do Arquipélago.

Especificamente, a declarada vontade dos japoneses de conquistar a Manchúria e, mesmo a China como um todo, acabou provocando uma hostilidade crescente por parte de todos os líderes norte-americanos, o que se traduziu em sanções econômicas e diplomáticas.

Ao longo dos anos 1930, tornou-se evidente que as relações entre os dois países continuariam a se deteriorar e que elas correriam o risco de desencadear um conflito militar.

Uma das consequências dessa inimizade foi o estreitamento das relações entre o Japão imperial e a Alemanha nazista. Os dois países, tomados pelo mesmo fervor nacionalista, encontravam em seu caminho os mesmos adversários. E embora o tratado de aliança assinado entre eles em novembro de 1936 tenha sido chamado de "Pacto Anti-Komintern", ele se dirigia acima de tudo contra os Estados Unidos, o Império Britânico e as outras potências ocidentais com possessões na Ásia, como a França e os Países Baixos. Foram as ambições do Japão no Pacífico, aliás, que levaram os norte-americanos a sair de sua semineutralidade e a se envolverem plenamente na Segunda Guerra Mundial, em todos os palcos de operações.

Franklin Roosevelt, que havia observado com crescente preocupação o avanço do nazismo e a conquista da Europa continental pelas tropas alemãs, começou por ajudar a Grã-Bretanha com dinheiro e armas, enquanto evitava entrar diretamente na guerra, o que a opinião pública norte-americana não desejava. Mesmo quando pediu a seus concidadãos que o reelegessem para um terceiro mandato, em novembro de 1940, enquanto os alemães conquistavam Paris, Bruxelas, Amsterdã, Copenhague, Oslo e Varsóvia, e suas bombas caíam sobre Londres, o presidente ainda precisou prometer que não envolveria seu país na guerra em curso. O ataque surpresa lançado pelos japoneses na manhã de 7 de dezembro de 1941 contra a base naval de Pearl Harbor, no Havaí, teve o efeito imediato de remover todos os obstáculos ao envolvimento direto, tanto no front europeu quanto no front asiático.

A intervenção norte-americana foi maciça e tremendamente eficaz. Em poucos meses, ela mudou o curso da guerra, e também o curso da História, uma vez que colocou os Estados Unidos em uma condição de supremacia que nenhuma potência havia alcançado antes. Uma condição que se prolongaria por várias gerações e que, no momento em que escrevo estas linhas, ainda perdura, embora seja cada vez mais contestada.

*

Em Tóquio, apesar da decisão tomada pelas mais altas instâncias de provocar uma guerra com a América, poucos líderes nutriam ilusões sobre a capacidade de seu país de sair vitorioso de tal confronto. O que faz do ataque a Pearl Harbor um dos erros mais surpreendentes da História, como já tive a oportunidade de destacar.

Em Berlim, os líderes mais lúcidos, como Albert Speer, ministro do Armamento, entenderam imediatamente que a entrada dos Estados Unidos na guerra significava que o Terceiro Reich não teria mais nenhuma chance de vencer a guerra que havia desencadeado. Bastava comparar as capacidades de produção da indústria militar alemã com as dos Estados Unidos para perceber que o resultado da batalha já não deixava margem para dúvidas. Como exemplo, e apenas para se ter uma ideia, Alemanha e Grã-Bretanha conseguiram produzir aproximadamente o mesmo número de aeronaves militares em suas fábricas entre 1941 e o fim da guerra, cerca de 88.500 cada uma. O Japão produziu cerca de 62.000, e a União Soviética 120.000. Os Estados Unidos, durante o mesmo período, fabricaram 280.000 aeronaves...

Escolhi esse indicador porque ele é claro e eloquente. Há muitos outros, relacionados tanto ao número de tropas quanto à qualidade e à quantidade de armamento de que elas dispunham. E outros fatores também, que não desempenharam um papel visível no conflito, mas que pesaram nas mentes, como o fato – tão óbvio que raramente é mencionado – de que o território dos Estados Unidos, suas cidades e suas fábricas nunca estiveram sob fogo inimigo. Nem ocupados, nem bombardeados, nem mesmo seriamente ameaçados. "*Fortress America*" tinha, com razão, a sensação de estar fora de alcance e de dispor de todo o tempo e de toda a serenidade necessários para concluir a guerra com uma vitória.

Tanto que a história desse conflito global, a partir da entrada dos Estados Unidos na guerra, foi a de uma inevitável recuperação. Às vezes lenta, às vezes rápida, mas sempre seguindo na mesma direção, sem que em momento algum o curso da guerra tenha sido seriamente revertido.

No front europeu, o ano de 1942 foi o último em que as forças do Eixo ainda obtiveram alguns sucessos. Mas o contrafluxo já havia se iniciado. Depois de retomar o Norte da África, os Aliados avançaram sobre a Itália, levando à queda de Mussolini em julho de 1943. A seguir, em junho de 1944, houve o desembarque na Normandia, prelúdio à libertação da França, ao ataque à Alemanha propriamente dita e ao colapso do Reich, que se rendeu sem condições em maio de 1945.

No front asiático, as forças norte-americanas precisaram de apenas seis meses para anular os efeitos do ataque a Pearl Harbor. Veio a inevitável retirada das tropas japonesas, por vezes retardada pelos sacrifícios dos soldados, mas que não pôde ser interrompida. Então houve, como todos sabem, um desfecho sem precedentes: duas bombas atômicas lançadas sobre Hiroshima e Nagasaki, em agosto de 1945, que causaram centenas de milhares de vítimas e forçaram o país a reconhecer sua derrota.

O país do sol nascente veria chegar às suas costas, noventa e dois anos depois da visita do comodoro Perry, outro militar norte-americano, o general MacArthur; não mais como um visitante turbulento, mas como o verdadeiro senhor do Arquipélago.

6

AO TÉRMINO DA SEGUNDA GUERRA MUNDIAL, os Estados Unidos haviam se tornado, incontestavelmente, a principal potência militar do mundo, a única detentora de armas nucleares. Eles também eram, de longe, a potência econômica predominante, a ponto de o dólar ter se imposto como a moeda de referência do sistema financeiro internacional. Política e ideologicamente, eram o líder reconhecido do campo ocidental.

Sua posição era tão preeminente que, quando se quis criar uma organização reunindo todas as nações unidas contra as forças do Eixo, sua sede foi estabelecida em Nova York, em vez de Genebra, onde a extinta Liga das Nações tinha seu domicílio. Em certo sentido, o centro do mundo havia definitivamente se deslocado para o outro lado do Atlântico.

Para os Estados Unidos, só havia mais uma sombra no horizonte: o comunismo. Que crescia, se espalhava e parecia impulsionado pelos ventos da História. Eles se dedicariam a combatê-lo em todos os fronts e em todos os campos ao longo de meio século. Um período tumultuado, tenso e perigoso, em que os norte-americanos enfrentariam alguns reveses e até mesmo algumas derrotas memoráveis, mas do qual eles sairiam vencedores.

Na Europa, a União Soviética, depois de quase entrar em colapso quando seu território foi invadido em junho de 1941 pelas divisões blindadas alemás, se recuperou rapidamente, em parte devido à ajuda fornecida por Washington e Londres. Ela conquistou uma vitória decisiva em Stalingrado e suas tropas avançaram em perseguição ao inimigo até Berlim. Quando a guerra terminou, o Exército Vermelho ocupava a metade oriental do continente, notadamente a Polônia, a Hungria, a Bulgária, a Romênia, a Tchecoslováquia e grande parte da Alemanha. Mesmo na metade ocidental, em países tão importantes quanto a França ou a Itália, os partidos comunistas representavam forças políticas proeminentes.

Na Ásia Oriental, o comunismo também avançava rapidamente. Uma parte significativa do território chinês já estava nas mãos de Mao Zedong, que, em 1949, quatro anos depois do fim da guerra, entraria em Pequim para proclamar o nascimento de uma República Popular baseada no pensamento de Marx e Lênin. Ao norte da Coreia e do Vietnã, as áreas controladas pelos combatentes comunistas também haviam sido transformadas em Repúblicas Populares.

Em todos os conflitos e crises que assolaram o planeta, os reflexos do confronto central entre "Leste" e "Oeste", comunismo e capitalismo, podiam ser detectados de uma forma ou de outra. E, como as principais potências de ambos os lados, a União Soviética e os Estados Unidos, tentavam evitar que suas forças armadas se enfrentassem diretamente, tornou-se comum falar em uma guerra "fria". Mas foi de fato uma guerra, implacável, intensa, incessante e global, que não era "fria" em todos os lugares. Algumas de suas batalhas causaram centenas de milhares de vítimas, como na Coreia, na Indochina, na Indonésia, no Afeganistão, no Oriente Médio, na América Latina ou na África Austral.

Nenhum dos lados pode se orgulhar de ter conduzido essa luta com as mãos limpas. Nos países que governavam, os comunistas frequentemente se mostraram tirânicos e insensíveis ao sofrimento de seus administrados. Os líderes ocidentais foram muito mais respeitosos com seus povos, mas seu comportamento em relação ao resto do mundo muitas vezes se caracterizou pelo uso excessivo da força sempre que consideravam que seus interesses estavam ameaçados.

Como a História favoreceu uns em detrimento dos outros, hoje é difícil equiparar ambos. No entanto, é razoável lembrar que nos dois lados havia cínicos e idealistas, torturadores e vítimas; que as duas doutrinas rivais se baseavam em princípios universais perfeitamente respeitáveis que nem sempre eram seguidos; que cada lado produziu obras intelectuais, literárias e artísticas de grande valor; e que os muitos conflitos que caracterizaram a Guerra Fria não podem ser resumidos a um confronto simplista entre um "império do Mal" e um "império do Bem".

Dito isso, é preciso admitir que a vitória de uns e a derrota dos outros não foram imerecidas. O fracasso da União Soviética não foi causado apenas pelas artimanhas do campo adversário, mas pela falência do modelo que ela pretendia construir. Seu sistema econômico centralizado deveria funcionar melhor do que o outro, pois teoricamente era mais racional, mais "científico" e menos caótico. No entanto, a realidade que todos puderam constatar foi que o dirigismo, que se dizia racional, só produziu ineficiência, absurdos e caos.

A falência política foi igualmente evidente. Ao deixar de implementar um sistema com o qual os cidadãos pudessem se identificar e se associar, o poder comunista permitiu que se desenvolvesse, entre a população, o desânimo, o cinismo e uma desconfiança generalizada em relação aos líderes, seus discursos, suas crenças e suas promessas.

*

Eu acrescentaria que a estratégia dos Estados Unidos durante a Guerra Fria se revelou, em geral, notavelmente apropriada. A decisão de se envolver plenamente na reconstrução da Europa e do Japão foi, indiscutivelmente, um sucesso. Até o final da Guerra Fria, a comparação entre os países da Europa Ocidental e da Europa Oriental foi um fator determinante para orientar as escolhas de todos os povos do continente. E o exemplo do sucesso japonês inspirou os povos da Ásia, especialmente a Coreia do Sul, antes de "converter" a própria China à economia de mercado.

Igualmente sensata foi a decisão norte-americana de "conter" o antigo aliado soviético, opondo-se firmemente às suas tentativas de expansão, em todos os âmbitos e em todos os continentes. Em retrospecto, fica claro que essa era a única atitude a ser seguida para sair vitorioso desse confronto. As outras duas opções possíveis, uma política de apaziguamento em relação a Stálin ou uma retomada imediata da guerra mundial por meio de um ataque ao Exército Vermelho, teriam levado a desastres. A ideia desenvolvida em 1946 pelo diplomata norte-americano George Kennan previa que o sistema soviético, se efetivamente "contido", acabaria por entrar em colapso sozinho, sem a necessidade de uma guerra direta, e foi exatamente o que aconteceu.

No entanto, se a estratégia do *containment* foi, em geral, sensata, poderíamos até dizer visionária, algumas das escolhas feitas pelos Estados Unidos durante a Guerra Fria se revelaram desastrosas e causaram sérios "danos colaterais", cujos efeitos ainda se fazem sentir.

Assim como havia ocorrido na época do presidente Wilson, muitas nações da África e da Ásia, que se preparavam para dar seus primeiros passos na cena internacional, esperavam que os norte-americanos fossem seus apoiadores, ou mesmo patronos benevolentes. Mais uma vez, infelizmente, houve decepção. Os Estados Unidos, que tinham se deixado convencer, em 1919, de que a agitação patriótica liderada pelos egípcios era na verdade uma conspiração bolchevique, agora tinham razões mais sérias para ceder a esse medo. Os comunistas estavam presentes em todos os movimentos independentistas do planeta, e quem estivesse obcecado com "a mão de Moscou" com certeza a encontraria em algum lugar.

Assim, os Estados Unidos não pararam de atacar adversários que poderiam muito bem ter se tornado aliados e amigos.

No Irã, por exemplo, o dr. Mossadegh, um proeminente jurista que havia sido democraticamente eleito como líder do governo, queria que seu país exercesse sua soberania sobre seus recursos petrolíferos, até então controlados pelos britânicos, que deixavam apenas migalhas para os iranianos. O presidente Truman, que estava no final de seu mandato, considerava essas reivindicações totalmente legítimas. No entanto, quando seu sucessor, Dwight Eisenhower, assumiu a Casa Branca em 1953, ele recebeu a visita de Winston Churchill, que lhe explicou que Mossadegh era, na verdade, um fantoche nas mãos dos comunistas. Para enfrentar essa "ameaça", a CIA foi encarregada de organizar um golpe de Estado, disfarçado de levante popular, que derrubou o governo legítimo e devolveu o controle do petróleo iraniano aos ocidentais por vinte anos.

O agente encarregado dessa missão era um neto de Theodore Roosevelt, Kermit Junior, conhecido como "Kim", que mais tarde relatou os detalhes da operação em um livro intitulado *Countercoup* [Contragolpe], publicado nas semanas seguintes à Revolução Islâmica de 1979. O livro é surpreendentemente franco ao relatar os detalhes da operação, embora nunca questione seus fundamentos. Para ele, havia uma ameaça comunista indiscutível que precisava ser combatida a todo custo e por todos os meios.

É verdade que entre os líderes iranianos da época havia membros do partido Tudeh, ramo local do movimento comunista internacional, que pressionaram o chefe de governo a adotar posições radicais, como a nacionalização do petróleo. No entanto, Mossadegh não tinha razão alguma para se alinhar com Moscou, nem por suas convicções pessoais, nem por seu temperamento, suas origens ou sua visão estratégica. Antigo aluno do Instituto de Estudos Políticos de Paris e da Universidade de Neuchâtel, na Suíça, filho de um ex-ministro das Finanças ligado à família da dinastia Qajar, que havia reinado do final do século XIX ao início do século XX e que constantemente lutara contra as invasões territoriais russas, ele poderia ter se tornado um aliado sólido de Washington. Se tivessem tentado estabelecer laços com ele e demonstrado compreensão por suas reivindicações mais legítimas, muito sofrimento teria sido evitado, tanto para o Irã quanto para os Estados Unidos. O bom senso teria recomendado seguir esse caminho, mas a lógica do confronto total entre os dois blocos mundiais levou os protagonistas a uma direção completamente diferente.

Seria presunçoso, setenta anos depois dos eventos, afirmar peremptoriamente que Mossadegh não teria se tornado, de qualquer maneira, um adversário do Ocidente. No entanto, tudo o que foi escrito sobre o assunto, especialmente por autoridades e pesquisadores norte-americanos, bem como por testemunhas diretas dos acontecimentos, me leva a acreditar que os Estados Unidos tomaram o rumo errado nessa questão e poderiam ter evitado muito sofrimento para si mesmos e para o povo iraniano se tivessem resistido à paranoia anticomunista da época. Que nem sempre era injustificada, sem dúvida, mas que muitas vezes foi uma conselheira ruim.

No prefácio de sua narrativa, datado de 15 de março de 1979, Kim Roosevelt escreveu: "Este livro termina com um triunfo... No final do verão de 1953, o xá me disse sinceramente: 'Devo meu trono a Deus, a meu povo, a meu exército e a você'. Com 'você' ele queria dizer eu, e também os dois países que eu representava, Grã-Bretanha e Estados Unidos. Éramos todos heróis. Agora, infelizmente, isso já não é verdade. O que havia sido uma história heroica se tornou uma história trágica".

Essas linhas poderiam servir de epígrafe para muitas das vitórias conquistadas por Washington durante a Guerra Fria, que acabariam deixando um gosto amargo. Seja porque os Estados Unidos lutaram com afinco contra homens cuja retórica não lhes agradava, mas que poderiam ter se tornado amigos – além de Mossadegh, penso no congolês Lumumba, no ganês Nkrumah, no indonésio Sukarno e em alguns outros –, seja porque eles se aliaram a forças fundamentalmente retrógradas que nutriam tanto ódio pelos ocidentais quanto pelos comunistas.

Isso foi especialmente verdade no Afeganistão, onde se incitou e incentivou uma revolta *jihadista* contra a União Soviética, enfraquecendo esta última de modo considerável e contribuindo para seu colapso, sem preocupação com o fato de que esse movimento, uma vez desencadeado, se voltaria com força contra a própria "América", causando-lhe sérios tormentos em seu próprio território.

No final dos anos 1980, quando os Estados Unidos saíram vencedores dessa longa e perigosa Guerra Fria, muitos pensaram que sua vitória seria definitiva e levaria à criação de uma nova ordem internacional, inspirada, garantida e, sem dúvida, até mesmo liderada por eles. Acreditava-se que só haveria, em todo o planeta, um único modelo de sociedade, aceito por todos, e uma única superpotência, com indiscutível primazia. Os eventos mundiais se tornariam insignificantes, e os cronistas de época parariam de escrever, pois não teriam mais nada para contar.

Mas a História, cuja morte alguns já ousavam declarar, estava apenas "atordoada", por assim dizer. Ela logo se reergueria e voltaria a cambalear em direções imprevistas. Porque a aventura humana obviamente nunca para, e também porque a potência vitoriosa se mostrou incapaz de gerenciar sua supremacia de maneira adequada, de modo a consolidá-la e perpetuá-la.

7

AO EXAMINARMOS A TRAJETÓRIA de países tão diferentes quanto Japão, Rússia, China e Estados Unidos, somos naturalmente levados a nos perguntar por que um ou outro, em certos momentos, "perdeu a cabeça" e comprometeu os benefícios de suas realizações. Evitarei procurar leis universais a esse respeito, contentando-me com a que claramente é inerente à natureza humana: em todos aqueles que adquirem preeminência, surge um começo de cegueira e um risco de embriaguez.

Os deuses tornam arrogante aquele cuja ruína desejam, diziam os antigos gregos. Em sua mitologia, onde os sentimentos eram representados por divindades alegóricas, a arrogância se chamava Húbris. Todos os homens que conseguem se elevar acima de seus semelhantes, seja por status, riqueza, poder, talento ou mesmo santidade, cedo ou tarde cruzam o caminho dessa tentadora. E raros são aqueles que sabem resistir a ela. Isso é verdade tanto para os indivíduos quanto para as comunidades humanas, e especialmente para as nações. As quatro que acabo de mencionar certamente não fogem à regra. Cada uma delas tinha o desejo legítimo de corrigir injustiças, mas todas acabaram cometendo, às vezes contra a própria vontade, injustiças ainda mais flagrantes.

O Japáo da Era Meiji queria se insurgir contra as intromissóes do homem branco e demonstrar a futilidade dos preconceitos raciais; ele conseguiu isso admiravelmente, o que lhe rendeu o reconhecimento de todos os que haviam sofrido humilhaçóes semelhantes ao longo dos séculos. Mas, em vez de persistir na mesma luta, ele logo abraçou sonhos de conquista e preconceitos supremacistas que o levaram à beira do precipício. Felizmente ele soube, por meio de uma segunda redençáo, salvar a honra de seu ímpeto inicial e conferir à sua civilizaçáo uma influência planetária.

A Rússia também se propôs a lutar contra uma injustiça gigantesca, a mais universal de todas, pois náo se limitava a uma naçáo ou raça, mas abrangia os trabalhadores de todo o mundo e todos os povos oprimidos. Nenhuma luta era mais nobre em princípio, nenhuma era mais ambiciosa, verdadeiramente à altura do país mais vasto do mundo. Infelizmente, em poucos anos o paraíso se transformou em inferno, devido à rigidez de uma doutrina, à estagnaçáo de um sistema e à crueldade desmedida de um homem. Depois de Stálin, a Rússia tentou se recuperar várias vezes, mas os estragos foram táo massivos que ela nunca conseguiu repará-los.

No caso da China, que durante muito tempo se considerou o "Meio" do mundo e por séculos sofreu humilhaçóes insuportáveis, é compreensível que tenha sentido um justo orgulho, e um começo de embriaguez, no dia em que finalmente conseguiu escapar da pobreza e do atraso. Ela começou a sonhar em voz alta com a época em que se tornaria, ou voltaria a se tornar, a potência número um do mundo, a mais forte, a mais rica, a mais respeitada. A época em que a humanidade inteira voltaria a vibrar ao ritmo das rotas da seda.

No entanto, o principal artífice da modernizaçáo do país, Deng Xiaoping, havia recomendado moderaçáo, discriçáo e modéstia; depois dele, gradualmente os chineses se afastaram de seus preceitos de sabedoria, mas ainda é cedo demais para dizer se esse afastamento continuará ou se amanhá a circunspecçáo que ele preconizava será retomada.

Quanto aos Estados Unidos, que até hoje mantêm a preeminência global, sua húbris me parece mais compreensível do que a dos outros. Porque os acontecimentos os colocaram em uma posição tão dominante que seria difícil eles não sentirem "a vertigem das alturas"; e porque eles podem legitimamente se orgulhar de ter construído a nação mais poderosa, próspera, influente e dinâmica de todas.

O país tem suas falhas em diferentes áreas, sem dúvida, e mencionei algumas. Mas ao considerar o conjunto de sua trajetória e suas conquistas, desde seus modestos começos até o presente, fica claro que se trata de uma das experiências mais bem-sucedidas de toda a história humana. Em especial, a contribuição desse país à "invenção" de nossa civilização contemporânea, tanto material quanto intelectual, é a mais determinante de todas. A maior parte daquilo que hoje constitui nosso estilo de vida e que nos distingue radicalmente das gerações anteriores deve-se, acima de tudo, aos Estados Unidos.

Um sucesso inegável, portanto, sobre o qual eu facilmente poderia me estender. Cresci em um ambiente familiar que reverenciava a "América", suas universidades, sua eficiência, sua criatividade, sua notável capacidade de acolhimento e integração, bem como seu sistema político tão engenhoso e equilibrado, que foi um elemento essencial de seu sucesso. Continuo a compartilhar essa admiração e, mesmo hoje, eu seria o homem mais feliz do mundo se minha pátria adotiva, a Europa, finalmente decidisse, como desejaram Victor Hugo, Stefan Zweig e tantos outros, construir seus próprios "Estados Unidos", federados com base no modelo norte-americano.

Dito isso, devo acrescentar, com gravidade, que em seu papel de "potência tutelar" da humanidade, que começaram a desempenhar na Primeira Guerra Mundial, consolidaram no final da Segunda Guerra Mundial e exerceram praticamente sozinhos depois do fim da Guerra Fria, os Estados Unidos não souberam se elevar à "altitude" adequada, o que pode ter consequências dramáticas para toda a humanidade, bem como para eles próprios.

Um dos episódios mais reveladores dessa "insuficiência" é a longa desventura dos Estados Unidos no Afeganistão. Quando eles se retiraram desse país no final de agosto de 2021, de maneira bastante caótica, os líderes norte-americanos explicaram que fizeram o melhor que puderam, e certamente estavam convencidos disso. Seus argumentos pareciam, aliás, irrefutáveis: os norte-americanos gastaram quase um trilhão de dólares no país ao longo de vinte anos, com um resultado nulo! Isso não prova a boa vontade do "médico" e a incurabilidade do "paciente"?

No entanto, quando examinamos mais de perto os números, conforme compilados em Washington pelos órgãos oficiais encarregados de supervisionar os gastos, em vez de ficarmos impressionados com a magnitude desse compromisso, ficamos simplesmente horrorizados. Porque descobrimos que a quase totalidade desse astronômico "trilhão" foi dedicada ao esforço militar. Para ser preciso: 95% foram gastos com as tropas norte-americanas, em armas, munições, suprimentos, instalações e treinamento de auxiliares locais; e se subtrairmos das somas restantes o que foi destinado a algumas agências norte-americanas com missões específicas, percebemos que a parcela *efetivamente alocada para o desenvolvimento* do Afeganistão representou apenas 2% do total, pouco mais de vinte bilhões em vinte anos, ou um bilhão de dólares por ano. Para um país que contava com mais de quarenta milhões de habitantes quando os norte-americanos se retiraram, isso não é muito impressionante.

Poderíamos pensar que os Estados Unidos, desejosos de conquistar "os corações e as almas" das populações envolvidas, teriam desenvolvido uma rede de escolas e universidades; estradas, rodovias, estações de trem, aeroportos; bem como empresas dinâmicas, com fábricas, fazendas mecanizadas, laboratórios, redes de distribuição etc. Quem, senão a grande "América", poderia realizar tal modernização e promover o surgimento de um grande número de profissionais competentes e uma classe média significativa comprometida com a estabilidade, o progresso, a abertura e a recusa visceral de retroceder aos tempos dos talibãs? No entanto, a superpotência infelizmente se restringiu a uma visão puramente militar do conflito e se condenou ao fracasso.

O movimento fundamentalista, que havia sido inicialmente derrotado e desacreditado, aos poucos recuperou terreno, o que levou à catástrofe de 2021. Os Estados Unidos se recuperaram rapidamente, mas o Afeganistão não se recuperará. Ele se encontra sob o domínio do governo mais retrógrado do planeta, depois de ter tido como mentor o país mais avançado. Um fracasso lamentável! Uma tragédia! Uma vergonha!

Por mais que eu use pontos de exclamação, minha indignação permanecerá inaudível. Porque a narrativa norte-americana da debacle tem todas as aparências da verdade. Quem acredita seriamente, hoje, que um país muçulmano poderia ser um exemplo de desenvolvimento? Qual o sentido de argumentar que o Afeganistão poderia ter seguido um caminho completamente diferente, o da modernidade, da prosperidade e da dignidade? Que suas mulheres poderiam ter escapado da terrível servidão imposta a elas? No entanto, estou convencido de que os norte-americanos teriam evitado mil desilusões se, por exemplo, tivessem entregado o poder ao velho rei, Mohammed Zahir Shah, uma figura respeitada que viveu muito tempo no exílio em Roma; eles o teriam deixado cuidar do delicado equilíbrio entre etnias, tribos, clãs e províncias, enquanto eles mesmos, livres dessa tarefa ingrata, se dedicariam ao desenvolvimento do país, de suas infraestruturas, de sua economia, mantendo no local, para garantir a estabilidade do poder, uma presença militar modesta, discreta, consensual e de baixo custo.

Não, não vale a pena argumentar. Por mais poderosos que sejam os Estados Unidos, com uma democracia notável e recursos ilimitados, há responsabilidades que eles não são capazes de assumir. O detalhado relatório preparado, a pedido do Congresso, pelo Special Inspector General for Afghan Reconstruction, diz isso abertamente, e apenas parafraseio: Não sabemos como conduzir com sucesso esse tipo de reconstrução e, se tivéssemos que nos dedicar a uma tarefa semelhante nos próximos anos, falharíamos da mesma maneira!

Mas deixemos o Afeganistão de lado. Vamos inclusive esquecer todo o mundo árabe-muçulmano, cuja crise é tão profunda nos dias de hoje que constitui uma explicação conveniente para todos os erros, tanto os seus quanto os dos outros. Em vez disso, voltemos nosso olhar para outra região do mundo, onde o modelo norte-americano deveria ter produzido a mais saudável das "contaminações". Estou falando da América Latina. É preocupante que a prosperidade da grande nação norte-americana tenha se propagado tão pouco ao sul de suas fronteiras nos últimos cento e cinquenta anos, e que os efeitos de seu sucesso tenham sido tão pouco benéficos em uma região onde ela domina desde o século XIX.

Não é sem razão que os "ianques" são tão odiados por seus vizinhos do Sul quanto os russos na Europa Central ou os japoneses na Coreia. Os povos hispânicos sem dúvida admiram seu grande vizinho do Norte, mas sofreram com sua proximidade. "Pobre México, tão longe de Deus e tão perto dos Estados Unidos!", teria exclamado o presidente Porfirio Díaz, cujo país foi constantemente maltratado pelo vizinho poderoso. E se um ex-aluno de escolas católicas como Fidel Castro se rebelou tanto, a ponto de se alinhar com os soviéticos, foi porque a única opção que se apresentava a um cubano de sua geração era ser um serviçal dos norte-americanos ou seu inimigo, nunca um parceiro de verdade, tratado de igual para igual.

Em todos os países do Novo Mundo, os patriotas que trabalhavam pela dignidade de suas nações, assim como haviam feito os norte-americanos diante dos colonizadores britânicos, foram tratados por Washington como adversários e combatidos com afinco. Seu crime, na maioria das vezes, foi não aceitar se submeter aos interesses das empresas norte-americanas, fossem elas do setor minerador, frutífero ou financeiro.

Pode-se objetar que não era missão dos Estados Unidos construir prosperidade ou democracia entre seus vizinhos e que era normal agirem de acordo com seus próprios interesses. Sem dúvida, se eles se considerarem uma potência entre outras. Mas, se eles tiverem a ambição de se tornar a única superpotência e desempenhar, de certo modo, uma liderança política e moral no continente e no resto do mundo, isso lhes impõe obrigações de outra natureza.

*

Uma dessas obrigações é dar o exemplo, em vez de se prevalecer de sua posição para obter uma "dispensa", um privilégio ou simplesmente fazer o que bem entender.

Quantas vezes nos últimos anos os norte-americanos lutaram com determinação por uma causa, incentivando os outros a aderir... e depois se recusaram a participar dela? Sim, eles dizem, é preciso criar um tribunal internacional para crimes de guerra. Mas nunca permitiremos que nossos próprios cidadãos sejam julgados por ele!

Essa propensão a não se submeter às regras "estabelecidas para os outros" se tornou particularmente evidente nas intervenções militares que ocorreram depois da queda do Muro de Berlim, em novembro de 1989, e na ascensão dos Estados Unidos à posição de única superpotência.

No início, as coisas correram bem. Em agosto de 1990, quando Saddam Hussein invadiu o Kuwait, o prestígio de Washington era tão grande, e a agressão era tão flagrante, que a grande maioria dos países do mundo se uniu sob a bandeira estrelada. O exército dos Estados Unidos, agindo verdadeiramente em nome da comunidade internacional, infligiu uma punição severa ao líder iraquiano.

Tal unanimidade nunca havia sido observada até então. E nunca mais se repetiu. Antes do final do século, ela já havia desmoronado.

Na época, uma grave crise sacudia a antiga Iugoslávia, e os Estados Unidos queriam reunir uma nova coalizão global para atacar o líder de Belgrado, Slobodan Milosevic, percebido, não sem razão, como o principal responsável pela situação desastrosa. A ordem do dia era o Kosovo, uma província que havia pertencido à Sérvia por muito tempo, mas cuja população, agora majoritariamente muçulmana e de língua albanesa, buscava independência. Dessa vez, algumas potências estavam relutantes, em especial a Rússia, que se recusava a se associar a uma coalizão contra seus correligionários ortodoxos. E a China também expressava reservas. Como esses dois países tinham direito de veto no Conselho de Segurança, a ONU não deu seu aval.

Não seja por isso, disse o presidente Bill Clinton, vamos intervir em nome da Otan. Mas não era a mesma coisa, pois a Otan é apenas uma aliança que reúne vários países da Europa e da América do Norte, e não uma expressão de consenso internacional. Washington, porém, não quis se ater a tais sutilezas. A operação militar foi lançada, com bombardeios aéreos maciços, e levou à queda de Milosevic.

A lição dessa campanha, que ocorreu entre março e junho de 1999, foi que a superpotência podia fazer o que quisesse, com ou sem consenso, e que não se devia tentar impedi-la.

Quatro anos depois, quando os Estados Unidos decidiram invadir o Iraque, foi a própria Otan que se recusou a se juntar à operação. Dois de seus países mais importantes, França e Alemanha, consideraram que as razões apresentadas para justificar a guerra não eram suficientes, e que o argumento apresentado pelos norte-americanos, de que Bagdá havia desenvolvido armas de destruição em massa, era pouco convincente. Não seja por isso, disse o presidente George W. Bush, vamos invadir mesmo assim, sem a ONU, sem a Otan, apenas com uma "coalizão dos dispostos" ("*a coalition of the willing*"), uma formulação bastante impertinente.

Embora tenha sido criticada pela maioria dos países e por grande parte da opinião pública – especialmente no Reino Unido, principal aliado de Washington –, a operação foi, militarmente, um sucesso. Aqueles que previram uma batalha feroz por Bagdá foram desmentidos com firmeza. A capital iraquiana caiu sem resistência, e as estátuas do tirano foram derrubadas sob os olhares do mundo.

Imagens para a reflexão, de todos aqueles que achavam que podiam desafiar a superpotência, tanto entre seus adversários quanto entre seus aliados relutantes. Quando seu formidável maquinário entra em movimento, não adianta tentar bloquear seu caminho ou tentar contê-la.

Isso foi, para os Estados Unidos, o que a língua inglesa chama, com recato, de "*mixed blessing*", um eufemismo que sugere que, por trás da aparente "bênção", há uma maldição oculta. Nesse caso, a vitória militar impressionante e a queda do ditador iraquiano entregaram aos norte-americanos um país que eles precisavam reconstruir e reerguer, missão da qual eles se mostraram incapazes. Eles não tinham planejado nada, preparado nada. Nem para o Iraque, nem para os outros países onde julgaram necessário intervir nas últimas décadas.

O que eles haviam conseguido de maneira notável depois da Segunda Guerra Mundial, na Europa Ocidental com o Plano Marshall, e no Japão com a "terapia de choque" do general MacArthur, nunca pôde ser repetido. Sempre que os Estados Unidos tentaram, mostraram sua incompetência. Talvez eles não tivessem consideração suficiente pelas populações locais para de fato tentar modernizá-las ou levar a sério seu desejo real de democracia. Muitas oportunidades foram perdidas.

Entre as "maldições ocultas", há uma que tende a ser subestimada por quem está tão acostumado a vencer: justamente a que resulta do sentimento de invencibilidade.

É verdade que os norte-americanos sofreram derrotas em algumas guerras "periféricas", sendo a mais traumática a do Vietnã e a mais recente a do Afeganistão. Mas, em termos globais, eles permanecem invictos, e sua posição, no topo da hierarquia das potências, só se fortaleceu ao longo das grandes guerras, quentes ou frias. Isso lhes confere, muito mais do que a qualquer outro país, uma imensa autoconfiança e mesmo a certeza de poder sair vencedor de todas as provações, de todos os desafios.

Embora não seja injustificado, esse sentimento de invencibilidade pode ser desastroso. Uma de suas consequências para os Estados Unidos é eles não sentirem a necessidade de construir instituições internacionais sólidas e respeitadas. Por que estabelecer regras restritivas quando se pode impô-las aos outros sem precisar segui-las? Os ricos e os poderosos sempre acham que as leis protegem principalmente os pobres e os fracos, o que é verdade; eles tendem a esquecer que as leis têm principalmente a função de preservar a ordem estabelecida e, portanto, constituem, para os próprios poderosos, uma proteção muitas vezes melhor do que a força bruta.

Com o tempo, fica claro que o "período de graça" de que os Estados Unidos se beneficiaram depois do fim da Guerra Fria deveria ter sido aproveitado para construir um novo sistema internacional, no qual seus antigos inimigos, rivais e todos os outros atores da cena internacional teriam seu lugar. Um sistema assim provavelmente teria garantido alguma perenidade à preeminência de Washington.

Mas é fácil, em retrospecto, criticar a "América", que teve que navegar sem bússola por águas desconhecidas e turbulentas. Seu papel de superpotência global não devia ser apenas "interpretado", ele tinha que ser "criado" do zero. Isso exigia de seus líderes uma grande dose de lucidez, criatividade e magnanimidade, que nem sempre estiveram presentes.

Tenho certeza de que todos os rivais do "baluarte do Ocidente" teriam fracassado lamentavelmente se tivessem que realizar essa tarefa. Porque nenhuma potência, nenhuma nação ou nenhuma área de civilização é capaz de assumir sozinha a *leadership* global, política, ética e intelectual de que a humanidade desesperadamente precisa nesse estágio de sua evolução.

■ EPÍLOGO

Um mundo a reconstruir

"O passado é um prólogo,
O que está por vir depende de nós."

*"What's past is prologue;
What to come, in yours and my discharge."*

William Shakespeare (1564-1616),
A tempestade

1

OS ANTIGOS GOSTAVAM DE CONTAR as "vidas paralelas" dos homens ilustres, Alexandre ao lado de César, Demóstenes ao lado de Cícero; poderíamos examinar da mesma forma a trajetória das grandes nações que hoje se enfrentam e cujos comportamentos serão determinantes, nas próximas décadas, para o futuro de nosso planeta.

China e Estados Unidos, países que estão no topo da hierarquia das potências, seguiram caminhos muito diferentes para alcançar essa posição, mas ambos fora do comum. Para um, um caminho longo e tumultuado; para o outro, a ascensão mais fulgurante possível.

O que distingue o primeiro é que ele existe *enquanto Estado* desde a Antiguidade, no mesmo território, em grande parte com as mesmas populações e com as mesmas referências culturais. Confúcio, que até hoje continua sendo seu pensador mais influente, nasceu em 551 a.C. e morreu em 479 a.C.; quase as mesmas datas de Heráclito, o filósofo pré-socrático que dizia que tudo muda, tudo flui, e que ninguém se banha duas vezes no mesmo rio.

O grande sábio da China foi contestado muitas vezes ao longo dos séculos, e mesmo violentamente combatido, como na época da Revolução Cultural, quando a Guarda Vermelha tentou erradicá-lo da mente de seus compatriotas. Mas ele sobreviveu e é reverenciado em toda a Ásia Oriental. Alguns líderes o veem inclusive como a fonte de inspiração que permitiu à nação ter êxito em sua modernização.

Os Estados Unidos seguiram uma trajetória completamente diferente. Em vez de antiguidade, continuidade e permanência, eles personificam a inovação, a audácia, a velocidade, bem como a mistura.

Quando europeus e chineses começaram a explorar o planeta nas primeiras décadas do século XV, nenhum deles sabia da existência, para além dos oceanos, desse imenso continente que se estendia do Polo Norte ao Polo Sul e que viria a se chamar América. Cristóvão Colombo planejava chegar às Índias quando suas caravelas navegaram para o oeste e encontraram um novo mundo, povoado por raças inesperadas que teimosamente chamaram de "índios".

Os primeiros europeus a se estabelecerem nas costas do futuro Estados Unidos eram puritanos ingleses que fugiam das perseguições religiosas. As colônias que fundaram, na década de 1620, no território dos "índios" de Massachusetts, pareciam frágeis e sem grande futuro.

Esses "peregrinos" eram apenas uma centena, metade dos quais morreu no primeiro inverno. Um século e meio depois, seus descendentes se rebelaram contra a monarquia britânica; mais um século e meio e eles se tornaram a maior potência do planeta. O Velho Mundo, cujas nações não paravam de lutar entre si, pediu seu socorro durante a Primeira Guerra. Seus ancestrais a haviam deixado como proscritos; os norte-americanos – como eles começaram a ser chamados, de forma um tanto abusiva – retornaram como salvadores, protetores e praticamente suseranos.

Enquanto isso, eles haviam fundado, além-mar, uma nova Roma. Com uma presidência imperial, um gosto pronunciado por sutilezas jurídicas, um equilíbrio sutil entre os vários ramos do governo e um Senado instalado na colina do Capitólio. Em breve, seus exércitos seriam capazes de percorrer as estradas de todo o mundo conhecido, como as legiões romanas costumavam fazer no passado;

com a diferença de que o domínio destas não se estendia muito além do perímetro mediterrâneo, enquanto na era norte-americana o mundo conhecido cobre toda a Terra e olha para a Lua, e mesmo para Marte.

E, como aconteceu com o império do passado, os habitantes da "nova Roma" vêm de todas as origens. Embora os "brancos anglo-saxões protestantes" tenham por muito tempo se beneficiado de sua precedência, que lhes rendeu alguns privilégios, isso é cada vez menos verdade. Variações de cor da pele, crença ou origem étnica agora são vistas como uma vantagem, em vez de um defeito.

*

Essa filiação moral com a Roma antiga tem sido cultivada pelos Estados Unidos desde seu nascimento. Inspirados nela, eles escolheram estabelecer uma república; uma decisão que hoje parece óbvia, mas que não necessariamente o era na época da Declaração de Independência.

Naquela época, a Revolução Francesa ainda não havia acontecido, todos os regimes políticos na Europa e em outros lugares eram monárquicos e as poucas experiências republicanas da História haviam sido efêmeras e inconclusivas. Exceto, justamente, em Roma. Para quem quisesse recorrer a um modelo republicano crível, era preciso obrigatoriamente se basear no da Cidade Eterna. Cujos eventos e personagens ilustres – Cipião, Catão, Pompeu, Cincinato, Virgílio, Cícero, César, Bruto e tantos outros – faziam parte da bagagem cultural dos "pais" da União, como Washington, Adams, Jefferson, Madison, Hamilton ou Benjamin Franklin.

Alguns desses fundadores tiraram suas ideias diretamente dos textos antigos, outros de Montesquieu ou Locke, sem esquecer Shakespeare.

Se enfatizo a afinidade dos "fundadores" com o modelo antigo, é porque a China desempenhou, em seu espaço asiático, um papel semelhante ao do Império Romano. Com uma diferença importante, porém: ao contrário de seu homólogo europeu, o Império do Meio sobreviveu às invasões bárbaras; assim, ele não apenas se manteve como uma distante referência política, legal, moral, cultural ou linguística, mas também como uma potência contemporânea.

O que teria acontecido no Ocidente se o Império Romano também tivesse sobrevivido? A questão perdeu muito de seu significado nos dias de hoje, mas por muito tempo intrigou a todos. Houve várias tentativas de prolongar ou ressuscitar o Império. Esse era o sonho de Carlos Magno, que foi coroado imperador em Roma pelo papa em 800 d.C.; mas seu domínio se fragmentou e logo só restou de seu empreendimento um nome suntuoso, "Sacro Império Romano", e um título ostentado por várias dinastias, em geral germânicas, como os Carolíngios, os Hohenstaufen ou os Habsburgos, até sua abolição, em 1806, por Napoleão. Que, se tivesse tido tempo, provavelmente teria assumido esse sonho para si. Ele não havia escolhido chamar seu herdeiro de "rei de Roma"?

E também houve, é claro, outro prolongamento notável, através do Império Romano do Oriente. Os historiadores se acostumaram a chamá-lo de "bizantino", mas seus habitantes e soberanos sempre se autodenominaram "romanos". Ele sobreviveu mil anos ao do Ocidente, visto que Roma caiu em 476 e Constantinopla só foi tomada pelos otomanos em 1453.

Vinte anos depois, a princesa Sofia Paleóloga, sobrinha do último imperador "bizantino", se casou – em Roma, aliás, na antiga Basílica de São Pedro – com o príncipe de Moscou, Ivan III; seu neto, Ivan IV, "o Terrível", orgulhoso dessa ascendência imperial, logo se julgou no direito de se proclamar "césar" e ocupar simbolicamente o trono de seus ancestrais. Uma longa linhagem de "czares" se seguiu, até 1917. Muitos cristãos ortodoxos viam Moscou como "a Terceira Roma", depois de Constantinopla.

No entanto, essas eram apenas ficções – ambiciosas, enganosas, dispendiosas. O Império Romano havia de fato desaparecido, e sua herança havia sido dispersa. O Império do Meio, em contrapartida, permaneceu. O único país que ao mesmo tempo é um Estado e uma civilização milenar, como seus líderes às vezes gostam de lembrar.

2

QUANDO CONTEMPLAMOS AS TRAJETÓRIAS tão diferentes dos dois "colossos" de nossa época, às vezes somos tentados a pensar que seu confronto representa, de certo modo, um desdobramento lógico da História tal qual ela vem se desenrolando nos últimos cinco ou seis séculos.

De um lado, o líder incontestável do mundo ocidental. Que começou na base da pirâmide, navegando cautelosamente entre os grandes impérios coloniais e de tempos em tempos sofrendo suas iras, como quando sua jovem capital, Washington, foi capturada e sua primeira Casa Branca e o Capitólio foram incendiados pela expedição punitiva inglesa de 1814. Mas que posteriormente conseguiu dominar os europeus, seja reduzindo-os à força, como os espanhóis em 1898, ou os alemães nas duas guerras mundiais, seja persuadindo-os a reconhecer sua primazia, como os britânicos ou os franceses.

Do outro lado, se não o líder do Oriente, ao menos o atual depositário dos dois principais desafios que o Ocidente precisou enfrentar desde que sua supremacia se estabeleceu: o despertar da Ásia e o surgimento do comunismo. Desafios que foram originalmente lançados pelo Japão da Era Meiji e pela Rússia soviética, mas dos quais a China se tornou a herdeira.

O duelo entre os dois "finalistas" aparece, portanto, como um desfecho lógico e impossível de evitar.

Será que isso é realmente verdade? Devemos nos resignar passivamente a tal confronto e à carnificina que o acompanhará? Acredito que não. A humanidade já se perdeu em massacres insensatos, com a convicção de que não havia outra alternativa, sendo a Primeira Guerra Mundial um exemplo notório. No entanto, parece-me que nosso dever mais sagrado é evitar a todo custo um "final" que se anuncie tão devastador.

Não apenas devido aos riscos associados aos arsenais nucleares. Essa "espada de Dâmocles" continua suspensa sobre nossas cabeças, mais do que nunca, como o presente não para de nos lembrar. Mas, mesmo sem chegar a tais extremos, existem outras razões importantes que deveriam nos convencer a evitar esse "combate de titãs"; "questões" complexas e preocupantes que não poderiam ser tratadas adequadamente sem a participação ativa de todas as potências relevantes.

Há as mudanças climáticas, é claro. Não vou me deter nesse ponto, apenas porque os dados são conhecidos, existe uma literatura abundante a respeito e fenômenos ditos "extremos" têm demonstrado, nas últimas décadas, a magnitude do perigo, sua aceleração e sua assustadora incontrolabilidade.

Portanto, vou me contentar aqui com duas observações concisas. Primeiro, *nada sério está sendo feito hoje para evitar a catástrofe iminente*. Sim, é claro, decisões são tomadas, conferências são organizadas, acordos são assinados; e uma certa conscientização vem ocorrendo. Mas, se nosso objetivo é interromper a deriva, o resultado, até o momento, é simplesmente um fracasso. Uma parábola em forma de filme foi produzida em 2021, intitulada *Não Olhe para Cima* (*Don't Look Up*), na qual dois astrônomos tentam alertar os principais líderes políticos e militares sobre a iminente chegada de um cometa que destruirá a

Terra inteira; eles são ouvidos educadamente, mas com um toque de impaciência, porque, é claro, existem outras prioridades...

Minha segunda observação, que decorre da anterior e também fornece "chaves" para entender o absurdo da situação, é que nossa incapacidade de enfrentar adequadamente um risco dessa magnitude decorre de nossa incapacidade de gerenciar coletivamente, de maneira responsável, os assuntos de nosso planeta – mesmo que seja para evitar a destruição. Porque nossa resposta a esses desafios exige sacrifícios de todos nós. Aqueles que se acostumaram a consumir sem restrições deveriam se moderar, e aqueles que estão em plena expansão também deveriam desacelerar um pouco. Os países que possuem as maiores florestas, chamadas de "pulmões do planeta", deveriam resistir à tentação de desmatá-las; em troca, eles deveriam contar com a solidariedade ativa de toda a comunidade internacional para compensar a perda de receita.

Menciono esses exemplos, mas poderia citar dezenas, centenas de outros. As ameaças a nosso ecossistema, à fauna e à flora, às geleiras, são inúmeras. Todas exigem cooperação sincera e determinada entre os países envolvidos, entre as potências mais ricas e influentes, e é um eufemismo dizer que tal mentalidade não prevalece no mundo de hoje.

*

Esse defeito que acabo de destacar, essa incapacidade que temos de cooperar, mesmo quando sabemos que nosso futuro e o de nossos filhos estão em jogo, tem outras consequências que certamente afetarão a humanidade nos próximos anos.

Quando uma invenção notável surge, como tantas hoje em dia, muitas vezes nos perguntamos quais podem ser seus efeitos sobre nosso estilo de vida, sobre a evolução de nossa sociedade e até mesmo sobre o futuro da espécie humana. E concluímos, com razão, que tudo depende de como essa invenção será usada: por quem, para que fins, em que contexto legal ou moral e sob que supervisão, se houver uma.

Já sabemos, por exemplo, que a energia nuclear é ao mesmo tempo uma oportunidade formidável e um perigo terrível. Ela pode nos fornecer energia limpa no futuro, sobretudo se a tecnologia da fusão for finalmente dominada; mas também pode, em questão de horas de insanidade, destruir cidades, nações e civilizações. Esse é um paradoxo com o qual vivemos há décadas e que ao mesmo tempo nutre nossas maiores esperanças e nossos piores medos. O mesmo pode ser dito de muitas outras áreas científicas e tecnológicas, a começar pela biologia.

Um de meus grandes fascínios nos últimos anos foi despertado por uma invenção surpreendente chamada pelo nome bárbaro de "Crispr". Desenvolvida na Califórnia por duas brilhantes pesquisadoras, a francesa Emmanuelle Charpentier e a norte-americana Jennifer Doudna – o que lhes valeu o Prêmio Nobel de Química apenas oito anos depois da publicação de suas pesquisas, um recorde de rapidez! –, trata-se de uma técnica para "editar" o genoma humano, objetivo que parecia inconcebível até o início do século XXI, ou ao menos lembrava uma ficção científica bastante extravagante, e agora é uma prática comum, adotada por milhares de pessoas ao redor do mundo. Com projetos extremamente diversos. Um pesquisador se esforça para curar uma criança cega desde o nascimento, considerada incurável. Outro, trabalhando em casa, em sua garagem transformada em laboratório, sonha em tornar seu cachorro fosforescente para não perdê-lo de vista durante os passeios noturnos.

Descobertas desse tipo são ao mesmo tempo motivo de admiração e preocupação. Afinal, não podemos deixar de nos perguntar o que aconteceria se algumas pessoas começassem a brincar de cientistas loucos, introduzindo no genoma humano elementos genéticos de outra espécie, ou vice-versa. Isso abriria a porta para a "fabricação" de quimeras potencialmente monstruosas...

A que metamorfoses e "aperfeiçoamentos" perversos poderíamos assistir se cada um começasse a experimentar sem restrições?

Não se pensou, muito antes desses avanços revolucionários, na clonagem de seres humanos? Alguns cientistas afirmaram ter feito isso. Embora não haja provas, sabe-se que, tecnicamente, é perfeitamente possível, uma vez que já foi experimentado em outros mamíferos. Para evitar tais desvios, é imperativo haver um código ético claro, que regularmente leve em conta as novas descobertas e que seja aplicado com seriedade e eficácia *em todo o planeta*. Quem pode acreditar que uma gestão responsável dessas questões teria chances de ocorrer na atmosfera de mútua hostilidade e desconfiança que prevalece hoje no mundo?

Nossa dificuldade de cooperar uns com os outros ficou evidente durante o covid-19. Desde os primeiros casos, houve uma enxurrada contínua de insinuações e acusações sobre a responsabilidade de cada um no desencadeamento da pandemia. A infecção inicial resultou de um contato acidental entre espécies em um mercado de Wuhan ou de um acidente de laboratório? De uma infeliz coincidência ou de um ato malicioso?

Não tenho certeza se um dia conheceremos a verdade. A única certeza que temos é de que se, nos próximos anos, indivíduos ou grupos criminosos decidirem provocar uma pandemia mortal ou outra calamidade semelhante, isso não será impossível.

Sinto-me tentado a mencionar outra área, onde os avanços estão ocorrendo tão rapidamente quanto na medicina e na biologia: a inteligência artificial. Os riscos de desvios são evidentes, embora ainda seja cedo demais para dizer quais invenções afetarão adversamente o futuro das sociedades humanas e quais acabarão sendo benéficas ou simplesmente inofensivas.

Sem querer me envolver em cenários mirabolantes, direi apenas que estamos diante de uma imensidão desconhecida, onde tudo pode acontecer, inclusive o inimaginável. Os que trabalham nesse setor de ponta estão inclusive pedindo uma moratória. "Vamos apertar o 'pause'", eles parecem dizer, "e esperar até que as coisas fiquem mais claras!" Mas como esses apelos à sensatez podem prevalecer se os principais protagonistas não estiverem envolvidos?

Uma constatação que eu poderia aplicar a muitas outras áreas inovadoras. Em toda parte, os avanços são acompanhados de incerteza, preocupação e perplexidade. Em toda parte, gostariam de encontrar um pouco mais de serenidade, vigilância e solidariedade.

Nessa fase tão crítica, tão fascinante e tão complexa de nossa evolução, a humanidade certamente tem mais o que fazer do que se resignar a um "final" apocalíptico entre os dois "colossos" de nosso tempo.

O que é profundamente desolador é que esse confronto planetário para o qual estamos avançando como sonâmbulos seja constantemente apresentado como uma visão "realista" do futuro, enquanto aqueles que gostariam de evitá-lo parecem sonhadores ingênuos e quase insensatos.

Será que esse não é um "realismo" um pouco obsoleto? É verdade que, no passado, as disputas entre potências eram resolvidas, em última instância, no campo de batalha. Mas hoje? Com todos os arsenais que acumulamos? Não vemos que um duelo entre os dois gigantes resultaria em uma guerra de extermínio e em uma destruição generalizada? Considerar tal desfecho como inevitável não é uma visão realista, mas sim uma visão absurda, irrefletida, irresponsável e mesmo francamente suicida.

De minha parte, ao menos, estou convencido de que o mundo de amanhã não será construído contra o Ocidente, nem contra a Ásia confucionista, nem contra os outros componentes da grande comunidade humana. Ele não poderá ser construído sobre um campo em ruínas.

3

MINHA OBSERVAÇÃO DA HISTÓRIA me ensinou que aqueles que baseiam seus comportamentos em um ódio sistemático ao Ocidente geralmente acabam se desviando para a barbárie, para a regressão e acabam se retraindo e punindo a si mesmos.

No entanto, não penso que todas as ideias, tendências, máquinas ou mesmo valores que os Estados Unidos e a Europa "derramaram" sobre o mundo tenham sido benéficos. Encontramos o melhor e o pior, e nunca é uma boa atitude aceitar, adotar tudo ou copiar tudo sem discernimento. Portanto, é essencial também se abrir para outros "contribuintes", vindos de tradições diferentes, que demonstraram o valor de seu próprio gênio.

Isso é certamente verdade para a Ásia Oriental, que, enquanto incorpora vários elementos da civilização ocidental, também traz a ela "correções" necessárias. Os sucessos alcançados pelas sociedades de tradição confucionista, tanto em economia quanto em educação, as tornam fontes de inspiração e exemplos a serem cuidadosamente considerados, inclusive no Ocidente, onde há uma tendência excessiva a considerar como acessório e supérfluo, ou simplesmente "folclórico", tudo o que vem de fora.

Há uma questão em particular que me parece fundamental: a relação com a religião.

Nos países de tradição monoteísta, seja ela cristã, muçulmana ou judaica, bem como no mundo hindu, essa relação se torna cada vez mais perniciosa. Sobretudo devido ao vínculo prejudicial que se estabelece entre religião e identidade. Não vou negar que a tragédia de meu país de origem, o Líbano, me torna mais sensível a esse aspecto das coisas; no entanto, eu teria chegado à mesma conclusão se tivesse nascido na Nigéria, na Irlanda, na Índia, no Afeganistão, na Bósnia ou em minha pátria adotiva, a França. Os conflitos identitários, especialmente aqueles que se baseiam em referências divinas, envenenam a existência da maioria das sociedades humanas e continuam piorando.

Nos países da Ásia Oriental, em contrapartida, a identidade não se baseia na religião. Isso não basta para protegê-los do fanatismo e da intolerância, mas os preserva do ingrediente mais tóxico dos ódios de nossa época.

Na China, o dr. Sun Yat-sen, fundador da República e única figura política reverenciada tanto em Pequim quanto em Taipé, se converteu ao protestantismo na juventude, o que não comprometeu sua imagem de patriota, nem sua carreira política ou seu lugar na história de sua grande nação. No Japão, uma mesma pessoa pode praticar o budismo, o xintoísmo, o confucionismo e o catolicismo, sem precisar se justificar perante as autoridades, a família ou o Criador. Na Coreia do Sul, o cristianismo, que se tornou a religião predominante do país em número de fiéis, coexiste pacificamente com o budismo, o taoísmo e as práticas ancestrais.

Em várias ocasiões, neste livro, mencionei Confúcio, destacando às vezes os aspectos controversos de seu legado, como seu conservadorismo social, que por muito tempo serviu de justificativa para o isolamento da China e para o imobilismo de seus líderes. Mas há uma contribuição essencial que ninguém pode lhe contestar: a de ter incutido, de uma vez por todas, nas inúmeras pessoas que o veneram a ideia de que o que importa para um cidadão é seu comportamento na Cidade, não suas preferências metafísicas.

Não é vergonhoso para as civilizações, mesmo as mais gloriosas e prósperas, às vezes aprenderem com outras. A Ásia Oriental não se inspirou constantemente no Ocidente para sua modernização? Sobre a questão da relação entre religião e identidade, é indiscutivelmente o restante da humanidade, a começar pelo Ocidente e pelo mundo árabe-muçulmano, que deveria aprender com a Ásia Oriental.

*

Tendo destacado esse fato, que me parece essencial e injustamente negligenciado ou subestimado, apresso-me a fechar este parêntese. Minha intenção não é comparar os êxitos e fracassos das diversas sociedades humanas.

Não que seja absurdo ou inadequado fazê-lo. Pode ser instrutivo medir seus desempenhos em áreas tão diversas quanto liberdades públicas, qualidade da educação, segurança social para idosos, papel das mulheres e das minorias, ou a sensação de segurança nas ruas. Mas não tenho nem o desejo nem a capacidade de estabelecer uma hierarquia moral entre as civilizações, as doutrinas que as animam ou as nações que as representam. Por temperamento e convicção, busco complementaridades e convergências. Sonho com um mundo reconciliado, com uma universalidade compartilhada da qual ninguém seja excluído. Sonho com uma humanidade que finalmente atinja a idade adulta e cujos diferentes componentes sintam vontade de dar e receber, influenciar e ser influenciados, sem humilhar ou ser humilhado.

Estamos longe disso, o caminho é longo, mas não é proibido olhar para o horizonte enquanto se avança.

Neste ensaio, debrucei-me sobre quatro grandes países cujas trajetórias singulares ajudaram a moldar o mundo como o conhecemos neste século. Cada um deles lutou contra todos os outros e também contra as antigas potências coloniais. Todos sonharam com hegemonia, tiveram vitórias e momentos de êxtase, antes de queimarem os dedos. Eles buscaram destruir uns aos outros por muito tempo e ainda não superaram suas desconfianças, seus medos e seus ressentimentos. Se eles amanhã decidissem seguir seus piores instintos, como aconteceu em alguns momentos nos últimos cem anos, as consequências seriam devastadoras.

Fico chocado quando ouço meus contemporâneos, e às vezes até a mim mesmo, falarem sobre futuros confrontos, especialmente entre os Estados Unidos e a Rússia ou a China, como acontecimentos normais, que poderíamos discutir calmamente em uma mesa entre amigos.

Nossa desculpa, se precisarmos de uma, é que a forma como a Guerra Fria chegou ao fim criou, em muitos de nós, até mesmo entre os dirigentes, uma falsa sensação de segurança. É como se uma voz interior sussurrasse tranquilamente em tom melífluo: nos aproximaremos do abismo, a ponto de acreditar que vamos cair, e então, por milagre, seremos puxados para trás, e o pesadelo terminará antes que seja tarde demais. Como durante a Crise dos Mísseis de Cuba, em outubro de 1962, teremos um grande susto e nada mais.

A queda do Muro de Berlim, em termos de seu impacto sobre nossas mentalidades e, especialmente, em nosso nível de vigilância, é como uma Hiroshima ao contrário. O horror provocado pela bomba de 1945 foi tão aterrorizante que, por mais de três quartos de século, a humanidade inteira viveu convencida de que isso nunca mais deveria acontecer novamente.

Por outro lado, o fato de que a Guerra Fria, na qual o "equilíbrio do terror" foi um fator constante, tenha terminado com uma vitória por pontos, sem que o vencedor ou o perdedor pensasse em recorrer à arma suprema, entorpeceu nossa vigilância.

Em vez de permanecer impensável, o horror termonuclear foi sorrateiramente se reintroduzindo no discurso político e até mesmo nas conversas comuns, como se fosse uma "opção" entre outras, considerável em circunstâncias específicas...

4

EU ESTAVA IMERSO NA ESCRITA deste livro quando, na madrugada de 24 de fevereiro de 2022, a Rússia invadiu a Ucrânia. Vinte dias antes, enquanto suas tropas se deslocavam em campo e se preparavam para o ataque, Vladimir Putin foi a Pequim para assinar uma "Declaração Conjunta" com Xi Jinping, na qual os dois líderes delineavam os contornos da nova ordem mundial que desejavam estabelecer.

O documento critica os Estados Unidos e seus aliados, ou, para usar sua linguagem, "alguns atores, que representam uma minoria em escala global" e "que agem como se seu modelo de sociedade devesse se aplicar a toda a humanidade, como se sua concepção de democracia fosse a única válida, como se coubesse a eles, e somente a eles, resolver todos os problemas do planeta à sua maneira". Diante dessa abordagem "unilateral", o texto continua, a maioria da humanidade exige "uma redistribuição do poder no mundo"...

Os mais temíveis adversários de Washington teriam decidido, nesse momento, entrar juntos no combate decisivo? E a guerra na Ucrânia seria, nessa perspectiva, o início de um "golpe planetário" com o objetivo de "destituir" a superpotência reinante?

Está claro, em todo caso, que o mundo está vivendo sua segunda "guerra fria", uma designação que mereceria ser examinada mais de perto se quisermos entender as características da atual queda de braço em comparação àquela que se seguiu à Segunda Guerra Mundial.

Uma das diferenças significativas é que os adversários do Ocidente não representam, dessa vez, o campo da revolução, mas sim o campo da ordem, e mesmo do conservadorismo político, social e intelectual.

Quando a Rússia era soviética, ela manifestava constantemente sua hostilidade a todas as religiões, que retribuíam da mesma forma; hoje, a cruz ortodoxa substituiu a foice e o martelo no peito de seus soldados.

Antigamente, seus aliados e seguidores eram recrutados em todo o mundo entre a esquerda e a extrema esquerda do espectro político; hoje, eles em geral se encontram à direita da direita.

No Sul do planeta, tanto Moscou quanto Pequim consideravam seu dever apoiar os levantes dos povos oprimidos; agora, isso já não acontece. Quando o mundo árabe pegou fogo em 2011 e os protestos "primaveris" se espalharam como fogo seco de um país para outro, a China ficou preocupada, e a Rússia até interveio militarmente para salvar o regime de Assad, que parecia prestes a ser derrubado pelos rebeldes.

Geralmente, os movimentos populares que eclodem em várias regiões do mundo despertam desconfiança, em vez de simpatia, nas duas potências; na maioria das vezes, elas veem, erroneamente ou não, a "mão de Washington", assim como os norte-americanos costumavam ver, no passado, a mão de Moscou em tudo o que acontecia no mundo.

Isso é particularmente verdadeiro para o que a Declaração Conjunta chama, curiosamente, de "revoluções coloridas". Não há dúvida de que os dois líderes estavam pensando principalmente na da Ucrânia, em 2004-2005, que se dizia "laranja"...

Está claro, em todo caso, que as fronteiras ideológicas entre os dois campos globais hoje se embaralharam. E, nesse campo, a nova guerra fria será muito diferente da anterior. Mas a diferença mais significativa está na área econômica.

Esse fator foi determinante na competição entre o capitalismo e o comunismo, garantindo o triunfo de um e o fracasso do outro. Os adversários do Ocidente, embora temíveis militar e politicamente, foram prejudicados por um sistema econômico dirigista que regularmente se mostrou ineficaz. Hoje, isso não é mais verdade, e é quase o oposto, como pôde ser visto nos primeiros meses da guerra na Ucrânia. As dificuldades militares da Rússia contradisseram aqueles que previam uma vitória rápida, e sua resiliência diante das sanções econômicas contradisse aqueles que previam sua ruína.

Antes de encerrar esta breve enumeração das diferenças entre as duas guerras frias, devo notar que uma das consequências do novo confronto global é que o Japão, três quartos de século depois do notável abandono de suas prerrogativas militares, decidiu "renunciar à renúncia", se posso me expressar assim, para se dotar de um verdadeiro exército, como um país "normal".

É pouco provável que o Arquipélago volte a se tornar militarista e conquistador, mas sua singularidade, nesse campo, em breve será coisa do passado. O que não tem nada de surpreendente. A tentação pacifista tardia dos "prussianos da Ásia" sempre foi bastante irrealista, e a marcha do mundo finalmente a tornou claramente insustentável.

*

As evidentes diferenças entre as duas guerras frias, no entanto, não deveriam nos fazer esquecer de suas semelhanças, mesmo que estas não sejam percebidas da mesma forma pelos dois lados.

Para os ocidentais, o campo "eurasiático" que os desafia hoje não difere fundamentalmente do campo "socialista" que os desafiou ontem, já que ambos representam o autoritarismo em oposição à democracia. Os chineses e os russos também veem uma continuidade entre as duas guerras frias, mas a explicam pela persistência do hegemonismo norte-americano e pela necessidade de se oporem a ele.

A respeito do primeiro ponto, o da democracia, a Declaração Conjunta é pouco convincente. De acordo com ela, todos os regimes políticos do mundo teriam o direito de se autodenominar "democráticos", independentemente de garantirem ou não a liberdade de expressão, independentemente de terem vários partidos políticos ou apenas um... Essa é uma fraca definição de democracia, que lembra a retórica vazia da época soviética, quando os países sob a hegemonia do "Grande Irmão" se autodenominavam "democracias populares" para não deixar ao outro lado a exclusividade dessa definição.

No dia em que essas duas grandes nações quiserem apresentar uma verdadeira alternativa ao modelo de sociedade ocidental, seus líderes terão que "rever sua estratégia" sobre essa questão para se tornarem críveis, mesmo aos olhos de seus próprios cidadãos...

A respeito do outro ponto crucial, o da hegemonia global, as declarações dos dois líderes são muito mais convincentes. Quando afirmam que os Estados Unidos e seus aliados agem como se tivessem o direito de resolver, a seu critério, os problemas de toda a humanidade, essa é uma opinião amplamente compartilhada no resto do mundo.

Desde o início da guerra na Ucrânia, as pessoas muito se perguntaram por que tantos Estados da África, da Ásia e da América Latina hesitaram em condenar a invasão nas votações da ONU. Na maioria das vezes, isso não teve nada a ver com a disputa entre Moscou e Kiev. O que esses países do Sul expressavam era sua irritação com a propensão dos ocidentais de decidir, com base em seus próprios critérios, quais ações militares eram aceitáveis e quais não eram. "Dois pesos, duas medidas", reclama-se em Nova Delhi, Pretória, Brasília ou Argel, e todos sabem que isso não está completamente errado.

Quando se vive, como eu, na Europa, sente-se um justificado horror ao ver que a guerra, que causou tanto sofrimento ao longo dos séculos e que se acreditava banida do continente, possa retornar a ele, por um pretexto qualquer, pela vontade de um líder que se sente prejudicado. Mas, quando se vive em regiões do mundo onde os conflitos persistem, geração após geração, sem que a comunidade internacional demonstre particular empatia, não se tem necessariamente as mesmas indignações, especialmente quando se acredita que as potências ocidentais têm responsabilidade nas tragédias sofridas ao longo dos séculos e até hoje padecidas.

Esses são ressentimentos que não desaparecem facilmente e que se intensificam em tempos de crise. Todos os adversários do Ocidente bateram nessa tecla, lembrando aos países afetados tudo o que os ingleses, franceses, belgas, holandeses ou norte-americanos fizeram contra eles.

O Japão imperial recorreu a essa retórica quando se sonhou líder dos povos da Ásia, e até mesmo das nações muçulmanas, como tive a ocasião de mencionar. A seguir, a Rússia soviética jogou a mesma carta, não sem sucesso, ao longo de toda a sua existência, desde o Congresso dos Povos do Oriente, realizado em Baku, em 1920. E Mao Zedong quis pegar o mesmo bastão, sob uma perspectiva original: para ele, as áreas rurais do mundo inteiro deveriam cercar as cidades, sufocá-las e derrubá-las, como os comunistas fizeram na China.

Ainda hoje, qualquer potência que deseje enfrentar o Ocidente é tentada a se apresentar, de uma forma ou de outra, como porta-voz dos povos que sofreram com o colonialismo ou com tratados desiguais.

No entanto, se tal discurso ainda tem alguma relevância e pode de fato levar as nações do antigo Terceiro Mundo a expressar irritação em relação aos ocidentais e complacência por seus adversários, é difícil, para aqueles que foram colonizados por muito tempo, se identificarem com um exército invasor que volta para retomar a posse de um país que recentemente se libertou de seu domínio e declarou independência. Isso requer um exercício mental que não é fácil de realizar. Portanto, nenhuma onda popular espontânea poderia ser gerada, em qualquer lugar do mundo, pela ação militar empreendida por Moscou na Ucrânia.

Além disso, mesmo que se reconheça, como os presidentes chinês e russo, que os ocidentais costumam se comportar "como se coubesse a eles, e somente a eles, resolver todos os problemas do planeta à sua maneira", não há absolutamente nenhuma certeza de que a guerra iniciada em 2022 ajudará a colocar essa supremacia em causa.

Eu não gostaria de especular sobre as possíveis consequências de um conflito que vem se desenrolando diante de nossos olhos e parece destinado a durar. Mas muitas vezes aconteceu, na História, de uma batalha produzir o resultado oposto ao que esperavam aqueles que a iniciaram.

Poderíamos até mesmo dizer que, sempre que uma guerra acontece, não demoramos muito a descobrir que um dos "jogadores" calculou mal sua jogada. Já aconteceu inclusive de todos os beligerantes se enganarem ao mesmo tempo. A Primeira Guerra Mundial nos oferece, mais uma vez, um exemplo eloquente.

Frequentemente, o desvio começa quando um líder se pergunta *se tem razão de se sentir lesado e de querer punir seus adversários*, em vez de se perguntar *se pode resolver a situação a seu favor por meio de uma ação militar*.

O ponto de partida da "operação especial" ordenada por Vladimir Putin foi a frustração sentida por seu país, que por meio século foi uma das duas superpotências globais, dominando a metade oriental da Europa e sendo temida pela outra metade. Da noite para o dia, essa condição se desfez. A superpotência se viu rebaixada, desmembrada, arruinada, o que não podia ser vivido com serenidade por seus cidadãos.

Em retrospecto, é certo que essa virada decisiva foi mal negociada, tanto pelos adversários da Rússia quanto por seus próprios líderes. A começar por Gorbatchov, que tinha as melhores intenções do mundo, mas a quem faltou habilidade e prudência. Em vez de exigir, em contrapartida ao desmantelamento do Pacto de Varsóvia, uma ajuda maciça que teria permitido a seu país se reinventar, se modernizar e se democratizar, ele cedeu tudo de uma só vez, contentando-se com palavras de encorajamento e algumas promessas vagas.

Quanto aos líderes ocidentais, faltou-lhes generosidade e visão de longo prazo. Eles deveriam ter previsto que uma Rússia ferida e diminuída seria uma bomba-relógio para a Europa. Era preciso, a todo custo, ajudá-la a se democratizar, se desenvolver, se reinventar; ajudá-la a encontrar, com o fim da Guerra Fria, um papel completamente diferente no mundo, uma maneira diferente de prosperar, para que pudesse dar origem a uma nova geração de líderes que não fossem corruptos, predadores ou sedentos de vingança. Infelizmente, nada disso foi feito...

Um grande desperdício, inegavelmente. Mas que de forma alguma justifica o desencadeamento de uma guerra. Os caprichos da História deixaram, em todas as regiões do mundo, conflitos não resolvidos, fronteiras mal traçadas, feridas mal cicatrizadas. Se toda vez que uma comunidade humana se sentir lesada, ameaçada ou vítima de injustiça, ela se arrogar o direito de recorrer à força, o mundo inteiro se tornará uma selva sangrenta.

Moralmente indefensável, essa guerra também representa uma estratégia arriscada. Em vez de tirar a Rússia de seu impasse histórico, ela corre o risco de afundá-la ainda mais. Em vez de demonstrar a fragilidade da nação ucraniana, ela vem assegurando seu lugar duradouro na História. Em vez de levar a Otan à "morte cerebral", ela lhe permitiu sair do coma e encontrar um propósito. E, em vez de acabar com a predominância das potências ocidentais, ela pode ter como consequência "reforçá-la" por mais alguns anos.

Se isso acontecer, se o Ocidente, cujo crepúsculo está sempre sendo anunciado, conseguir sair dessa crise com uma prorrogação, esperemos que saiba usá-la com sabedoria. Não para acertar contas nem para ostracizar uns e recompensar outros, mas para construir uma nova legalidade internacional que permita prevenir conflitos e promover, em todos os continentes, a prosperidade, as liberdades fundamentais e a primazia do direito; tudo o que deveria ter sido buscado desde a queda do Muro de Berlim e que foi negligenciado.

Se a Europa e os Estados Unidos não aproveitarem a prorrogação que a História lhes oferece para finalmente construir um sistema internacional no qual toda a humanidade possa se reconhecer, é possível que essa oportunidade não volte a se apresentar.

Amanhã, as relações de poder podem mudar. Uma "barragem" pode ceder. A da superioridade militar, a do domínio do dólar como moeda de referência, ou alguma outra, ligada a avanços tecnológicos inesperados. Se ainda estivermos em uma lógica de confronto e dominação, se não tivermos estabelecido um mecanismo de solidariedade planetária, as consequências podem ser catastróficas.

Apesar de todas essas preocupações, continuo convencido de que o momento de angústia que estamos vivendo pode se revelar benéfico; ele pode nos levar a conceber, para o futuro da aventura humana, um curso diferente, que não seja apenas a repetição das mesmas tragédias com atores diferentes.

Não é tarde demais. Dispomos de todos os meios necessários para sair desse "labirinto". Mas precisamos começar admitindo que nos perdemos.

■ BIBLIOGRAFIA

Para um trabalho que abrange tantos países, épocas e temas, foi necessário recorrer a muitas fontes. Seria tedioso enumerar todas. Preferi me limitar, aqui, às obras que me forneceram informações precisas ou insights valiosos, e às quais eu quis, portanto, expressar minha gratidão.

Da mesma forma, cada etapa de minha pesquisa foi acompanhada de perplexidades e incertezas diante das diferentes maneiras de interpretar os fatos. Precisei investigar, comparar e conjecturar o tempo todo, e muitas vezes me vi tentado a explicar, em notas, minhas longas hesitações e minhas laboriosas "arbitragens"... Mais uma vez, porém, pareceu-me enfadonho aborrecer os outros com os tormentos inerentes a todo trabalho de investigação. Os que desejarem aprofundar seu conhecimento sobre um personagem, um acontecimento ou uma controvérsia encontrarão, espero, na bibliografia a seguir, material para iniciar sua própria exploração.

Mencionarei apenas um de meus dilemas, que diz respeito à maneira de escrever os nomes chineses. Sua transcrição mudou muito nos últimos anos. Em minha juventude, escrevia-se "Mao Tsé Tung", "Teng Hsiao Ping" e "a imperatriz Tseu Hi"; hoje escreve-se Mao Zedong, Deng Xiaoping e Cixi. Adotei, para os nomes das pessoas, as convenções atuais. Mas isso não foi fácil para os nomes dos lugares. Os jornais franceses ainda chamam a capital de Pequim, enquanto os anglófonos só escrevem Beijing. Depois de algumas hesitações, acabei optando por uma solução simples, ainda que bastante arbitrária, que foi manter a grafia anterior para os nomes mais familiares – Pequim, Cantão, Nanquim, Tientsin e Tsingtao, em vez de Beijing, Guangzhou, Nanjing, Tianjin e Qingdao –, enquanto para todos os outros adotei a grafia atual.

Aqui está uma lista das fontes que consultei. Com certeza esqueci de algumas, e peço desculpas antecipadamente por isso.

ABRAHAMIAN, Ervand. *Iran Between Two Revolutions*. Princeton: Princeton University Press, 1982.

ACEMOGLU, Daron; ROBINSON, James. *Why Nations Fail: The Origins of Power, Prosperity, and Poverty*. Nova York: Currency, 2012.

AKAHA, Tsuneo. *The Vestige of History and "Cold Peace" Between Russia and Japan, in Russia in the Indo-Pacific* (obra coletiva). Abingdon: Routledge, 2021.

BARNOUIN, Barbara; CHANGGEN, Yu. *Ten Years of Turbulence: The Chinese Cultural Revolution*. Londres: Kegan Paul, 1993.

BAUM, Richard. *The Fall and Rise of China*. Chantilly: The Great Courses, 2013.

BAVEREZ, Nicolas. *L'Alerte démocratique*. Paris: L'Observatoire, 2020.

BERGER, Joseph. *Nothing but the Truth: Joseph Stalin's Prison Camps*. Nova York: The John Day Company, 1971 (edição americana). [*Shipwreck of a Generation: The Memoirs of Joseph Berger*. Londres: Harvill, 1971, para a edição britânica.]

BERGÈRE, Marie-Claire. *Sun Yat-Sen*. Paris: Fayard, 1994.

BEVINS, Vincent. *The Jakarta Method: Washington's Anticommunist Crusade and the Mass Murder Program That Shaped Our World*. Nova York: PublicAffairs, 2020.

BIX, Herbert. *Hirohito and the Making of Modern Japan*. Nova York: HarperCollins, 2000.

BOOTH, Michael. *Three Tigers, One Mountain: A Journey Through the Bitter History and Current Conflicts of China, Korea, and Japan*. Nova York: Macmillan, 2020.

BOUVIER, Nicolas. *Chronique japonaise*. Paris: Payot, 1975.

BROCHEUX, Pierre. *Hô Chi Minh. Du révolutionnaire à l'icône*. Paris: Payot, 2003.

BROWNE, Edward. *The Persian Revolution 1905-1909*. Cambridge: Cambridge University Press, 1910.

BRZEZINSKI, Zbigniew. *Le Grand Échiquier*. Paris: Bayard, 1997.

CABESTAN, Jean-Pierre. *Demain la Chine: Démocratie ou dictature?* Paris: Gallimard, 2018.

CARRÈRE D'ENCAUSSE, Hélène. *Le Pouvoir confisqué. Gouvernants et gouvernés en U.R.S.S.* Paris: Flammarion, 1980.

CHANG, Jung; HALLIDAY, Jon. *Mao: The Unknown Story*. Palatine: Anchor, 2006.

CHÉMALI, Fouad. *À l'origine des mouvements communistes (Mémoires, 1935)*. Reeditado por Dar Noun. [S.l.: s.n.], 2014. Em árabe.

CLEMENTS, Jonathan. *A Brief History of the Samurai*. Londres: Robinson, 2013.

DAKROUB, Mohamed. *Les Racines du chêne rouge. Récit de la naissance du Parti communiste libanais 1924-1931*. Beirute: Dar al-Farabi, 2007. Em árabe.

DALRYMPLE, William. *The Anarchy: The East India Company, Corporate Violence, and the Pillage of an Empire*. Londres: Bloomsbury, 2019.

DANA, Richard Henry. *Two Years Before the Mast*. Nova York: Harper and Brothers, 1840.

DIKÖTTER, Frank. *Mao's Great Famine: The History of China's Most Devastating Catastrophe*. Londres: Bloomsbury, 2018.

DITTMER, Lowell. *Liu Shaoqi and the Chinese Cultural Revolution*. Abingdon: Routledge, 2015.

DOMENACH, Jean-Luc. *Mao, sa cour et ses complots*. Paris: Fayard, 2012.

DREYER, Edward. *Zheng He. China and the Oceans in the Early Ming Dynasty: 1405-1433*. Harlow: Pearson Longman, 2006.

DUIKER, William. *Ho Chi Minh: A Life*. Nova York: Hachette Books, 2000.

EHRENBOURG, Ilya. *Le Dégel*. Paris: Éditions Défense de La Paix, 1954.

EKMAN, Alice. *Rouge vif. L'idéal communiste chinois*. Paris: L'Observatoire, 2020.

FENBY, Jonathan. *Generalissimo: Chiang Kai-shek and the China He Lost*. [S.l.]: Gardner, 2003.

FIGES, Orlando. *Natasha's Dance: A Cultural History of Russia*. Nova York: Picador, 2003.

FRANKOPAN, Peter. *The Silk Roads: A New History of the World*. Nova York: Vintage, 2017.

GADDIS, John. *George F. Kennan: An American Life*. Londres: Penguin, 2011.

GOURDAULT-MONTAGNE, Maurice. *Les autres ne pensent pas comme nous*. Paris: Bouquins, 2022.

HAMBURG, Gary. *The Rise and Fall of Soviet Communism*. Chantilly: The Great Courses, 2013.

HANES, W. Travis; SANELLO, Frank. *The Opium Wars: The Addiction of One Empire and the Corruption of Another*. Naperville: Sourcebooks, 2004.

HARDING, Christopher. *Japan Story: In Search of a Nation*. Londres: Penguin, 2018.

HEISBOURG, François. *Le Temps des prédateurs. La Chine, les États-Unis, la Russie et nous*. Paris: Odile Jacob, 2020.

HWANG, Kyung Moon. *A History of Korea*. Bloomsbury, 2022.

JACOBS, Dan. *Borodin: Stalin's Man in China*. Cambridge: Harvard University Press, 1981.

JACQUES, Martin. *When China Rules the World: The End of the Western World and the Birth of a New World Order*. Londres: Penguin, 2012.

KAGAN, Robert. *The Return of History and the End of Dreams*. Nova York: Knopf, 2008.

KAMEL, Mustafa. *Le Soleil levant*. Le Caire, 1904. Em árabe.

KAPLAN, Lawrence. *NATO 1948: the Birth of the Transatlantic Alliance*. Lanham: Rowman & Littlefield, 2007.

KAYLOE, Tjio. *The Unfinished Revolution: Sun Yat-Sen and the Struggle for Modern China*. Singapura: Marshall Cavendish, 2017.

KEARNS GOODWIN, Doris. *Team of Rivals: The Political Genius of Abraham Lincoln*. Nova York: Simon & Schuster, 2006.

KEENE, Donald. *The Japanese Discovery of Europe, 1720-1830*. Redwood City: Stanford University Press, 1969.

KESSLER, Mario. *Joseph Berger: Communist Activist in Palestine and Victim of Stalinism (1904-1978)*. [S.l.]: Marxists Internet Archive, 2014.

KHLEVNIUK, Oleg. *Stalin: New Biography of a Dictator*. New Haven: Yale University Press, 2015.

KISSINGER, Henry. *De la Chine*. Paris: Fayard, 2012.

KISSINGER, Henry. *L'Ordre du monde*. Paris: Fayard, 2016.

LAFFAN, Michael. Mustafa and the Mikado: A Francophile Egyptian's Turn to Meiji Japan. *Japanese Studies*, v. 19, n. 3, 1999.

LAMOUROUX, Christian. *La Dynastie des Song. Histoire générale de la Chine (960-1279)*. Paris: Les Belles Lettres, 2022.

LANKOV, Andrei. *The Real North Korea: Life and Politics in the Failed Stalinist Utopia*. Oxford: Oxford University Press, 2014.

LEE, Kai-Fu. *AI Superpowers: China, Silicon Valley, and the New World Order*. Boston: Mariner, 2021.

LEVATHES, Louise. *When China Ruled the Seas: The Treasure Fleet of the Dragon Throne, 1405-1433*. Nova York: Open Road, 2014.

MACFARQUHAR, Roderick. *Mao's Last Revolution*. Cambridge: Harvard University Press, 2008.

MACMILLAN, Margaret. *Paris 1919: Six Months That Changed the World*. Nova York: Random House, 2003.

MAHBUBANI, Kishore. *Has China Won?* Nova York: PublicAffairs, 2022.

MAISKY, Ivan; GORODETSKY. Gabriel. *The Maisky Diaries: The Wartime Revelations of Stalin's Ambassador in London*. New Haven: Yale University Press, 2016.

MALRAUX, André. *Les Conquérants*. Paris: Grasset, 1928.

MANDELBAUM, Michael. *The Four Ages of American Foreign Policy: Weak Power, Great Power, Superpower, Hyperpower*. Oxford: Oxford University Press, 2022.

MANELA, Erez. *The Wilsonian Moment: Self-Determination and the International Origins of Anticolonial Nationalism*. Oxford: Oxford University Press, 2009.

MROUÉ, Karim. *Un demi-siècle d'utopie, Mémoires d'un dirigeant de la gauche libanaise*. Paris: Téraèdre, 2009.

NYE, Joseph. *Soft Power: The Means to Success in World Politics*. Nova York: PublicAffairs, 2005.

PANTSOV, Alexander. *The Bolsheviks and the Chinese Revolution*. Abingdon: Routledge, 2000.

PANTSOV, Alexander. *Mao: The Real Story*. Nova York: Simon & Schuster, 2012.

PEYREFITTE, Alain. *Quand la Chine s'éveillera... le monde tremblera*. Paris: Fayard, 1973.

POLAK, Christian. *Ludovic Savatier, médecin de la Marine*, Bulletin de l'ASNOM, jun./dez. 2020.

PU YI. *From Emperor to Citizen: The Autobiography of Aisin-Gioro Pu Yi*. Beijing: China Publishing Group, nova edição inglesa em 2007.

RAVINA, Mark. *To Stand With the Nations of the World: Japan's Meiji Restoration in World History*. Oxford: Oxford University Press, 2018.

ROOSEVELT, Kermit. *Countercoup*. Nova York: McGraw Hill, 1979.

RUBENSTEIN, Joshua. *The Last Days of Stalin*. New Haven: Yale University Press, 2016.

RUCKER, Laurent. *Staline, Israël et les Juifs*. Paris: Presses universitaires de France, 2001.

RUSSO, Gus. *Live by the Sword: The Secret War Against Castro and the Death of JFK*. Baltimore: Bancroft Press, 1998.

SATTER, David. *Age of Delirium: The Decline and Fall of the Soviet Union*. New Haven: Yale University Press, 2001.

SCHIFFRIN, Harold. *Sun Yat-Sen and the Origins of the Chinese Revolution*. Berkeley: University of California Press, 2010.

SCHUMAN, Michael. *Superpower Interrupted: The Chinese History of the World*. Nova York: PublicAffairs, 2020.

SEBAG MONTEFIORE, Simon. *Stalin. The Court of the Red Tsar*. Ithaca: Cornell University Press, 2003.

SETH, Michael. *A Brief History of Korea: Isolation, War, Despotism and Revival*. Clarendon: Tuttle, 2019.

SMITH, Stephen A. *Russia in Revolution: An Empire in Crisis, 1890 to 1928*. Oxford: Oxford University Press, 2017.

SOUYRI, Pierre-François. *Moderne, sans être occidental. Aux origines du Japon d'aujourd'hui*. Paris: Gallimard, 2016.

STOLER, Mark. *America and the World: A Diplomatic History*. Chantilly: The Great Courses, 2013.

TAYLOR, Jay. *The Generalissimo: Chiang Kai-Shek and the Struggle for Modern China*. Cambridge: Harvard University Press, 2009.

TOCQUEVILLE, Alexis de. *De la démocratie en Amérique*. Paris: C. Gosselin, 1840.

TSURU, Shigeto. *Japan's Capitalism*. Cambridge: Cambridge University Press, 1993.

TU, Weiming. *Implications of the Rise of "Confucian" East Asia*, Daedalus Journal. Cambridge: MIT Press, 2000.

TUDOR, Daniel. *Korea: The Impossible Country*. Clarendon: Tuttle, 2012.

VOGEL, Ezra. *Deng Xiaoping and the Transformation of China*. Cambridge: Harvard University Press, 2011.

VOGEL, Ezra. *China and Japan: Facing History*. Cambridge: Harvard University Press, 2021.

WANG, Sheng-Wei. *The Last Journey of the San Bao Eunuch*, Admiral Zheng He. Hong Kong: Proverse Hong Kong, 2019.

WATSON ANDAYA, Barbara. *From Rum to Tokyo*. Indonesia Journal. Ithaca: Cornell University, 1977.

WILBUR, C. Martin. *Sun Yat-Sen, Frustrated Patriot*. Nova York: Columbia University Press, 1976.

WOOD, Michael. *The Story of China*. Nova York: Simon & Schuster, 2021.

WORRINGER, Renée. *Ottomans Imagining Japan*. Londres: Palgrave Macmillan, 2014.

WU, Albert M. *From Christ to Confucius: German Missionaries, Chinese Christians, and the Globalization of Christianity, 1860-1950*. New Haven: Yale University Press, 2016.

YAZBEK, Youssef I. *Histoire du Premier Mai dans le monde arabe*. Beirute: Dar al-Farabi, 1974. Em árabe.

Este livro foi composto com tipografia Adobe Garamond Pro e impresso em papel Off-White 80g/m² na Formato Artes Gráficas.

Este livro foi composto com tipografia Adobe Garamond Pro e impresso em papel Off-White 80g/m² na Formato Artes Gráficas.